해커스변호사

# 민사소송법

*Civil Procedure Law*

## 최근 3개년
## 판례의 脈

**해커스변호사**

객관식이든 주관식이든 개별적인 판례를 단순히 병렬적으로 암기하는 것은 판례가 '사례지문화' 되는 최근 출제경향에서는 효과적인 공부방법이 될 수 없습니다. 즉 민사소송법 판례를 공부할 때는 당해 판례가 민사소송법 몇 조의 해석과 관련성이 있는지, 당해 판례가 민사소송법상 어떤 법리를 전개하고 있는지, 다른 판례와는 어떤 연관성이 있는지를 면밀히 따져보아야 합니다. 한마디로 판례를 '정확히', '제대로' 그리고 '수험적합적'으로 공부하는 것이 중요합니다. 이에 본 저자는 민사소송법 판례집을 기존판례집처럼 단순히 판례판시내용만 소개하는 틀에서 벗어나 해당 판례가 문제될 수 있는 '쟁점정리', '관련판례' 또는 '비교판례'를 정리하고 필요에 따라서는 '사례문제화'하여 당해 판례를 중심으로 쟁점화 될 수 있는 판례와 판례이론을 효과적으로 정리하였습니다.

**[3년간 최신판례 + 2개년 중요판례를 선별한 이유]**

매년도 기출문제를 분석해 보면 시험 직전의 1년간의 판례는 당해 연도 시험에 가장 많이 출제된 후 차년도 (1년 후) 또는 차차 연도(2년 후)에 출제되어 왔으며 3년이 지난 후에는 특히 중요한 판례를 제외하고는 거의 최근판례의 효용성이 다하여져 출제빈도수가 확연하게 떨어진다는 것을 확인할 수 있었습니다. 이러한 분석을 바탕으로 최근 3년간의 판례와 그 이전의 2년 정도의 중요판례에는 대부분의 중요한 판례이론이 한번쯤은 반복되므로 본서를 일독하는 것만으로도 판례를 거의 대부분 살펴보는 효과를 거둘 수 있을 것입니다. 즉, 본서에 소개된 판례는 **2022년 1월 1일부터 2024년 6월 13일**까지의 판례는 지엽적인 판례를 제외하고는 거의 빠짐없이 소개하였고, **2020년~2021년** 판례는 출제가능성이 좀 더 유력한 판례만 소개하였습니다.

**[2025 해커스변호사 민사소송법 최근 3개년 판례의 맥 교재의 특징]**

(1) 최신 판례의 다양한 변형과 해당 판례를 정확히 이해하기 위해 해당판례와 관련한 '쟁점정리', '비교판례', '관련판례'들을 꼭 필요한 만큼 소개하였습니다.
(2) 단순히 최신 판례를 소개하는 것에 그치지 않고 ○, × 지문화하여 바로 시험에 적용할 수 있게 하였습니다.
(3) 꼭 확인해야 하는 중요한 판례는 ★ 또는 ★★로 표시하였고, 경우에 따라서는 당해 판례를 활용한 '사례문제'도 소개하였습니다.
(4) 최근 3개년 국가고시(13회 변호사시험, 23년도 3차 법전협 모의시험, 23년 법원직 시험) 기출표시를 통해 강약조절을 추가로 할 수 있게 하였습니다.

각종 시험에서 최신 판례의 중요성은 아무리 강조해도 지나치지 않습니다. 하지만 참고할 만한 자료(판례평석 등)가 많지 않기 때문에 최신 판례를 '정확하게, 그리고 수험적합적'으로 재가공하는 일은 여간 힘든 작업이 아니었습니다. 하지만 그 어느 판례집보다 정성을 쏟아 부은 만큼 수험생들에게는 좋은 길잡이가 될 수 있을 거라 믿습니다.

2024년 6월 윤동환

# 민사소송법

# 민사소송법

| 제1편 | 총 론 |
|---|---|

| 제2편 | 소송의 주체와 객체 |
|---|---|

## 재판권

**1** ★ 우리나라의 영토 내에서 행하여진 외국의 사법적(私法的) 행위에 대하여는 그것이 주권적 활동에 속하는 것이거나 이와 밀접한 관련이 있어서 이에 대한 재판권의 행사가 외국의 주권적 활동에 대한 부당한 간섭이 될 우려가 있다는 등의 특별한 사정이 없는 한 해당 국가를 피고로 하여 우리나라 법원이 재판권을 행사할 수 있는바, 외국이 국내 부동산을 점유하는 것을 두고 반드시 주권적 활동에 속하거나 이와 밀접한 관련이 있는 사법적 행위에 해당한다고 볼 수는 없다.　　　　( )

**1-1** ★ 외국이 부동산을 공관지역으로 점유하는 것과 관련하여 해당 국가를 피고로 하여 제기된 소송이 외교공관의 직무 수행을 방해할 우려가 있는 때에는 그에 대한 우리나라 법원의 재판권 행사가 제한되므로, 피고 몽골이 국내 회사인 원고 소유 토지 일부를 침범하여 외교공관으로 점유하고 있다는 이유로, 원고가 주위적으로 건물 철거, 토지 인도, 부당이득반환을, 예비적으로 소유권확인을 청구한 경우, 주위적 청구 중 철거·인도청구 부분에 대하여는 우리나라 법원의 재판권이 없으나, 부당이득반환청구 부분에 대하여는 재판권이 있다.　　　　( )

> [판결요지]

> ※ 외국이 경계를 침범하여 인접한 타인 소유 토지 일부를 공관지역으로 점유하고 있음을 이유로 한 민사소송에서 국가면제(주권면제)의 인정 여부와 범위 및 그 판단기준
>
> "국제관습법에 의하면 국가의 주권적 행위는 다른 국가의 재판권으로부터 면제되는 것이 원칙이다. 그러나 우리나라의 영토 내에서 행하여진 외국의 사법적(私法的) 행위에 대하여는 그것이 주권적 활동에 속하는 것이거나 이와 밀접한 관련이 있어서 이에 대한 재판권의 행사가 외국의 주권적 활동에 대한 부당한 간섭이 될 우려가 있다는 등의 특별한 사정이 없는 한 해당 국가를 피고로 하여 우리나라 법원이 재판권을 행사할 수 있다. 부동산은 영토주권의 객체로, 부동산 점유 주체가 외국이라는 이유만으로 부동산 소재지 국가 법원의 재판권에서 당연히 면제된다고 보기 어렵고, 기록상 제출된 자료에 의하더라도 이를 인정하는 내용의 국제조약이나 국제관습법이 확인되지 아니한다. 또한 부동산을 점유하는 데에는 다양한 원인과 목적, 형태가 있을 수 있으므로, 외국이 국내 부동산을 점유하는 것을 두고 반드시 주권적 활동에 속하거나 이와 밀접한 관련이 있는 사법적 행위에 해당한다고 볼 수도 없다. 다만 외교공관은 한 국가가 자국을 대표하여 외교 활동을 하고 자국민을 보호하며 영사 사무 등을 처리하기 위하여 다른 국가에 설치한 기관이므로, 외국이 부동산을 공관지역으로 점유하는 것은 그 성질과 목적에 비추어 주권적 활동과 밀접한 관련이 있다고 볼 수 있고, 국제법상 외국의 공관지역은 원칙적으로 불가침이며 접수국은 이를 보호할 의무가 있다. 따라서 외국이 부동산을 공관지역으로 점유하는 것과 관련하여 해당 국가를 피고로 하여 제기된 소송이 외교공관의 직무 수행을 방해할 우려가 있는 때에는 그에 대한 우리나라 법원의 재판권 행사가 제한되고, 이때 그 소송이 외교공관의 직무 수행을 방해할 우려가 있는지 여부는 원고가 주장하는 청구 권원과 내용, 그에 근거한 승소판결의 효력, 그 청구나 판결과 외교공관 또는 공관직무의 관련성 정도 등을 종합적으로 고려하여 판단하여야 한다"(대판 2023.4.27. 2019다247903).

**정답** ○

유 제                                                              정답 ○

[사실관계] 피고 몽골이 국내 회사인 원고 소유 토지 일부를 침범하여 외교공관지역(대사관 건물의 부지 및 부속토지)으로 점유하고 있다는 이유로, 원고는 주위적으로 건물 철거, 토지 인도, 부당이득반환을, 예비적으로 소유권 확인을 청구하고, 피고는 국가면제(주권면제)의 본안 전 항변을 한 사안에서, 원심은 주위적 청구(철거·인도·부당이득반환청구)에 대하여는 국가면제가 인정되어 재판권이 없음을 이유로 소를 각하하고, 원심에서 추가된 예비적 청구인 소유권확인청구에 대하여는 국가면제가 부정되어 재판권이 있다고 본 후 인용판결을 하였고, 이에 원고는 주위적 청구에 대하여도 국가면제가 부정된다고 주장하고 피고는 예비적 청구에 대하여도 국가면제가 인정된다고 주장하면서 각각 상고하였다. 대법원은 위와 같은 법리를 판시하면서, 주위적 청구 중 철거·인도청구 부분에 대하여 재판권이 없다고 본 원심의 판단 부분은 수긍하고, 부당이득반환청구 부분에 대하여는 재판권이 있다고 판단하면서 원심판결 중 해당 부분 및 예비적 청구 부분을 파기·환송하였다.

**2** 구글 서비스 이용자(원고)가 구글(피고)과 체결한 구글서비스 이용계약은 국제사법상 소비자계약이므로, 대한민국에 소를 제기한 것은 전속적 국제재판관할합의에도 불구하고 적법하고, 원고들은 준거법합의에도 불구하고 강행규정인 우리나라의 「구 정보통신망 이용촉진 및 정보보호 등에 관한 법률」의 보호를 받을 수 있으며, 비공개의무를 부여하는 외국법령의 존재만으로 정보통신망법상 정당한 사유를 인정할 수는 없고, 국가안보, 범죄수사 등의 사유로 외국의 수사기관 등에 정보를 제공했더라도 그와 같은 사유가 이미 종료되는 등으로 위 정보수집의 목적에 더 이상 방해가 되지 않는 한 이용자에게 해당 정보의 제공 사실을 열람·제공해야 한다.                                        (    )

**2-1** ★ 대한민국 법원의 관할을 배제하고 외국의 법원을 관할법원으로 하는 전속적인 국제재판관할의 합의가 유효하기 위해서는, 해당 사건이 대한민국 법원의 전속관할에 속하지 아니하고 지정된 외국법원이 그 외국법상 해당 사건에 대하여 관할권을 가져야 하는 외에 해당 사건이 그 외국법원에 대하여 '합리적인 관련성'을 가질 것이 요구되고, 그와 같은 전속적인 관할합의가 현저하게 불합리하고 불공정하여 공서양속에 반하는 법률행위에 해당하지 않는 한 그 관할합의는 유효하다. (    )

판결요지

※ 대한민국 법원의 관할을 배제하고 외국법원을 관할법원으로 하는 전속적인 국제재판관할합의가 유효하기 위한 요건(구글 서비스 이용자인 원고들이 피고 구글, 구글코리아를 상대로 개인정보·서비스이용내역 제3자 제공 현황의 공개 및 공개 거부에 대하여 위자료 명목으로 손해배상을 청구한 사건)
대한민국 법원의 관할을 배제하고 외국의 법원을 관할법원으로 하는 전속적인 국제재판관할의 합의가 유효하기 위해서는, 해당 사건이 대한민국 법원의 전속관할에 속하지 아니하고 지정된 외국법원이 그 외국법상 해당 사건에 대하여 관할권을 가져야 하는 외에 해당 사건이 그 외국법원에 대하여 '합리적인 관련성'을 가질 것이 요구되고, 그와 같은 전속적인 관할합의가 현저하게 불합리하고 불공정하여 공서양속에 반하는 법률행위에 해당하지 않는 한 그 관할합의는 유효하다(대판 2010.8.26. 2010다28185)"(대판 2023.4.13. 2017다219232).                          정답 ○

유 제                                                              정답 ○

[사실관계] 구글 서비스 이용자인 원고들이 피고 구글 인코퍼레이티드(이하 '피고 구글'), 구글코리아 유한회사(이하 '피고 구글코리아')를 상대로 개인정보·서비스 이용내역 제3자 제공 현황의 공개 및 공개 거부에 대하여 위자료 명목으로 손해배상을 청구한 사안에서, 대법원은 ① 원고1,2가 피고 구글과 체결한 구글서비스 이용계약은 구 국제사법 제27조 제1항 제1호에 따른 소비자계약이므로, 위 원고들이 대한민국에 피고 구글에 대한 소를 제기한

것은 전속적 재판관할합의에도 불구하고 적법하고(구 국제사법 제27조 제4항), ② 위 원고들은 준거법합의에도 불구하고 강행규정인 우리나라의 「구 정보통신망 이용촉진 및 정보보호 등에 관한 법률」 제30조 제2항, 4항의 보호를 받을 수 있으며(구 국제사법 제27조 제1항), ③ 구 정보통신망법에 따른 이용자의 열람·제공 요구권(제30조 제2항)은 헌법상 개인정보자기결정권을 구체화한 것으로서 내재적 한계가 있으므로 정보통신서비스 제공자등은 정당한 사유가 있는 경우에는 그 열람·제공을 제한하거나 거절할 수 있고, 특히 외국법령이 비공개의무를 부여하는 경우에는 그와 같은 외국법령의 내용도 정당한 사유의 유무를 판단함에 있어 고려할 수 있다고 보면서도, ④ 그와 같은 외국 법령의 존재만으로 정당한 사유를 인정할 수는 없고, 해당 외국법령에 따른 비공개의무가 대한민국의 헌법, 법률 등의 내용과 취지에 부합하는지, 개인정보를 보호할 필요성이 비해 그 외국 법령을 존중해야 할 필요성이 현저히 우월한지, 해당 법령에서 요구하는 비공개요건이 충족되어 실질적으로 비공개의무를 부담하고 있는지 등을 종합적으로 고려하여야 한다고 보았고, ⑤ 나아가 정당한 사유가 인정되는 경우에도 정보통신서비스 제공자등은 그 항목을 구체적으로 특정하여 제한·거절하여야 하고, 특히 국가안보, 범죄수사 등의 사유로 외국의 수사기관 등에 정보를 제공했더라도 그와 같은 사유가 이미 종료되는 등으로 위 정보수집의 목적에 더 이상 방해가 되지 않는 한 이용자에게 해당 정보의 제공 사실을 열람·제공해야 한다고 판단하여, 이와 달리 '미국 법령에서 비공개의무가 있는 것으로 규정한 사항에 대해서는 피고 구글이 그 정보의 제공현황을 원고1,2에게 공개할 의무가 없다'고 본 원심판결에는 관련 법리를 오해하여 필요한 심리를 다하지 않은 잘못이 있다고 보아, 원심판결을 일부 파기·환송(원고1,2의 피고 구글에 대한 패소 부분)함

## 법관의 제척·기피·회피

**1**  ★ 제척의 이유가 있는 법관이 판결에 관여한 경우에는 절대적 상고이유에 해당한다.

23년 3차모의  (   )

판결요지

"민사소송법 제424조 제1항 제2호가 절대적 상고이유로 규정하고 있는 '법률에 따라 판결에 관여할 수 없는 판사가 판결에 관여한 때'라 함은 법률상 당연히 직무집행에서 제척되는 법관(동법 제41조)이나 기피신청이 이유 있다고 하는 재판이 확정된 법관(동법 제43조)이 판결에 관여한 경우, 상고심에서 파기된 원심판결에 관여한 법관이 환송 후 재판에 관여한 경우(동법 제436조 3항) 등을 말한다"(대판 2020.1.9. 2018다229212).   정답 ○

## 관할권

**1**  ★ 영업에 관한 채무의 이행을 구하는 소는 제소 당시 채권 추심 관련 업무를 실제로 담당하는 채권자의 영업소 소재지 법원에 제기할 수 있다.   (   )

**1-1**  민법 제467조 제2항의 '영업에 관한 채무'는 영업과 관련성이 인정되는 채무를 의미하고, '현영업소'는 변제 당시를 기준으로 그 채무와 관련된 채권자의 영업소로서 주된 영업소(본점)에 한정되는 것이 아니라 그 채권의 추심 관련 업무를 실제로 담당하는 영업소까지 포함된다.   (   )

**판결요지**

※ **민법 제467조 제2항의 '영업에 관한 채무' 및 '현영업소'의 의미**

"민법 제467조 제2항의 '영업에 관한 채무'는 영업과 관련성이 인정되는 채무를 의미하고, '현영업소'는 변제 당시를 기준으로 그 채무와 관련된 채권자의 영업소로서 주된 영업소(본점)에 한정되는 것이 아니라 그 채권의 추심 관련 업무를 실제로 담당하는 영업소까지 포함된다. 따라서 영업에 관한 채무의 이행을 구하는 소는 제소 당시 채권 추심 관련 업무를 실제로 담당하는 채권자의 영업소 소재지 법원에 제기할 수 있다"(대결 2022.5.3. 2021마6868).

**정답** ○

**유 제**

**정답** ○

**[사실관계]** 보험회사인 원고(재항고인)가 상법 제682조의 보험자대위를 근거로 대전지방법원에 소를 제기하면서 대전에 있는 지점에서 채권을 관리하여 민법 제467조 제2항에 따른 관할이 있음을 주장하였음에도, 제1심법원이 상법 제56조에 따른 지점에서의 거래로 인한 청구가 아니라는 이유만으로 원고의 대전 영업소 소재지를 관할하는 대전지방법원에 관할권이 없다고 보아 피고의 주소지 및 사고 발생지를 관할하는 대전지방법원 논산지원으로 이송결정을 하였고 원심도 이송결정에 대한 원고의 항고를 기각한 사안에서, 민법 제467조 제2항에 따른 법리오해 및 심리미진의 잘못이 있다고 보아 원심결정을 파기한 사례

**[관련조문]** 민사소송법 제8조(거소지 또는 의무이행지의 특별재판적) : 재산권에 관한 소를 제기하는 경우에는 거소지 또는 의무이행지의 법원에 제기할 수 있다.[1]

**민법 제467조(변제의 장소)** : ① 채무의 성질 또는 당사자의 의사표시로 변제장소를 정하지 아니한 때에는 특정물의 인도는 채권성립당시에 그 물건이 있던 장소에서 하여야 한다. ② 전항의 경우에 특정물인도이외의 채무변제는 채권자의 현주소에서 하여야 한다. 그러나 영업에 관한 채무의 변제는 채권자의 현영업소에서 하여야 한다.

**2** 증거보전의 신청은 그 증거를 사용할 심급의 법원에 하여야 하고(민사소송법 제376조 제1항 전단), 급박한 경우에는 소를 제기한 뒤에도 공직선거법 제228조 제1항에 규정된 지방법원 또는 그 지원에 증거보전의 신청을 할 수 있는 것으로 보아야 한다(민사소송법 제376조 제2항). ( )

**2-1** 선거에 관한 소송의 본안 소송 제기 이후 투표함 등에 대한 증거보전 신청사건을 그 구역을 관할하는 지방법원 또는 그 지원이 아닌 본안사건이 계속 중인 법원에 제기한 경우 관할권이 인정된다. ( )

**판결요지**

※ **선거에 관한 소송의 본안 소송 제기 이후 투표함 등에 대한 증거보전 신청사건을 그 구역을 관할하는 지방법원 또는 그 지원이 아닌 본안사건이 계속 중인 법원에 제기한 경우 관할 유무(적극)**

"공직선거법 제228조 제1항은 "정당(후보자를 추천한 정당에 한한다) 또는 후보자는 개표완료 후에 선거쟁송을 제기하는 때의 증거를 보전하기 위하여 그 구역을 관할하는 지방법원 또는 그 지원에 투표함·투표지 및 투표록 등의 보전신청을 할 수 있다."라고 규정하여, 투표함 등의 보전신청을 관할하는 법원을 정하고 있다. 그런데 같은 조 제3항에 의하면, 위 증거보전 신청에 따른 처분은 같은 법 제219조의 규정에 의한 소청의 제기가 없거나 제222조 및 제223조의 규정에 의한 소의 제기가 없는 때에는 그 효력을 상실한다고 정하고 있는바, 위 규정의 내용에 의하

---

[1] 사례답안 작성시 "사무소 또는 영업소가 있는 사람에 대하여 그 사무소 또는 영업소의 업무와 관련이 있는 소를 제기하는 경우에는 그 사무소 또는 영업소가 있는 곳의 법원에 제기할 수 있다"는 민사소송법 제12조(사무소·영업소가 있는 곳의 특별재판적)으로 접근하지 않도록 주의할 필요가 있다.

면 같은 조 제1항에서 정한 관할법원은 투표함 등에 대한 증거보전 신청이 선거소청 또는 본안의 소 제기 이전에 제기된 경우 해당 신청사건을 관할하는 법원으로 보는 것이 타당하다.

한편 공직선거법에는 선거에 관한 본안의 소 제기 이후 제기된 투표함 등에 대한 증거보전 신청사건의 관할법원에 관한 규정을 두고 있지 않은바, 공직선거법 제227조 본문, 행정소송법 제8조 제2항에 의해 준용되는 민사소송법 제376조의 규정에 따라 이 경우 <u>증거보전의 신청은 그 증거를 사용할 심급의 법원에 하여야 하고(민사소송법 제376조 제1항 전단), 급박한 경우에는 소를 제기한 뒤에도 공직선거법 제228조 제1항에 규정된 지방법원 또는 그 지원에 증거보전의 신청을 할 수 있는 것으로 보아야 한다(민사소송법 제376조 제2항)</u>"(대결 2023.6.29. 2023수흐501).

**정답** ○
**정답** ○

**유 제**

[사실관계] 신청인은 서울특별시 강북구청장 당선인을 피고로 하여 서울고등법원에 제8회 전국동시지방선거 중 서울특별시 강북구청장 선거의 당선무효를 구하는 소를 제기하였고, 소 제기 이후 해당 구역을 관할하는 서울북부지방법원이 아닌 서울고등법원에 투표함 등에 대한 증거보전신청을 하였다.

원심은, 투표함 등에 대한 증거보전에 관하여는 공직선거법 제228조 제1항이 배타적으로 적용되어 해당 신청사건은 그 구역을 관할하는 지방법원 또는 그 지원의 전속관할이라는 전제 하에 이 사건 증거보전 신청은 관할을 위반한 것이어서 부적법하다는 이유로 각하하였다. 대법원은 위와 같이 판시하면서 원심법원에 이 사건 증거보전 신청에 대한 관할이 있다는 이유로 위 신청을 각하한 원심결정을 파기·환송함

**3**  행정사건 제1심판결에 대한 항소사건은 고등법원이 심판해야 하고(법원조직법 제28조 제1호), 원고가 고의나 중대한 과실 없이 행정소송으로 제기하여야 할 사건을 민사소송으로 잘못 제기하고 단독판사가 제1심판결을 선고한 경우에도 그에 대한 항소사건은 고등법원의 전속관할이다.    ( )

**판결요지**

대판 2022.1.27. 2021다219161 판시내용

**정답** ○

**4**  ★ 원고가 행정소송법상 항고소송으로 제기해야 할 사건을 민사소송으로 잘못 제기하여 수소법원이 관할법원에 이송하는 결정을 하고 이송결정이 확정된 후 원고가 항고소송으로 소 변경을 한 경우, 그 항고소송에 대한 제소기간 준수 여부를 판단하는 기준 시기는 처음 소를 제기한 때이다.    ( )

**판결요지**

※ 원고가 행정소송법상 항고소송으로 제기해야 할 사건을 민사소송으로 잘못 제기하여 수소법원이 관할법원에 이송하는 결정을 하고 이송결정이 확정된 후 원고가 항고소송으로 소 변경을 한 경우, 그 항고소송에 대한 제소기간 준수 여부를 판단하는 기준 시기(=처음 소를 제기한 때)

"행정소송법 제8조 제2항은 "행정소송에 관하여 이 법에 특별한 규정이 없는 사항에 대하여는 법원조직법과 민사소송법 및 민사집행법의 규정을 준용한다."라고 규정하고 있고, 민사소송법 제40조 제1항은 "이송결정이 확정된 때에는 소송은 처음부터 이송받은 법원에 계속된 것으로 본다."라고 규정하고 있다. 한편 행정소송법 제21조 제1항, 제4항, 제37조, 제42조, 제14조 제4항은 행정소송 사이의 소 변경이 있는 경우 처음 소를 제기한 때에 변경된 청구에 관한 소송이 제기된 것으로 보도록 규정하고 있다. 이러한 규정 내용 및 취지 등에 비추어 보면, <u>원고가</u>

행정소송법상 항고소송으로 제기해야 할 사건을 민사소송으로 잘못 제기한 경우에 수소법원이 그 항고소송에 대한 관할을 가지고 있지 아니하여 관할법원에 이송하는 결정을 하였고, 그 이송결정이 확정된 후 원고가 항고소송으로 소 변경을 하였다면, 그 항고소송에 대한 제소기간의 준수 여부는 원칙적으로 처음에 소를 제기한 때를 기준으로 판단하여야 한다"(대판 2022.11.17. 2021두44425).                    정답  ○

## 판례정리

### ※ 이송의 효과 : 법률상기간 준수의 효력유지

이송결정이 확정되면 소송은 처음부터 이송을 받은 법원에 계속된 것으로 본다(제40조 1항). 따라서 소제기에 의한 시효중단이나 기간준수의 효력은 유지된다(대판 1984.2.28. 전합83다카1981 ; 대판 2007.11.30. 2007다54610)(제265조 참조). 즉, "소송을 이송한 경우에 있어서 법률상기간의 준수여부는 소송이 이송된 때가 아니라 이송한 법원에 소가 제기된 때를 기준으로 하여야 한다"(대판 1984.2.28. 전합83다카1981).

**5**  ★ 행정소송법상 항고소송으로 제기하여야 할 사건을 민사소송으로 잘못 제기한 경우에 수소법원이 그 항고소송에 대한 관할도 동시에 가지고 있다면, 이를 행정소송으로 심리·판단하여야 하고, 그 행정소송에 대한 관할을 가지고 있지 아니하다면 관할법원에 이송하여야 하나, 해당 소송이 행정소송으로 제기되었더라도 어차피 부적법하게 되는 경우에는 이송할 것이 아니라 각하하여야 한다.
                                                                              (   )

판결요지

### ※ 원고가 고의 또는 중대한 과실 없이 행정소송으로 제기하여야 할 사건을 민사소송으로 잘못 제기하였으나 행정소송으로서의 소송요건을 결하고 있음이 명백한 경우, 수소법원이 취하여야 할 조치(=각하)

"원고가 고의 또는 중대한 과실 없이 행정소송으로 제기하여야 할 사건을 민사소송으로 잘못 제기한 경우, 수소법원으로서는 만약 그 행정소송에 대한 관할도 동시에 가지고 있다면 이를 행정소송으로 심리·판단하여야 하고, 그 행정소송에 대한 관할을 가지고 있지 아니하다면 관할법원에 이송하여야 한다.
다만 해당 소송이 이미 행정소송으로서의 전심절차 및 제소기간을 도과하였거나 행정소송의 대상이 되는 처분 등이 존재하지도 아니한 상태에 있는 등 행정소송으로서의 소송요건을 결하고 있음이 명백하여 행정소송으로 제기되었더라도 어차피 부적법하게 되는 경우에는 이송할 것이 아니라 각하하여야 한다"(대판 2020.10.15. 2020다222382).                    정답  ○

## 판례정리

### ※ 관할위반에 의한 이송(제34조 1항) : 다른 종류의 법원간의 이송

① [이송을 긍정하는 경우] i) 대법원은 행정사건을 일반민사사건으로 잘못 알고 민사법원에 소를 제기한 경우에는 관할위반으로 이송하는 입장이고(행정소송법 제7조)(대판 1999.11.26. 97다42250), ii) 가사소송사건을 일반민사사건으로 잘못 알고 지방법원에 소 제기한 경우에도 이송을 긍정하는 입장이다(대결 1997.3.3. 80마445).
② [이송을 부정하는 경우] 그러나 i) 행정소송으로서의 소송요건을 결하고 있음이 명백하여 행정소송으로 제기되었더라도 어차피 부적법하게 되는 경우에는 이송할 것이 아니라 각하하여야하며(대판 2020.10.15. 2020다222382), ii) 비송사건을 소송으로 제기한 경우에도 부적법 각하하여야 한다는 입장이다(대판 1963.12.12. 63다321 : 원고가 비송사건에 해당하는 법인의 임시이사해임사건을 민사소송으로 청구한 사례).

## |비교판례|

> ※ 소 변경을 위한 석명권 행사(행정사건을 민사사건으로 잘못 알았으나 관할위반은 없는 경우)
>
> "행정소송법상 항고소송으로 제기하여야 할 사건을 민사소송으로 잘못 제기한 경우에 수소법원이 그 항고소송에 대한 관할도 동시에 가지고 있다면, 전심절차를 거치지 않았거나 제소기간을 도과하는 등 항고소송으로서의 소송요건을 갖추지 못했음이 명백하여 항고소송으로 제기되었더라도 어차피 부적법하게 되는 경우가 아닌 이상, 원고로 하여금 항고소송으로 소 변경을 하도록 석명권을 행사하여 행정소송법이 정하는 절차에 따라 심리·판단하여야 한다"(대판 2020.1.16. 2019다264700).[2]

**6**  특허권 등의 지식재산권 침해로 인한 손해배상청구 사건의 제1심을 지방법원 단독판사가 심판한 경우에도 그 항소사건은 특허법원의 전속관할에 속한다.                  (   )

판결요지

> ※ 특허권 등의 지식재산권 침해로 인한 손해배상청구 사건의 제1심을 지방법원 단독판사가 심판한 경우 그 항소사건의 전속관할(= 특허법원)
>
> "1. 2015. 12. 1. 법률 제13521호로 개정된 민사소송법 제24조 제2항, 제3항은 특허권, 실용신안권, 디자인권, 상표권, 품종보호권(이하 '특허권 등의 지식재산권'이라 한다)에 관한 소를 제기하는 경우에는 제2조부터 제23조까지의 규정에 따른 관할법원 소재지를 관할하는 고등법원이 있는 곳의 지방법원(서울고등법원이 있는 곳의 경우 서울중앙지방법원)의 전속관할로 하되, 그 지방법원이 서울중앙지방법원이 아닌 경우 서울중앙지방법원에도 소를 제기할 수 있다고 규정하고 있다. 위 개정 규정은 부칙(2015. 12. 1.) 제1조, 제2조에 의하여 그 시행일인 2016. 1. 1. 이후 최초로 소장이 접수된 사건부터 적용된다.
>
> 한편 2015. 12. 1. 법률 제13522호로 개정된 법원조직법 제28조, 제28조의4 제2호, 제32조 제2항은 특허권 등의 지식재산권에 관한 민사사건의 항소사건을 고등법원 및 지방법원 합의부의 심판대상에서 제외하고 특허법원이 심판한다고 규정하고 있다. 위 개정 규정은 부칙(2015. 12. 1.) 제1조, 제2조에 의하여 2016. 1. 1.부터 시행하되 그 시행일 전에 소송계속 중인 특허권 등의 지식재산권에 관한 민사사건에 대하여 위 시행일 이후에 제1심판결이 선고된 경우에도 적용된다.
>
> 따라서 특허권 등의 지식재산권 침해로 인한 손해배상청구 사건의 제1심을 지방법원 단독판사가 심판한 경우에도 그 항소사건은 특허법원의 전속관할에 속한다(대판 2017.12.28. 2017다259599, 대판 2020.2.27. 2019다284186 참조)"(대판 2023.12.28. 2023다277260)                                         **정답** ○

**7**  당사자가 이송결정에 대하여 즉시항고를 하지 않았거나 즉시항고가 기각되어 확정된 이상 이송결정의 기속력은 원칙적으로 전속관할의 규정을 위배하여 이송한 경우에도 미친다.                  (   )

판결요지

> 대판 2023.8.31. 2021다243355                                         **정답** ○

---

2) 대법원은, 이 사건 제1심법원인 대전지방법원 합의부와 원심법원인 대전고등법원 합의부는 이 사건 소가 행정소송법상 항고소송일 경우의 제1심, 항소심 재판의 관할도 동시에 가지고 있으므로 관할위반의 문제는 발생하지 아니하지만, 원심으로서는 원고로 하여금 행정소송법상 취소소송으로 소 변경을 하도록 석명권을 행사하여 행정소송법이 정하는 절차에 따라 이 사건 거부회신이 적법한 거부처분인지 여부를 심리·판단하였어야 한다고 보아 파기환송한 사례임

# 당사자 확정

## ※ 사자상대소송 정리

|  | 보완방법 | 간과한 판결의 효력 |
|---|---|---|
| 소제기 이전의 당사자 사망 | 당사자 표시정정 | 이대립당사자구조의 흠결로 당연무효(상소·재심 불가) |
| 소송계속 중 당사자 사망 | 소송수계신청(당연승계) | 대리권흠결로 유효하나 위법(상소·재심 가능) |
| 변론종결 후 당사자 사망 | 승계집행문부여신청 | 판결은 유효하고 적법(상속인에 기판력미침) |

**1** 채권자취소소송 계속 중 채무자에 대하여 파산선고가 있었는데 법원이 그 사실을 알지 못한 채 파산관재인의 소송수계가 이루어지지 아니한 상태로 소송절차를 진행하여 판결을 선고하였다면, 그 판결에는 채무자의 파산선고로 소송절차를 수계할 파산관재인이 법률상 소송행위를 할 수 없는 상태에서 사건을 심리하고 선고한 잘못이 있다. ( )

**1-1** 이러한 법리는 채권자취소소송 계속 중 채무자의 상속재산에 대하여 파산선고가 있었는데 법원이 그 사실을 알지 못한 채 상속재산 파산관재인의 소송수계가 이루어지지 아니한 상태로 소송절차를 진행하여 판결을 선고한 경우에도 마찬가지로 적용된다. ( )

> **판결요지**

> **※ 채권자취소소송 계속 중 채무자의 상속재산에 대한 파산선고가 있었는데도 법원이 그 사실을 알지 못한 채 상속재산 파산관재인의 소송수계가 이루어지지 아니한 상태로 소송절차를 진행하여 선고한 판결의 효력**
>
> "「채무자 회생 및 파산에 관한 법률」 제406조 제1항, 제2항, 제347조 제1항에 따르면, 파산채권자가 제기한 채권자취소소송이 파산선고 당시 법원에 계속되어 있는 때에는 그 소송절차가 중단되고, 파산관재인 또는 상대방이 이를 수계할 수 있다.
>
> 그리고 채권자취소소송 계속 중 채무자에 대하여 파산선고가 있었는데 법원이 그 사실을 알지 못한 채 파산관재인의 소송수계가 이루어지지 아니한 상태로 소송절차를 진행하여 판결을 선고하였다면, 그 판결에는 채무자의 파산선고로 소송절차를 수계할 파산관재인이 법률상 소송행위를 할 수 없는 상태에서 사건을 심리하고 선고한 잘못이 있다(대판 2014.1.29. 2013다65222 판결, 대판 2022.5.26. 2022다209987 판결 등 참조). 이러한 법리는 채권자취소소송 계속 중 채무자의 상속재산에 대하여 파산선고가 있었는데 법원이 그 사실을 알지 못한 채 상속재산 파산관재인의 소송수계가 이루어지지 아니한 상태로 소송절차를 진행하여 판결을 선고한 경우에도 마찬가지로 적용된다"(대판 2023.2.23. 2022다267440). **정답 ○**

> **유 제** **정답 ○**

**[사실관계]** 제1심판결 선고 이후 원심의 변론종결 전에 채무자에 대하여 파산선고가 있었음에도 원심은 채무자의 파산관재인에 대한 소송수계가 이루어지지 아니한 채로 소송절차를 진행하여 변론을 종결한 다음 원고의 청구를 일부 인용하는 판결을 선고하였다. 이에 대법원은 앞서 본 법리에 따라 원심판결에 법리 오해의 잘못이 있음을 이유로 파기환송하였다.

**2**   ★ 상법상 주식회사의 유한회사로의 조직변경은 주식회사가 <u>법인격의 동일성을 유지</u>하면서 조직을 변경하여 유한회사로 되는 것이고, 이는 유한회사가 주식회사로 조직변경을 하는 경우에도 동일한 바, 그와 같은 사유로는 소송절차가 중단되지 아니하므로 조직이 변경된 유한회사나 주식회사가 소송절차를 수계할 필요가 없다.    ( )

**판결요지**

"**1. 상고이유에 관하여**

원심은 판시와 같은 이유로 이 사건 특허발명의 진정한 발명자는 피고로 봄이 상당하고, 원고나 그 대표이사 소외인이 피고로부터 특허를 받을 수 있는 권리를 승계하거나 이전받았다는 주장·입증이 없는 이상 이 사건 특허발명은 무권리자에 의해 출원된 것으로 무효라고 판단하였다.

원심판결 이유를 관련 법리와 기록에 비추어 살펴보면, 원심의 판단에 청구범위 해석, 진정한 발명자의 판단 등에 관한 법리오해, 이유모순, 심리미진의 잘못이 없다.

**2. 원고의 소송수계신청에 관하여**

상법상 주식회사의 유한회사로의 조직변경은 주식회사가 법인격의 동일성을 유지하면서 조직을 변경하여 유한회사로 되는 것이고(대판 2012.2.9. 2010두6731), 이는 유한회사가 주식회사로 조직변경을 하는 경우에도 동일한 바, 그와 같은 사유로는 소송절차가 중단되지 아니하므로 조직이 변경된 유한회사나 주식회사가 소송절차를 수계할 필요가 없다.

따라서 유한회사에서 주식회사로 조직변경을 하였다는 이유로 원고가 한 이 사건 소송수계신청은 받아들이지 않는다(다만, 이에 따라 원고의 당사자표시를 정정하였다).

**3. 결론**

그러므로 상고와 소송수계신청을 모두 기각하고 상고비용은 소송수계신청으로 인한 비용을 포함하여 원고가 부담하기로 하여, 관여 대법관의 일치된 의견으로 주문과 같이 판결한다"(대판 2021.12.10. 2021후10855).    **정답** ○

**3**   ★ 법률에 법인의 지위를 승계하거나 법인의 권리의무가 새로 설립된 법인에 포괄적으로 승계된다는 명문의 규정이 없는 경우, 새로 설립된 법인이 계속 중인 소송절차를 수계할 수는 없는데, 이와 같은 법리는 당사자가 법인격 없는 단체인 경우에도 마찬가지이다.    ( )

**판결요지**

※ 법률에 법인의 지위를 승계하거나 법인의 권리의무가 새로 설립된 법인에 포괄적으로 승계된다는 명문의 규정이 없는 경우, 새로 설립된 법인이 계속 중인 소송절차를 수계할 수 있는지 여부(소극) 및 이와 같은 법리는 당사자가 법인격 없는 단체인 경우에도 마찬가지인지 여부(적극)

"[1] 민사소송법 제233조부터 제237조, 제239조에서 정하고 있는 사유가 발생하면 소송절차가 중단되고, 위 각 조에서 규정하고 있는 수계신청인에 의한 적법한 소송수계절차가 있어야 소송중단이 해소된다. 다만 위에서 정하고 있는 사유가 발생하더라도 소송대리인이 있는 경우에는 소송이 중단되지 않는다(민사소송법 제238조). 그중 민사소송법 제234조에 따르면, <u>소송계속 중 당사자인 법인이 합병에 의하여 소멸된 때에는 소송절차가 중단되고 이 경우 합병에 의하여 설립된 법인 또는 합병한 뒤의 존속법인이 소송절차를 수계하여야 한다</u>. 또한 법인의 권리의무가 법률의 규정에 의하여 새로 설립된 법인에 승계되는 경우에는 특별한 사유가 없는 한 계속 중인 소송에서 그 법인의 법률상 지위도 새로 설립된 법인에 승계되므로 새로 설립된 법인이 소송절차를 수계하여야 하나, 법률에 법인의 지위를 승계하거나 법인의 권리의무가 새로 설립된 법인에 포괄적으로 승계된다는 명문의 규정이 없는 이상 새로 설립된 법인이 소송절차를 수계할 근거는 없다고 보아야 한다. 이와 같은 법리는 당사자가 법인격 없는 단체인 경우에도 마찬가지이다"(대판 2022.1.27. 2020다39719).   정답 ○

---

**4** 집합건물법상 건물의 위탁관리업자가 체납 관리비를 청구한 후 소송수행 과정에서 관리위탁계약이 종료된 경우 소송대리인이 없다면 소송절차가 중단되나, 추후 새롭게 관리위탁계약을 체결한 위탁 관리업자가 소송수계신청을 할 수 있다.                                                            (   )

판결요지

※ 1. 건물의 위탁관리업자가 체납 관리비를 청구한 후 소송수행 과정에서 관리위탁계약이 종료된 경우 소송절차가 중단되는지(원칙적 적극), 2. 이때 새롭게 관리위탁계약을 체결한 위탁관리업자가 소송수계신 청을 할 수 있는지 여부(적극)

"집합건물의 관리업무를 담당할 권한과 의무는 관리단과 관리인에게 있고(집합건물의 소유 및 관리에 관한 법률 제23조의2, 제25조), 관리단이나 관리인은 집합건물을 공평하고 효율적으로 관리하기 위하여 전문적인 위탁관리 업자와 관리위탁계약을 체결하고 건물 관리업무를 수행하게 할 수 있다. 이 경우 위탁관리업자의 관리업무의 권한 과 범위는 관리위탁계약에서 정한 바에 따르나 관리비의 부과·징수를 포함한 포괄적인 관리업무를 위탁관리업자 에게 위탁하는 것이 통상적이므로, 여기에는 관리비에 관한 재판상 청구 권한을 수여하는 것도 포함되었다고 봄이 타당하다. 이러한 관리업무를 위탁받은 위탁관리업자가 관리업무를 수행하면서 구분소유자 등의 체납 관리비를 추심하기 위하여 직접 자기 이름으로 관리비에 관한 재판상 청구를 하는 것은 임의적 소송신탁에 해당하지만, 집 합건물 관리업무의 성격과 거래현실 등을 고려하면 이는 특별한 사정이 없는 한 허용되어야 하고, 이때 위탁관리 업자는 관리비를 청구할 당사자적격이 있다고 보아야 한다(대판 2016.12.15. 2014다87885,87892 판결 등 참조). 관리비징수 업무를 위탁받은 위탁관리업자는 민사소송법 제237조 제1항에서 정한 '일정한 자격에 의하여 자기의 이름으로 남을 위하여 소송당사자가 된 사람'에 해당한다. 따라서 위탁관리업자가 구분소유자 등을 상대로 관리비 청구 소송을 수행하던 중 관리위탁계약이 종료되어 그 자격을 잃게 되면 소송절차는 중단되고, 같은 자격을 가진 새로운 위탁관리업자가 소송절차를 수계하거나 새로운 위탁관리업자가 없으면 관리단이나 관리인이 직접 소송절 차를 수계하여야 한다(민사소송법 제237조 제1항). 다만 소송대리인이 있는 경우에는 관리위탁계약이 종료하더라 도 소송절차가 중단되지 않는다(민사소송법 제238조)"(대판 2022.5.13. 2019다229516).   정답 ○

---

# 당사자자격

**1** ★ 공익사업을 위한 토지 등의 취득 및 보상에 관한 법률에 따른 토지소유자 또는 관계인의 사업시 행자에 대한 손실보상금 채권에 관하여 압류 및 추심명령이 있는 경우에는, 채무자인 토지소유자 등이 보상금의 증액을 구하는 소를 제기하고 그 소송을 수행할 당사자적격을 상실하지 않는다. 보 상금 증액 청구의 소는 토지소유자 등이 사업시행자를 상대로 제기하는 당사자소송의 형식을 취하 고 있지만, 토지수용위원회의 재결 중 보상금 산정에 관한 부분에 불복하여 그 증액을 구하는 소이 므로 실질적으로는 재결을 다투는 항고소송의 성질을 가지기 때문이다.                             (   )

판결요지

※ 공익사업을 위한 토지 등의 취득 및 보상에 관한 법률에 따른 토지소유자 또는 관계인의 사업시행자에 대한 손실보상금 채권에 관하여 압류 및 추심명령이 있는 경우, 채무자인 토지소유자 등이 보상금의 증액을 구하는 소를 제기하고 그 소송을 수행할 당사자적격을 상실하는지 여부(소극)

"공익사업을 위한 토지 등의 취득 및 보상에 관한 법률(이하 '토지보상법'이라 한다) 제85조 제2항에 따른 보상금의 증액을 구하는 소(이하 '보상금 증액 청구의 소'라 한다)의 성질, 토지보상법상 손실보상금 채권의 존부 및 범위를 확정하는 절차 등을 종합하면, <u>토지보상법에 따른 토지소유자 또는 관계인(이하 '토지소유자 등'이라 한다)의 사업시행자에 대한 손실보상금 채권에 관하여 압류 및 추심명령이 있더라도, 추심채권자가 보상금 증액 청구의 소를 제기할 수 없고, 채무자인 토지소유자 등이 보상금 증액 청구의 소를 제기하고 그 소송을 수행할 당사자적격을 상실하지 않는다</u>고 보아야 한다. 그 상세한 이유는 다음과 같다.

① 토지보상법 제85조 제2항은 토지소유자 등이 보상금 증액 청구의 소를 제기할 때에는 사업시행자를 피고로 한다고 규정하고 있다. 위 규정에 따른 <u>보상금 증액 청구의 소는 토지소유자 등이 사업시행자를 상대로 제기하는 당사자소송의 형식을 취하고 있지만, 토지수용위원회의 재결 중 보상금 산정에 관한 부분에 불복하여 그 증액을 구하는 소이므로 실질적으로는 재결을 다투는 항고소송의 성질을 가진다.</u>

행정소송법 제12조 전문은 "취소소송은 처분 등의 취소를 구할 법률상 이익이 있는 자가 제기할 수 있다."라고 규정하고 있다. 앞서 본 바와 같이 보상금 증액 청구의 소는 항고소송의 성질을 가지므로, 토지소유자 등에 대하여 금전채권을 가지고 있는 제3자는 재결에 대하여 간접적이거나 사실적·경제적 이해관계를 가질 뿐 재결을 다툴 법률상의 이익이 있다고 할 수 없어 직접 또는 토지소유자 등을 대위하여 보상금 증액 청구의 소를 제기할 수 없고, 토지소유자 등의 손실보상금 채권에 관하여 압류 및 추심명령이 있더라도 추심채권자가 재결을 다툴 지위까지 취득하였다고 볼 수는 없다.

② 토지보상법 등 관계 법령에 따라 토지수용위원회의 재결을 거쳐 이루어지는 손실보상금 채권은 관계 법령상 손실보상의 요건에 해당한다는 것만으로 바로 존부 및 범위가 확정된다고 볼 수 없다. 토지소유자 등이 사업시행자로부터 손실보상을 받기 위해서는 사업시행자와 협의가 이루어지지 않으면 토지보상법 제34조, 제50조 등에 규정된 재결절차를 거친 뒤에 그 재결에 대하여 불복이 있는 때에 비로소 토지보상법 제83조 내지 제85조에 따라 이의신청 또는 행정소송을 제기할 수 있을 뿐이고, 이러한 절차를 거치지 않은 채 곧바로 사업시행자를 상대로 손실보상을 청구하는 것은 허용되지 않는다.

이와 같이 손실보상금 채권은 토지보상법에서 정한 절차로서 관할 토지수용위원회의 재결 또는 행정소송 절차를 거쳐야 비로소 구체적인 권리의 존부 및 범위가 확정된다. 아울러 토지보상법령은 토지소유자 등으로 하여금 위와 같은 손실보상금 채권의 확정을 위한 절차를 진행하도록 정하고 있다. 따라서 사업인정고시 이후 위와 같은 절차를 거쳐 장래 확정될 손실보상금 채권에 관하여 채권자가 압류 및 추심명령을 받을 수는 있지만, 그 압류 및 추심명령이 있다고 하여 추심채권자가 위와 같은 손실보상금 채권의 확정을 위한 절차에 참여할 자격까지 취득한다고 볼 수는 없다.

③ 요컨대, <u>토지소유자 등이 토지보상법 제85조 제2항에 따라 보상금 증액 청구의 소를 제기한 경우, 그 손실보상금 채권에 관하여 압류 및 추심명령이 있다고 하더라도 추심채권자가 그 절차에 참여할 자격을 취득하는 것은 아니므로, 보상금 증액 청구의 소를 제기한 토지소유자 등의 지위에 영향을 미친다고 볼 수 없다. 따라서 보상금 증액 청구의 소의 청구채권에 관하여 압류 및 추심명령이 있더라도 토지소유자 등이 그 소송을 수행할 당사자적격을 상실한다고 볼 것은 아니다</u>"(대판 2022.11.24. 전합2018두67).  정답 ○

[사실관계] 중앙토지수용위원회가 원고의 영업시설을 이전하게 하고 그 보상금을 정하는 내용의 수용재결을 하자, 원고가 그 보상금을 이의를 유보하고 수령한 뒤 보상금의 증액을 구하는 이 사건 소를 제기하였는데, 원고의 채권자들이 이 사건 소 제기일부터 원심판결 선고일까지 사이에 원고의 손실보상금채권에 관하여 압류·추심명령을

받았다. 피고는 상고심에서 처음으로 이 사건 추심명령으로 인하여 이 사건 보상금 증액 청구 소송에 관한 원고의 당사자적격이 상실되었다고 다투었으나, 대법원은 토지보상법상 손실보상금 채권에 관하여 압류 및 추심명령이 있는 경우 채무자가 보상금 증액 청구의 소를 제기할 당사자적격을 상실한다는 취지의 종래 판례를 변경하고, 위와 같은 판시를 하면서 피고의 이 부분 상고이유 주장을 배척하였다.

**2** ★ 법무법인이 소송의 당사자인 경우에는 등기된 '법무법인의 대표자만'이 법무법인을 대표하여 소송행위 등 업무를 수행할 수 있고 '담당변호사'가 법무법인을 대표하여 해당 업무를 수행할 수 없다. 이러한 법리는 법무법인(유한)의 경우에도 마찬가지이다. ( )

[판결요지]

"변호사법 제50조 제1항에 따라 법무법인이 법인 명의로 수행하는 '업무'는 법무법인이 제3자의 위임이나 위촉 등에 의하여 소송행위 등 법률 사무를 처리하는 경우를 의미하고, 법무법인이 당사자로서 소송행위 등 법률 사무를 처리하는 경우는 포함되지 않는다고 해석함이 타당하다. 따라서 법무법인이 당사자인 경우에는 상법 중 합명회사에 관한 규정에 따라 등기된 법무법인의 대표자만이 법무법인을 대표하여 업무를 수행할 수 있을 뿐 담당변호사가 법무법인을 대표하여 해당 업무를 수행할 수 없다. 이러한 법리는 변호사법 제50조가 준용되는 법무법인(유한)의 경우에도 마찬가지이다(변호사법 제58조의16)"(대판 2022.5.26. 2017다238141). **정답** ○

**3** ★ 집합건물의 관리단인 甲 관리단이 乙을 상대로 관리비 등의 지급을 구한 경우, 乙이 甲 관리단의 대표자로서 소를 제기한 丙에 대하여 관리단을 대표할 권한이 없다는 취지의 주장을 하였고, 丙이 적법한 절차에 의하여 관리단의 대표자로 선임되었다는 점을 인정할 만한 자료를 찾아볼 수 없다면, 법원은 丙에게 적법한 대표권이 있는지에 관하여 심리·판단하여야 한다. ( )

[판결요지]

"비법인사단이 당사자인 사건에서 대표자에게 적법한 대표권이 있는지는 소송요건에 관한 것으로서 법원의 직권 조사사항이므로, 법원으로서는 판단의 기초자료인 사실과 증거를 직권으로 탐지할 의무까지는 없다 하더라도, 이미 제출된 자료들에 의하여 대표권의 적법성에 의심이 갈 만한 사정이 엿보인다면 상대방이 이를 구체적으로 지적하여 다투지 않더라도 이에 관하여 심리·조사할 의무가 있다"(대판 2022.4.28. 2021다306904). **정답** ○

[사실관계] 집합건물의 관리단인 甲 관리단이 乙을 상대로 관리비 등의 지급을 구한 사안에서, 乙이 甲 관리단의 대표자로서 소를 제기한 丙에 대하여 관리단을 대표할 권한이 없다는 취지의 주장을 하였고, 丙이 적법한 절차에 의하여 관리단의 대표자로 선임되었다는 점을 인정할 만한 자료를 찾아볼 수 없는데도, 丙에게 적법한 대표권이 있는지에 관하여 심리·판단하지 아니한 원심판결에 법리오해의 잘못이 있다고 한 사례

**3-1** 원고가 단체를 상대로 직무집행정지가처분 결정이 내려진 대표자의 대표자 지위 부존재 확인의 소를 제기하면서 그 대표자를 단체의 대표자로 표시한 소장을 제출하고 법원도 그 대표자를 송달받을 사람으로 하여 소장 부본을 송달한 후 소송절차가 진행되었다면, 소장 부본이 단체에 적법·유효하게 송달되었다고 볼 수 없고 그 대표자가 단체를 대표하여 한 소송행위나 원고가 그 대표자에 대하여 한 소송행위는 모두 무효가 된다. ( )

**3-2** 법인의 대표자에게 대표권이 없는 경우 법원은 그 흠을 보정할 수 없음이 명백한 사정이 있지 않는 한 위 민사소송법 규정에 따라 기간을 정하여 이를 보정하도록 명할 의무가 있고, 이러한 대표권의 보정은 항소심에서도 가능하다 ( )

判決要旨

"[1] 비법인사단이 당사자인 사건에서 대표자에게 적법한 대표권이 있는지는 소송요건에 관한 것으로서 직권조사사항이므로, 법원에 그 판단의 기초자료인 사실과 증거를 직권으로 탐지할 의무까지는 없으나, 이미 제출된 자료들에 의하여 그 대표권의 적법성을 의심할 만한 사정이 엿보인다면 상대방이 이를 구체적으로 지적하여 다투지 않더라도 이에 관하여 심리·조사할 의무가 있다.

[2] 민법상의 법인이나 비법인사단을 상대로 그 대표자의 지위 부존재 확인을 구하는 소송에서 그 단체를 대표할 자는 지위 부존재 확인의 대상이 된 대표자이나, 대표자에 대하여 직무집행정지가처분 결정이 내려진 경우에는, 가처분 결정에 특별한 정함이 없는 한 그 대표자는 본안소송에서 그 단체를 대표할 권한을 포함한 일체의 직무집행에서 배제된다. 따라서 원고가 단체를 상대로 직무집행정지가처분 결정이 내려진 대표자의 대표자 지위 부존재 확인의 소를 제기하면서 그 대표자를 단체의 대표자로 표시한 소장을 제출하고 법원도 그 대표자를 송달받을 사람으로 하여 소장 부본을 송달한 후 소송절차가 진행되었다면, 그 대표자에게는 그 소송에 관하여 단체를 대표할 권한이 없기 때문에 소장 부본이 단체에 적법·유효하게 송달되었다고 볼 수 없고 그 대표자가 단체를 대표하여 한 소송행위나 원고가 그 대표자에 대하여 한 소송행위는 모두 무효가 된다. 그러나 민사소송법 제64조에 따라 법인의 대표자에게 준용되는 같은 법 제59조 전단 및 제60조는, 소송능력·법정대리권 또는 소송행위에 필요한 권한의 수여에 흠이 있는 경우에는 법원은 기간을 정하여 이를 보정하도록 명하여야 하고, 소송능력·법정대리권 또는 소송행위에 필요한 권한의 수여에 흠이 있는 사람이 소송행위를 한 뒤에 보정된 당사자나 법정대리인이 이를 추인한 경우에는 그 소송행위는 이를 한 때에 소급하여 효력이 생긴다고 규정하고 있다. 그러므로 법인의 대표자에게 대표권이 없는 경우 법원은 그 흠을 보정할 수 없음이 명백한 사정이 있지 않는 한 위 민사소송법 규정에 따라 기간을 정하여 이를 보정하도록 명할 의무가 있고, 이러한 대표권의 보정은 항소심에서도 가능하다"(대판 2024.4.12. 2023다313241). 유제 전부 　정답 ○

**4** 권한 없는 대표자가 한 소송행위의 추인은 <u>상고심</u>에서도 할 수 있고, 환송 후 원심으로서는 상고심에서 제출된 추인서까지 포함하여 소송요건을 갖춘 것인지 여부를 심리·판단할 필요가 있다. ( )

**4-1** ★ 종중이 당사자인 사건에서 종중의 대표자에게 적법한 대표권이 있는지는 소송요건에 관한 것으로서 법원의 직권조사사항이다. 15·17년 변호 ( )

判決要旨

"1. 종중이 당사자인 사건에서 종중의 대표자에게 적법한 대표권이 있는지는 소송요건에 관한 것으로서 법원의 직권조사사항이다. 법원으로서는 판단의 기초자료인 사실과 증거를 직권으로 탐지할 의무까지는 없더라도, 이미 제출된 자료에 따라 그 대표권의 적법성을 의심할 만한 사정이 엿보인다면 상대방이 이를 구체적으로 지적하여 다투지 않더라도 이에 관하여 심리·조사할 의무가 있다(대판 1991.10.11. 91다21039 판결 등 참조).

2. 권한 없는 대표자가 한 소송행위의 추인은 상고심에서도 할 수 있다(대판 2019.9.10. 2019다208953 판결 등 참조). 환송 후 원심으로서는 상고심에서 제출된 추인서까지 포함하여 소송요건을 갖춘 것인지 여부를 심리·판단할 필요가 있다"(대판 2022.4.14. 2021다276973). 정답 ○　유제　정답 ○

**5**  ★ 종중 유사의 권리능력 없는 사단은 창립총회를 열어 정식의 조직체계를 갖추지 않았더라도 공동의 목적을 달성하기 위하여 공동의 재산을 형성하고 일을 주도하는 사람을 중심으로 계속적으로 사회적인 활동을 하여 왔다면 이미 그 무렵부터 단체로서의 실체가 존재한다고 보아야 한다.    (  )

판결요지

"[1] 고유 의미의 종중(이하 '고유 종중'이라고 한다)이란 공동선조의 분묘 수호와 제사, 종원 상호 간 친목 등을 목적으로 하는 자연발생적인 관습상 종족집단체로서 특별한 조직행위를 필요로 하는 것이 아니고 그 선조의 사망과 동시에 그 자손에 의하여 성립하며 그 대수에도 제한이 없고, 공동선조의 후손은 그 의사와 관계없이 성년이 되면 당연히 그 구성원(종원)이 되는 것이며 그중 일부 종원을 임의로 그 종원에서 배제할 수 없다. 따라서 공동선조의 후손 중 특정 범위 내의 자들만으로 구성된 종중이란 있을 수 없으므로, 만일 공동선조의 후손 중 특정 범위 내의 종원만으로 조직체를 구성하여 활동하고 있다면 이는 본래 의미의 종중으로는 볼 수 없고, 종중 유사의 권리능력 없는 사단(이하 '종중 유사단체'라고 한다)이 될 수 있을 뿐이다. 이러한 종중 유사단체는 비록 그 목적이나 기능이 고유 종중과 별다른 차이가 없다 하더라도 공동선조의 후손 중 일부에 의하여 인위적인 조직행위를 거쳐 성립된 경우 사적 임의단체라는 점에서 고유 종중과 그 성질을 달리하므로, 사적 자치의 원칙 내지 결사의 자유에 따라 구성원의 자격이나 가입조건을 자유롭게 정할 수 있음이 원칙이다.

[2] 당사자능력은 소송요건에 관한 것으로서 그 청구의 당부와는 별개의 문제인 것이며, 소송요건은 사실심의 변론종결 시에 갖추어져 있으면 되는 것이므로, 고유 의미의 종중 또는 종중 유사의 권리능력 없는 단체(이하 '종중 유사단체'라고 한다)가 비법인사단으로서의 실체를 갖추고 당사자로서의 능력이 있는지 여부는 사실심인 원심의 변론종결 시를 기준으로 하여 그 존부를 판단하여야 한다.

그런데 종중 유사단체는 반드시 총회를 열어 성문화된 규약을 만들고 정식의 조직체계를 갖추어야만 비로소 단체로 성립하는 것이 아니라, 실질적으로 공동의 목적을 달성하기 위하여 공동의 재산을 형성하고 일을 주도하는 사람을 중심으로 계속적으로 사회적인 활동을 하여 온 경우에는 이미 그 무렵부터 단체로서의 실체가 존재하는 것이다"(대판 2020.10.15. 2020다232846).    정답 ○

---

**6**  비법인사단으로 인정되지 않는 추진위원회가 소를 제기한 이후 창립총회를 개최하여 비법인사단으로 인정되는 지역주택조합이 성립한 경우 추진위원회와 지역주택조합의 동일성이 인정되므로 소의 당사자는 지역주택조합으로 확정하고 당사자능력이 인정된다.    (  )

**6-1**  ★ 당사자는 소장에 기재된 표시 및 청구의 내용과 원인사실을 합리적으로 해석하여 확정하여야 하고, 확정된 당사자와의 동일성이 인정되는 범위 내에서라면 항소심에서도 당사자의 표시정정을 허용하여야 한다.    (  )

**6-2**  ★ 어떤 단체가 비법인사단으로서 당사자능력을 가지는가 하는 것은 소송요건에 관한 것으로서 사실심의 변론종결일을 기준으로 판단하여야 한다.    15년, 18년 변호 (  )

**6-3**  ★ 당사자능력의 문제는 법원의 직권조사사항에 속하는 것이므로 그 당사자능력 판단의 전제가 되는 사실에 관하여는 법원이 당사자의 주장에 구속될 필요 없이 직권으로 조사하여야 한다.    (  )

판결요지

※ 소 제기 후 창립총회가 개최된 지역주택조합의 경우 당사자의 확정, 원고 조합의 비법인사단성 인정 여부(적극)

"[1] 당사자는 소장에 기재된 표시 및 청구의 내용과 원인사실을 합리적으로 해석하여 확정하여야 하고, 확정된 당사자와의 동일성이 인정되는 범위 내에서라면 항소심에서도 당사자의 표시정정을 허용하여야 한다. 원고가 당사자를 정확히 표시하지 못하고 당사자능력이나 당사자적격이 없는 자를 당사자로 잘못 표시하였다면, 당사자 표시정정신청을 받은 법원으로서는 당사자를 확정한 연후에 원고가 정정신청한 당사자 표시가 확정된 당사자의 올바른 표시이며 동일성이 인정되는지의 여부를 살피고, 그 확정된 당사자로 표시를 정정하도록 하는 조치를 취하여야 한다(대판 1996.10.11. 96다3852, 대판 2013.8.22. 2012다68279 판결 등 참조).

[2] 민사소송법 제52조가 비법인사단의 당사자능력을 인정하는 것은 법인이 아니라도 사단으로서의 실체를 갖추고 그 대표자 또는 관리인을 통하여 사회적 활동이나 거래를 하는 경우에는, 그로 인하여 발생하는 분쟁은 그 단체가 자기 이름으로 당사자가 되어 소송을 통하여 해결하도록 하기 위한 것이다. 그러므로 여기서 말하는 사단이라 함은 일정한 목적을 위하여 조직된 다수인의 결합체로서 대외적으로 사단을 대표할 기관에 관한 정함이 있는 단체를 말하고, 어떤 단체가 비법인사단으로서 당사자능력을 가지는가 하는 것은 소송요건에 관한 것으로서 사실심의 변론종결일을 기준으로 판단하여야 한다.

당사자능력의 문제는 법원의 직권조사사항에 속하는 것이므로 그 당사자능력 판단의 전제가 되는 사실에 관하여는 법원이 당사자의 주장에 구속될 필요 없이 직권으로 조사하여야 하고, 따라서 비법인사단이 원고로 된 경우, 그 성립의 기초가 되는 사실에 관하여 당사자가 다양한 주장을 하는 경우, 구체적인 주장사실에 구속될 필요 없이 직권으로 단체의 실체를 파악하여 당사자능력의 존부를 판단하여야 한다.

이 사건의 당사자인 원고는 소 제기 당시 1,313세대의 조합가입계약을 체결한 조합원들의 단체로서 이후 임시총회와 창립총회를 거쳐 설립이 확정된 '○○○○○○○○ ○○○○ 지역주택조합' 자체로 확정되었다고 봄이 타당하다"(대판 2021.6.24. 2019다278433).

**[사실관계]** 소를 제기한 추진위원회(비법인사단성 부정)와 소 제기 이후 창립총회를 개최한 지역주택조합(비법인사단성 인정)의 동일성을 인정하여 소의 당사자를 지역주택조합으로 확정하고 당사자능력을 인정한 사례    정답 ○

유제 모두    정답 ○

---

**7**    ★ 채권자대위소송에서 피대위자인 채무자가 실존인물이 아니거나 사망한 사람인 경우, 소는 부적법하다.    (    )

**7-1**    미등기토지에 대하여 토지대장이나 임야대장의 소유자 명의인 표시란에 구체적 주소나 인적사항에 관한 기재가 없어서 그 명의인을 특정할 수 없는 경우에는 그 소유명의인의 채권자가 국가를 상대로 소유명의인을 대위하여 소유권확인의 확정판결을 받더라도 이 확인판결에는 소유자가 특정되지 않아 특정인이 위 토지의 소유자임을 증명하는 확정판결이라고 볼 수 없다.    (    )

판결요지

"[1] 채권자대위소송에서 대위에 의하여 보전될 채권자의 채무자에 대한 권리가 인정되지 아니할 경우에는 채권자가 스스로 원고가 되어 채무자의 제3채무자에 대한 권리를 행사할 당사자적격이 없게 되므로 그 대위소송은 부적법하여 각하할 것인바, 피대위자인 채무자가 실존인물이 아니거나 사망한 사람인 경우 역시 피보전채권인 채권자의 채무자에 대한 권리를 인정할 수 없는 경우에 해당하므로 그러한 채권자대위소송은 당사자적격이 없어 부적법하다.

[2] 국가를 상대로 한 토지소유권확인청구는 어느 토지가 미등기이고, 토지대장이나 임야대장상에 등록명의자가 없거나 등록명의자가 누구인지 알 수 없을 때와 그 밖에 국가가 등록명의자인 제3자의 소유를 부인하면서 계속 국가 소유를 주장하는 등 특별한 사정이 있는 경우에 한하여 그 확인의 이익이 있다.

[3] 부동산등기법 제65조 제2호는 확정판결에 의하여 자기의 소유권을 증명하는 자는 미등기의 토지에 관한 소유권보존등기를 신청할 수 있는 것으로 규정하고 있고, 부동산등기규칙 제46조 제1항 제6호는 보존등기 신청 시 등기권리자의 주소 및 주민등록번호를 증명하는 정보를 첨부정보로서 등기소에 제공하여야 한다고 규정한다. 따라서 미등기토지에 대하여 토지대장이나 임야대장의 소유자 명의인 표시란에 구체적 주소나 인적사항에 관한 기재가 없어서 그 명의인을 특정할 수 없는 경우에는 그 소유명의인의 채권자가 국가를 상대로 소유명의인을 대위하여 소유권확인의 확정판결을 받더라도 이 확인판결에는 소유자가 특정되지 않아 특정인이 위 토지의 소유자임을 증명하는 확정판결이라고 볼 수 없다(등기선례 제201112-2호, 제201005-1호 등도 같은 취지로 규정하고 있다).
[4] 확인의 소에서 확인의 이익의 유무는 직권조사사항이므로 당사자의 주장 여부에 관계없이 법원이 직권으로 판단하여야 한다"(대판 2021.7.21. 2020다300893).　　　　　　　　　　　　　　　　　**정답** ○

**유 제**　　　　　　　　　　　　　　　　　　　　　　　　　　　　　　　　　　　**정답** ○

**[사실관계]** 원고가 미등기인 이 사건 임야의 매수인이라고 주장하면서 토지대장상 임야의 사정명의인(생년월일이 기재되어 있지 않고, 주소 역시 'ㅇㅇ면 ◇◇리'라고만 기재되어 있음)을 대위하여 국가를 상대로 소유권확인을 구한 사안에서 원심은 위 사정명의인이 아직 사망하였다고 단정할 수 없고, 설령 사망하였다고 하더라도 그 상속인을 대위한 것으로 볼 수 있다고 판단하여 이 사건 소가 부적법하다는 피고 대한민국의 본안전항변을 배척하였으나, 대법원은 기록상 원고 스스로 사정명의인이 사망하였다고 주장하면서 그 상속인을 확인하여 피대위자를 보정하겠다고 하였음에도 이를 이행하지 않은 이상 이 사건 소가 부적법하고, 나아가 토지대장상 사정명의인을 특정할 수 없는 이상 설령 이 사건에 관해 승소확정판결을 받더라도 소유권보존등기를 마칠 수 없어 결국 확인의 이익이 없다는 이유로 피고의 본안전항변을 배척한 원심판결을 파기환송하였다

**8**　★ 甲이 乙을 상대로 제기한 공유물분할청구의 소에 관하여 선고한 원심판결의 주문에서 '1. 가. (가), (나) 부분 토지는 乙의 소유로, (다) 부분 토지는 甲의 소유로 각 분할한다. 나. 甲은 乙로부터 가액보상금을 지급받음과 동시에, 乙에게 (가), (나) 부분 토지 중 甲의 지분에 관하여 공유물분할을 원인으로 한 소유권이전등기절차를 이행하라'고 한 사안에서, 원심판결의 주문 제1의 가항과 나항은 효과 면에서 서로 모순된다.　　　　　　　　　　　　　( )

**8-1**　★ 공유물분할청구의 소에서 법원이 등기의무자가 아닌 자를 상대로 등기의 말소절차 이행을 명할 수 없다.　　　　　　　　　　　　　　　　　　　　　　　　　　　　　　　　　　( )

**판결요지**

**※ 형식적 형성의 소(공유물분할청구의 소에서 법원이 등기의무자가 아닌 자를 상대로 등기의 말소절차 이행을 명할 수 있는지 여부 : 소극)**
"공유물분할청구의 소는 형성의 소로서 법원은 공유물분할을 청구하는 원고가 구하는 방법에 구애받지 않고 재량에 따라 합리적 방법으로 분할을 명할 수 있다. 그러나 법원은 등기의무자, 즉 등기부상의 형식상 그 등기에 의하여 권리를 상실하거나 기타 불이익을 받을 자(등기명의인이거나 그 포괄승계인)가 아닌 자를 상대로 등기의 말소절차 이행을 명할 수는 없다"(대판 2020.8.20. 2018다241410,241427).
**[사실관계]** 甲이 乙을 상대로 제기한 공유물분할청구의 소에 관하여 선고한 원심판결의 주문에서 '1. 가. (가), (나) 부분 토지는 乙의 소유로, (다) 부분 토지는 甲의 소유로 각 분할한다. 나. 甲은 乙로부터 가액보상금을 지급받음과 동시에, 乙에게 (가), (나) 부분 토지 중 甲의 지분에 관하여 공유물분할을 원인으로 한 소유권이전등기절차를 이행하라'고 한 사안에서, 원심판결의 주문 제1의 가항은 형성판결로서 그대로 확정될 경우, 乙은 (가), (나) 부분 토지에 관한 단독소유권을 취득하고, 甲은 (다) 부분 토지에 관한 단독소유권을 취득하게 되므로, 乙이 단독소유권

을 취득하게 될 (가), (나) 부분 토지와 관련하여, 甲이 乙에게 (가), (나) 부분 토지 중 甲의 지분에 관하여 소유권이전등기신청에 대한 의사표시를 별도로 할 필요가 없고, 반면에 원심판결의 주문 제1의 나항은 이행판결로서 그대로 확정될 경우, 乙이 반대의무인 가액보상금 지급의무를 이행한 사실을 증명하여 재판장의 명령에 의하여 집행문을 받아야만 (가), (나) 부분 토지 중 甲의 지분에 관하여 甲의 소유권이전등기신청에 대한 의사표시 의제의 효과가 발생하므로, 향후 (가), (나) 부분 토지 중 甲의 지분에 관하여 甲의 소유권이전등기신청에 대한 의사표시가 필요하지 않음을 전제로 하는 원심판결의 주문 제1의 가항과 향후 (가), (나) 부분 토지 중 甲의 지분에 관하여 甲의 소유권이전등기신청에 대한 의사표시가 필요함을 전제로 하는 원심판결의 주문 제1의 나항은 효과 면에서 서로 모순되므로, 원심판결에는 이유모순 등의 잘못이 있다고 한 사례.    **정답** ○

**유제**    **정답** ○

**[판례평석]** 원심판결의 주문 제1의 가항은 공유물분할청구에 따른 형성판결(민법 제187조의 판결)로서 그대로 확정될 경우 그 확정시점에 피고는 (가), (나) 부분 토지에 관한 단독소유권을 취득하고 원고는 (다) 부분 토지에 관한 단독소유권을 취득하게 된다. 따라서 그 소유권이전에 관해서는 등기의무자의 등기의사의 진술을 명하는 판결주문을 별도로 낼 필요가 없고 내어서는 안 된다(반면에 소유권이전등기를 명하는 판결은 피고의 의사의 진술을 명하는 이행판결일 뿐이고 그것이 확정되더라도 물권변동의 효력이 생기지 않으며 민법 제186조에 따라 등기하여야 비로소 소유권 이전의 효과가 발생한다).

따라서 공유물분할을 명하는 판결을 선고하면서 그 정산금 수수를 위하여 위 주문 제1의 나항과 같은 주문을 내면 이는 위법하다. 공유물분할 시 정산금 수수가 필요하고 거기에 강제력을 부여하려 했다면 그냥 위 형성판결 외에 단순한 금전지급 판결주문을 냈어야 하는 것이다.[3]

**9    ★** A는 B에 대한 집행력 있는 판결을 집행권원으로 하여, B의 C에 대한 납품대금채권에 관한 채권압류 및 추심명령을 받았고, 이에 A는 위 채권압류 및 추심명령에 터 잡아 C를 상대로 B의 납품대금 7천만 원을 청구하는 소를 제기하였다. 제1심은 그 중 3천만 원에 대한 청구 부분은 인용하고 나머지 4천만 원에 대한 청구는 기각하였는데, C만 항소하였고 항소심은 항소기각 판결을 선고하였다. 한편, 추심소송 상고심 계속 중 추심명령이 취소됨으로써 A의 소는 당사자적격이 없는 사람에 의하여 제기된 것으로서 부적법하게 되었지만, 제1심판결 중 항소심의 심판대상이 되지 않는 4천만 원에 대한 청구는 항소심판결 선고와 동시에 확정되어 소송이 종료되었다고 할 것이다.    (    )

**판결요지**

**※ 추심소송의 사실심 변론종결 이후 채권압류 및 추심명령이 취소된 경우 상고심이 취할 조치 및 파기자판의 범위**

"직권으로 이 사건 소의 적법 여부를 판단한다.

1. 추심채권자의 제3채무자에 대한 추심소송 계속 중에 채권압류 및 추심명령이 취소되어 추심채권자가 추심권능을 상실하게 되면 추심소송을 제기할 당사자적격도 상실한다(대판 2003.2.11. 2001다15583 판결 참조). 이러한 사정은 직권조사사항으로서 당사자가 주장하지 않더라도 법원이 직권으로 조사하여 판단하여야 하고, 사실심 변론종결 이후에 당사자적격 등 소송요건이 흠결되거나 그 흠결이 치유된 경우 상고심에서도 이를 참작하여야 한다(대판 2018.9.28. 2016다231198 판결 등 참조).

원고의 1개의 청구 중 일부를 기각하는 제1심판결에 대하여 피고만 항소를 하였더라도 제1심판결의 심판대상이었던 청구 전부가 불가분적으로 항소심에 이심되나, 항소심의 심판범위는 이심된 부분 가운데 피고가 불복 신청한 한도로 제한되고, 나머지 부분은 원고가 불복한 바가 없어 항소심의 심판대상이 되지 아니하므로, 그 부분에 대해서는 원심판결의 선고와 동시에 확정되어 소송이 종료된다(대판 2004.6.10. 2004다2151,2168 판결 등 참조)

2. 원심판결 이유와 기록에 따르면 다음과 같은 사실을 알 수 있다.

가. 원고는 주식회사 마루테크(이하 '마루테크'라 한다)에 대한 대전지방법원 2015가단219839호 물품대금 사건의 집행력 있는 판결을 집행권원으로 하여, 2017. 1. 2. 대전지방법원 2016타채15784호로 마루테크의 피고에 대한 납품대금채권에 관한 채권압류 및 추심명령(이하 '이 사건 채권압류 및 추심명령'이라 한다)을 받았고, 위 결정은 2017. 1. 4. 피고에게 송달되었다.

나. 원고는 이 사건 채권압류 및 추심명령에 터 잡아 피고를 상대로 마루테크의 납품대금 70,689,672원 및 그 지연손해금을 청구하는 이 사건 소를 제기하였다. 제1심은 그중 31,415,047원 및 이에 대한 지연손해금 청구 부분은 인용하고 나머지 청구를 기각하였는데, 제1심판결에 대하여 피고만 패소 부분에 관하여 항소하였고, 원심은 항소기각 판결을 선고하였다.

다. 한편 마루테크는 원고에 대하여 대전지방법원 2017가합103416호로 손해배상청구의 소를 제기하였는데, 위 사건의 항소심(대전고등법원 2019나15579호)에서 2020. 7. 7. '원고는 대전지방법원 2015가단219839 물품대금 사건의 확정판결에 기한 강제집행을 하지 아니한다.'라는 내용이 포함된 조정을 갈음하는 결정이 내려져 그 무렵 확정되었다.

라. 마루테크가 대전지방법원에 위 조정을 갈음하는 결정 정본을 제출하자, 대전지방법원 사법보좌관은 2021. 1. 22. 이 사건 채권압류 및 추심명령을 취소하는 결정을 하였고, 위 결정은 2021. 1. 26. 원고에게 송달되었다.

3. 이러한 사실관계를 앞서 본 관련 법리에 비추어 살펴본다.

이 사건 채권압류 및 추심명령이 취소됨에 따라 원고는 제3채무자인 피고를 상대로 하여 직접 이 사건 추심금 청구의 소를 제기할 권능을 상실하였다. 따라서 이 사건 소는 당사자적격이 없는 사람에 의하여 제기된 것으로서 부적법하고, 이와 같은 점에서 원심판결은 그대로 유지될 수 없다. 다만, 제1심판결 중 항소심의 심판대상이 되지 않는 원고의 청구가 일부 기각된 부분은 원심판결 선고와 동시에 확정되어 소송이 종료되었다고 할 것이다"(대판 2021.9.15. 2020다297843).

**정답** ○

[사실관계] 원고(추심채권자) A가 피고(제3채무자) B에 대하여 추심금 청구의 소를 제기하여 제1심에서 원고 A 일부승소 판결이 선고된 후 피고 B만 항소하였고, 원심에서 항소기각 판결이 선고된 후 다시 피고 B만 상고한 사안에서, 상고이유서 제출기간 경과 후 채권압류 및 추심명령이 취소된 사정이 드러나자 직권으로 원고 A가 추심권능을 상실하였으므로 이 사건 소는 당사자적격이 없는 사람에 의하여 제기된 것으로서 부적법하다고 판단하는 한편, 제1심판결 중 항소심의 심판대상이 되지 않는 원고 패소 부분은 원심판결 선고와 동시에 이미 확정되어 소송이 종료되었으므로, 원심판결을 파기하고 자판(제1심판결 중 피고 패소 부분 취소, 이 부분 소 각하)한 사례

**10** ★ 채권에 대한 압류 및 추심명령이 있으면 제3채무자에 대한 이행의 소는 추심채권자만이 제기할 수 있고 채무자는 피압류채권에 대한 이행의 소를 제기할 당사자적격을 상실한다. 15 · 17년 변호 (    )

판결요지

※ 1. 채권에 대한 압류 및 추심명령이 있는 경우, 채무자는 피압류채권에 대한 이행소송을 제기할 당사자적격을 상실하는지 여부(적극) / 당사자적격에 관한 사항이 법원의 직권조사사항인지 여부(적극) 및 당사자가 상고심에서 새로이 이를 주장·증명할 수 있는지 여부(적극) 2. 판결 결과에 따라 제3채무자가 채무자에게 지급하여야 하는 금액을 피압류채권으로 표시한 경우, 해당 소송의 소송물인 실체법상 채권이 채권압류 및 추심명령의 피압류채권이 되는지 여부(적극)

"채권에 대한 압류 및 추심명령이 있으면 제3채무자에 대한 이행의 소는 추심채권자만이 제기할 수 있고 채무자는 피압류채권에 대한 이행의 소를 제기할 당사자적격을 상실한다. 위와 같은 당사자적격에 관한 사항은 소송요건에 관한 것으로서 법원이 이를 직권으로 조사하여 판단하여야 하고, 비록 당사자가 사실심 변론종결 시까지 이에 관하여 주장하지 않았더라도 상고심에서 새로이 이를 주장·증명할 수 있다(대판 2008.9.25. 2007다60417 판결, 대판 2018.12.27. 2018다268385 판결 등 참조)

한편 판결 결과에 따라 제3채무자가 채무자에게 지급하여야 하는 금액을 피압류채권으로 표시한 경우 해당 소송의 소송물인 실체법상 채권이 채권압류 및 추심명령의 피압류채권이 된다고 볼 수 있다"(대판 2021.3.25. 2020다286041, 286058).

**정답** ○

**[사실관계]** 자금관리 대리사무계약서상 피고의 관리계좌로부터 청약금과 조합원 분담금을 반환받기 위해서는 조합 추진위원회의 서면동의를 받은 청약자의 신청해지요청서, 환불금지급 요청서 및 추진위원회와 업무대행사 공동의 지급요청서가 필요하고, 그와 같은 절차적 요건이 구비되지 않았다면 피고에게 청약금 등 반환의무가 없음에도, 이와 달리 피압류채권의 존재를 인정한 원심판단에 법리오해가 있음을 이유로 원심판결 중 해당 부분을 파기·환송한 사례

**11** ★ 채권압류 및 추심명령에서 피압류채권의 존재에 관한 입증책임은 채권자가 부담한다.   (   )

[판결요지]

※ 채권압류 및 추심명령에서 피압류채권의 존재에 관한 입증책임은 채권자가 부담하는지 여부(적극), 지역주택조합사업에 관한 자금관리 대리사무계약상의 청약금 등 반환채권은 그 환불에 관한 절차가 준수되어야 성립·행사할 수 있는지 여부(적극)

"채권압류 및 추심명령에 기한 추심의 소에서 피압류채권의 존재는 채권자가 증명하여야 한다. 한편 계약당사자 사이에 어떠한 계약내용을 처분문서인 서면으로 작성한 경우에 문언의 객관적인 의미가 명확하다면 특별한 사정이 없는 한 문언대로의 의사표시의 존재와 내용을 인정하여야 하고, 특히 문언의 객관적 의미와 달리 해석함으로써 당사자 사이의 법률관계에 중대한 영향을 초래하게 되는 경우에는 그 문언의 내용을 더욱 엄격하게 해석하여야 한다"(대판 2023.4.13. 2022다279733,279740).

**정답** ○

# 소송상의 대리인

**1** 대리권의 흠결이 있는 자가 조정을 갈음하는 결정에 관한 이의신청을 한 후 당사자 본인이나 보정된 대리인이 이의신청 행위를 추인한 경우 이의신청은 소송행위와 달리 행위 시에 소급하여 효력을 갖지 않는다.   (   )

[판결요지]

"민사조정법 제34조 제4항에 의하면, 같은 법 제30조, 제32조에 따른 조정을 갈음하는 결정은 같은 법 제34조 제1항의 이의신청기간 내에 이의신청이 없는 경우(제1호), 이의신청이 취하된 경우(제2호), 이의신청이 적법하지 아니하여 대법원규칙으로 정하는 바에 따라 각하결정이 확정된 경우(제3호) 재판상의 화해와 동일한 효력이 있다.

한편 민사소송법 제97조에 의하여 소송대리인에게 준용되는 같은 법 제60조에 의하면 소송대리권의 흠결이 있는 자의 소송행위는 후에 당사자 본인이나 보정된 소송대리인이 그 <u>소송행위를 추인하면 행위 시에 소급하여 효력을 갖게 되고, 이는 대리권의 흠결이 있는 자가 조정을 갈음하는 결정에 관한 이의신청을 한 후 당사자 본인이나 보정된 대리인이 이의신청 행위를 추인한 경우에도 마찬가지이다</u>"(대판 2023.7.13. 2023다225146).  〔정답〕 ×

**2** 소송대리권의 범위는 원칙적으로 당해 심급에 한정되지만, 소송대리인이 상소 제기에 관한 특별한 권한을 따로 받았다면 특별한 사정이 없는 한 상소장을 제출할 권한과 의무가 있으므로, 상소장에 인지를 붙이지 아니한 흠이 있다면 소송대리인은 이를 보정할 수 있고 원심재판장도 소송대리인에게 인지의 보정을 명할 수 있다. ( )

**2-1** 소송대리인이 상소 제기에 관하여 특별한 권한을 따로 받았다고 하더라도, 실제로 소송대리인이 아닌 당사자 본인이 상고장을 작성하여 제출한 경우에는 소송대리인에게 상소장과 관련한 보정명령을 수령할 권능이 없으므로, 원심재판장이 소송대리인에게 보정명령을 송달한 것은 부적법한 송달이어서 그 송달의 효력이 발생하지 아니한다. ( )

〔판결요지〕

"소송대리권의 범위는 원칙적으로 당해 심급에 한정되지만, 소송대리인이 상소 제기에 관한 특별한 권한을 따로 받았다면 특별한 사정이 없는 한 상소장을 제출할 권한과 의무가 있으므로, <u>상소장에 인지를 붙이지 아니한 흠이 있다면 소송대리인은 이를 보정할 수 있고 원심재판장도 소송대리인에게 인지의 보정을 명할 수 있다.</u> 그러나 소송대리인이 상소 제기에 관하여 특별한 권한을 따로 받았다고 하더라도, 실제로 소송대리인이 아닌 당사자 본인이 <u>상고장을 작성하여 제출한 경우에는 소송대리인에게 상소장과 관련한 보정명령을 수령할 권능이 없으므로, 원심재판장이 소송대리인에게 보정명령을 송달한 것은 부적법한 송달이어서 그 송달의 효력이 발생하지 아니한다</u>"(대결 2024.1.11. 2023마7122: 대판 2020.6.25. 2019다292026, 292033). 〔정답〕 ○  〔유제〕 〔정답〕 ○

**3** 특별대리인 선임을 신청해야 하는 수소법원은 본안사건이 장래에 계속될 또는 이미 계속되어 있는 법원을 의미한다. ( )

〔판결요지〕

※ **민사소송법 제64조, 제62조 제1항에 따른 특별대리인 선임신청의 수소법원(=본안사건이 장래에 계속될 또는 이미 계속되어 있는 법원)**
"법인이 당사자인 경우 이해관계인 등은, 법인의 대표자가 없거나 대표자에게 소송에 관한 대리권이 없는 경우 또는 법인의 대표자가 사실상 또는 법률상 장애로 대표권을 행사할 수 없는 경우에, 소송절차가 지연됨으로써 손해를 볼 염려가 있다는 것을 소명하여 수소법원에 특별대리인을 선임하여 주도록 신청할 수 있다(민사소송법 제64조, 제62조 제1항). 여기서 <u>특별대리인 선임을 신청해야 하는 수소법원은 본안사건이 장래에 계속될 또는 이미 계속되어 있는 법원을 의미한다</u>"(대결 2024.2.15. 2023마7226).  〔정답〕 ○

| 제3편 | 제1심 소송절차 |
|---|---|

## 소의 종류와 소송요건, 소의 이익

**1**   지적도상 경계가 진실한 경계선과 다르게 잘못 작성되었다고 인접 토지 소유자를 상대로 제기한 토지경계확정의 소에 관하여 현행 지적도상 경계선이 진실한 경계선인 경우 법원은 지적도상 경계가 현실의 어느 부분에 해당하는지를 확정해 줄 의무가 없다는 이유로 이를 각하할 수 있다. (  )

**1-1**   ★ 인접한 토지의 경계가 불분명하여 소유자들 사이에 다툼이 있다는 것만으로 토지경계확정의 소의 권리보호이익이 인정된다.   (  )

판결요지

※ 인접한 토지의 경계가 불분명하여 소유자들 사이에 다툼이 있다는 것만으로 토지경계확정의 소의 권리보호이익이 인정되는지 여부(적극) 및 여기서 '인접한 토지의 경계가 사실상 불분명하여 다툼이 있는 경우'의 의미 / 토지경계확정의 소에서 법원이 경계를 확정하는 방법

"토지경계확정의 소는 인접한 토지의 경계가 사실상 불분명하여 다툼이 있는 경우 재판으로 그 경계를 확정해 줄 것을 구하는 소로서, 토지소유권의 범위의 확인을 목적으로 하는 소와는 달리, 인접한 토지의 경계가 불분명하여 그 소유자들 사이에 다툼이 있다는 것만으로 권리보호이익이 인정된다. 여기서 '인접한 토지의 경계가 사실상 불분명하여 다툼이 있는 경우'에는 지적도를 작성하면서 기점을 잘못 선택하는 등 기술적인 착오로 지적도상 경계가 진실한 경계선과 다르게 잘못 작성되었다고 인접토지 소유자 사이에 다툼이 있는 경우를 포함한다. 토지경계확정의 소가 제기되면 법원은 당사자 쌍방이 주장하는 경계선에 구속되지 않고 어떠한 형식으로든 스스로 진실하다고 인정되는 바에 따라 경계를 확정해야 한다. 따라서 토지경계확정의 소에서는 특별한 사정이 없는 한 원고가 주장하는 경계가 인정되지 않더라도 청구의 전부 또는 일부를 기각할 수 없다"(대판 2021.8.19. 2018다207830).

정답 ✕

유제

정답 ○

[사실관계] 지적도상 경계가 진실한 경계선과 다르게 잘못 작성되었다고 인접 토지 소유자를 상대로 제기한 토지경계확정의 소에 관하여 현행 지적도상 경계선이 진실한 경계선이고 법원이 지적도상 경계가 현실의 어느 부분에 해당하는지를 확정해 줄 의무가 없다는 이유로 이를 각하한 원심을 파기한 사례

**2**   ★ 보험회사가 보험수익자와 보험금 지급책임의 존부나 범위에 관하여 다툼이 있다는 사정만으로 채무부존재확인을 구할 확인의 이익이 인정된다.   23년 3차모의 (  )

판결요지

※ 보험회사가 보험수익자와 보험금 지급책임의 존부나 범위에 관하여 다툼이 있다는 사정만으로 채무부존재확인을 구할 확인의 이익이 인정되는지 여부(적극)

[다수의견] "확인의 소에서는 권리보호요건으로서 확인의 이익이 있어야 하고 확인의 이익은 원고의 권리 또는 법률상의 지위에 현존하는 불안·위험이 있고 그 불안·위험을 제거하는 데 피고를 상대로 확인판결을 받는 것이

가장 유효적절한 수단일 때에만 인정된다고 할 것이므로 원고의 권리 또는 법률관계를 다툼으로써 원고의 법률상 지위에 불안·위험을 초래할 염려가 있다면 확인의 이익이 있다(대판 2009.1.15. 2008다74130 판결 참조). 그러므로 보험계약의 당사자 사이에 계약상 채무의 존부나 범위에 관하여 다툼이 있는 경우 그로 인한 법적 불안을 제거하기 위하여 보험회사는 먼저 보험수익자를 상대로 소극적 확인의 소를 제기할 확인의 이익이 있다고 할 것이다"(대판 2021.6.17. 전합2018다257958,25796). **정답** ○

**[반대의견]** 이러한 다수의견에 대하여, 보험의 공공성, 보험업에 대한 특별한 규제 등을 고려하면, 보험계약자나 보험수익자가 단순히 보험회사를 상대로 보험사고 여부나 보험금의 범위에 관하여 다툰다는 사정 이외에 추가로 보험회사가 보험금 지급책임의 존부나 범위를 즉시 확정할 이익이 있다고 볼만한 '특별한 사정'이 있는 경우에만 확인의 이익이 인정될 수 있다는 대법관 이기택, 대법관 김선수, 대법관 노정희의 반대의견이 있었다.

**2-1** ★ 현재 금전채무가 없다는 점에 대하여 당사자 사이에 다툼이 없다면 원고의 법적 지위에 어떠한 불안·위험이 있다고 할 수 없으므로 특별한 사정이 없는 한 그 채무의 부존재확인을 구할 확인의 이익이 없다고 보아야 한다. ( )

> **판결요지**
>
> ※ 현재 금전채무가 없다는 점에 대하여 당사자 사이에 다툼이 없는 경우, 금전채무의 부존재확인을 구할 확인의 이익이 있는지 여부(원칙적 소극)
>
> "확인의 소는 원고의 법적 지위가 불안·위험할 때에 그 불안·위험을 제거함에 확인판결로 판단하는 것이 가장 유효·적절한 수단인 경우에 인정된다. 금전채무에 대한 부존재확인의 소에서는 채무가 존재하는지 또는 잔존채무액이 얼마인지에 관하여 당사자 사이에 다툼이 있는 경우에 원고의 법적 지위에 불안·위험이 있는 것이고, 현재 금전채무가 없다는 점에 대하여 당사자 사이에 다툼이 없다면 원고의 법적 지위에 어떠한 불안·위험이 있다고 할 수 없으므로 특별한 사정이 없는 한 그 채무의 부존재확인을 구할 확인의 이익이 없다고 보아야 한다"(대판 2023.6.29. 2021다277525) **정답** ○

**2-2** 이행청구를 할 수 있는 경우임에도 별도로 그 이행의무의 존재 확인을 구하거나 손해배상청구를 할 수 있는 경우임에도 별도로 그 침해되는 권리의 존재 확인을 구하는 것은 특별한 사정이 없는 한 불안 제거에 별다른 실효성이 없고 소송경제에 비추어 유효·적절한 수단이라 할 수 없어 분쟁의 종국적인 해결 방법이 아니므로 확인의 이익이 없다. ( )

> **판결요지**
>
> 대판 2023.12.21. 2023다275424 **정답** ○

**3** ★ 선출절차 없이 집합건물 관리단의 관리인으로 활동하는 피고의 지위를 다투기 위한 목적으로 단체(관리단)가 아닌 피고 개인을 상대로 한 관리인자격 부존재확인 청구는 확인의 이익이 인정되지 않는다. ( )

판결요지

"확인소송은 즉시확정의 이익이 있는 경우, 즉 원고의 권리 또는 법률상 지위에 대한 위험 또는 불안을 제거하기 위하여 확인판결을 얻는 것이 법률상 유효적절한 경우에 한하여 허용된다. 법인 아닌 사단의 대표자 또는 구성원의 지위에 관한 확인소송에서 대표자 또는 구성원 개인을 상대로 제소하는 경우에는 청구를 인용하는 판결이 내려진다 하더라도 그 판결의 효력이 해당 단체에 미친다고 할 수 없기 때문에 대표자 또는 구성원의 지위를 둘러싼 당사자들 사이의 분쟁을 근본적으로 해결하는 유효적절한 방법이 될 수 없으므로, 그 단체를 상대로 하지 않고 대표자 또는 구성원 개인을 상대로 한 청구는 확인의 이익이 없어 부적법하다(대판 2015.2.16. 2011다101155). 확인의 소에서 확인의 이익 유무는 직권조사사항이므로 당사자의 주장 여부에 관계없이 법원이 직권으로 판단하여야 한다"(대판 2023.6.1. 2020다211238). **정답** ○

**3-1** 단체의 임원 혹은 당선인 등의 지위의 적극적 확인을 구하는 단체 내부의 분쟁에 있어서 피고가 되는 자는 그 청구를 인용하는 판결이 선고될 경우 승소판결의 효력이 미치는 단체 자체라 할 것이므로, 달리 특별한 사정이 없는 한 해당 단체 아닌 자를 상대로 지위 확인을 구하는 것은 그 지위를 둘러싼 당사자들 사이의 분쟁을 근본적으로 해결하는 유효·적절한 방법이 될 수 없어 소의 이익을 인정하기 어렵다.                                                                    (   )

판결요지

※ 확인의 소가 허용되는 경우 / 단체의 임원 혹은 당선인 등의 지위의 적극적 확인을 구하는 단체 내부의 분쟁에 있어서 피고가 되는 자(=단체 자체) 및 이때 해당 단체 아닌 자를 상대로 지위 확인을 구할 소의 이익이 인정되는지 여부(원칙적 소극)

"확인의 소는 원칙적으로 분쟁 당사자 사이의 권리 또는 법률상 지위에 현존하는 불안·위험이 있고 확인판결을 받는 것이 분쟁을 근본적으로 해결하는 가장 유효·적절한 수단일 때에 한하여 허용된다. 특히 단체의 임원 혹은 당선인 등의 지위의 적극적 확인을 구하는 단체 내부의 분쟁에 있어서 피고가 되는 자는 그 청구를 인용하는 판결이 선고될 경우 승소판결의 효력이 미치는 단체 자체라 할 것이므로, 달리 특별한 사정이 없는 한 해당 단체 아닌 자를 상대로 지위 확인을 구하는 것은 그 지위를 둘러싼 당사자들 사이의 분쟁을 근본적으로 해결하는 유효·적절한 방법이 될 수 없어 소의 이익을 인정하기 어렵다"(대판 2024.1.4. 2023다244499). **정답** ○

[사실관계] 이 사건 협회가 원고를 회장으로 선출하였음에도 인준권자인 피고가 원고에 대한 임원 결격사유 심의에 문제가 있음을 이유로 원고에 대한 인준을 거부하면서 재선거 실시를 통보하자, 원고가 피고에 대하여 원고가 이 사건 협회의 회장 지위에 있다는 확인을 구하자 원심은, 원고가 이 사건 협회의 회장 지위에 있음을 확인하였다. 이에 대해 대법원은, 원고가 이 사건 총회에서 회장으로 선출된 다음 피고의 인준을 받아 취임하게 되고, 피고는 인준 후 결격사유 및 기타 사유가 드러나 인준에 하자가 있는 경우 직권으로 인준을 취소·철회 할 수 있으므로, 피고가 이러한 규정 등을 근거로 하여 임원 결격사유 심의에 문제가 있음을 이유로 원고의 인준을 거부하였더라도, 원고가 이를 이유로 피고에 대하여 인준 절차의 이행을 구할 여지가 있음은 별론으로 하고, 이 사건 협회를 상대로 구하여야 할 이 사건 협회의 회장 내지 당선인 지위에 있다는 확인판결을 피고로부터 받는 것은 관련 분쟁을 근본적으로 해결하는 가장 유효·적절한 수단이라고 보기 어려우므로 확인의 이익이 인정되지 않는다고 보아, 이와 달리 원고가 피고에 대하여 이 사건 협회의 회장 지위에 있음을 확인할 이익이 있음을 전제로 판단한 원심판결을 파기·자판한 사례

**4** 보증보험계약이 체결된 후 보험금이 아직 지급되지 않은 상태에서 주계약의 당사자인 보험계약자와 피보험자 사이에 주계약에 따른 채무의 존부와 범위에 관하여 다툼이 있는 경우, 보험계약자가 피보험자를 상대로 주계약에 따른 채무 부존재 확인을 구할 이익이 있다. ( )

┌─────────┐
│ 판결요지 │
└─────────┘

**※ 보증보험계약이 체결된 후 보험금이 아직 지급되지 않은 상태에서 주계약의 당사자인 보험계약자와 피보험자 사이에 주계약에 따른 채무의 존부와 범위에 관하여 다툼이 있는 경우, 보험계약자가 피보험자를 상대로 주계약에 따른 채무 부존재 확인을 구할 이익이 있는지 여부(적극)**

"[1] 확인의 소에서 확인의 이익은 원고의 권리 또는 법률상의 지위에 현존하는 불안·위험이 있고 그 불안·위험을 제거하는 데 피고를 상대로 확인판결을 받는 것이 가장 유효적절한 수단일 때 인정되므로, 원고의 권리 또는 법률관계를 다툼으로써 원고의 법률상 지위에 불안·위험을 초래할 염려가 있다면 확인의 이익이 있다.

[2] 대법원은 종래부터 보증보험이 피보험자와 특정 법률관계가 있는 보험계약자(주계약상의 채무자)의 채무불이행으로 인하여 피보험자(주계약상의 채권자)가 입게 될 손해의 전보를 보험자가 인수하는 것을 내용으로 하는 손해보험으로서, 형식적으로는 채무자의 채무불이행을 보험사고로 하는 보험계약이나 실질적으로는 보증의 성격을 가지고 보증계약과 같은 효과를 목적으로 하는 것이라고 판시해 왔다. 입법자 역시 2014. 3. 11. 법률 제12397호로 상법을 일부 개정하면서 보증보험에 관한 규정(제726조의5부터 제726조의7까지)을 신설하여, 보증보험계약의 보험자는 보험계약자가 피보험자에게 계약상의 채무불이행 또는 법령상의 의무불이행으로 입힌 손해를 보상할 책임이 있다고 정하는 한편(제726조의5), 보증보험계약에 관하여는 그 성질에 반하지 아니하는 범위에서 보증채무에 관한 민법의 규정을 준용하도록 하였다(제726조의7).

이처럼 보증보험계약이 체결된 경우 보험자의 피보험자에 대한 보험금지급채무는 보험계약자가 피보험자에 대하여 보험약관이 정한 주계약 등에 따른 채무를 부담한다는 것을 전제로 하므로, 보험금이 아직 지급되지 않은 상태에서 주계약의 당사자인 보험계약자와 피보험자 사이에 주계약에 따른 채무의 존부와 범위에 관하여 다툼이 있는 경우, 이는 보험자의 피보험자에 대한 보험금지급채무 존부와 범위에도 영향을 미칠 수 있다. 따라서 그러한 경우 주계약의 채무자이기도 한 보험계약자로서는 우선 그 계약상 채권자인 피보험자를 상대로 주계약에 따른 채무 부존재 확인을 구하는 것이 분쟁을 해결하는 가장 유효적절한 방법일 수 있다"(대판 2022.12.15. 2019다269156)

**정답** ○

[사실관계] 甲이 乙 주식회사로부터 공사를 하도급받고 乙 회사에 丙 보험회사와의 이행보증보험계약에 따라 발급된 보증보험증권을 제출하였는데, 그 후 공사가 지연되던 중 甲이 공사를 포기하였고, 乙 회사가 丙 회사에 甲의 공사포기를 청구사유로 하여 보증보험계약에 따른 보험금을 청구하자, 甲이 丙 회사에 보험금 지급 보류를 요청한 후 乙 회사를 상대로 하도급 약정에 따른 채무의 부존재 확인을 구한 사안에서, 확인의 이익을 부정한 원심판결에 법리오해의 잘못이 있다고 한 사례

**5** ★ 주식회사의 주주가 직접 회사와 제3자의 거래관계에 개입하여 회사가 체결한 계약의 무효 확인을 구할 이익은 인정되지 않는다. 그리고 이러한 법리는 회사가 영업의 전부 또는 중요한 일부를 양도하는 계약을 체결하는 경우에도 마찬가지이다. ( )

**5-1** ★ 주식회사가 제3자와 체결한 계약으로 인하여 회사의 변제 자력이 감소되어 채권의 전부나 일부가 만족될 수 없게 된 경우, 회사의 채권자는 직접 그 계약의 무효 확인을 구할 이익이 없다. ( )

판결요지

"[1] 주식회사의 주주는 주식의 소유자로서 회사의 경영에 이해관계를 가지고 있기는 하지만, 직접 회사의 경영에 참여하지 못하고 주주총회의 결의를 통해서 이사를 해임하거나 일정한 요건에 따라 이사를 상대로 그 이사의 행위에 대하여 유지청구권을 행사하여 그 행위를 유지시키고 대표소송에 의하여 그 책임을 추궁하는 소를 제기하는 등 회사의 영업에 간접적으로 영향을 미칠 수 있을 뿐이다. 그러므로 주주가 회사의 재산관계에 대하여 법률상 이해관계를 가진다고 평가할 수 없고, 주주는 직접 제3자와의 거래관계에 개입하여 회사가 체결한 계약의 무효 확인을 구할 이익이 없다. 이러한 법리는 회사가 영업의 전부 또는 중요한 일부를 양도하는 계약을 체결하는 경우에도 마찬가지이다.

[2] 주식회사의 채권자는 회사가 제3자와 체결한 계약이 자신의 권리나 법적 지위를 구체적으로 침해하거나 이에 직접적으로 영향을 미치는 경우에는 그 계약의 무효 확인을 구할 수 있으나, 그 계약으로 인하여 회사의 변제 자력이 감소되어 그 결과 채권의 전부나 일부가 만족될 수 없게 될 뿐인 때에는 채권자의 권리나 법적 지위가 그 계약에 의해 구체적으로 침해되거나 직접적으로 영향을 받는다고 볼 수 없으므로 직접 그 계약의 무효 확인을 구할 이익이 없다"(대판 2022.6.9. 2018다228462,228479)    **정답** ○

**유제**    **정답** ○

**6**    확인의 소는 원칙적으로 분쟁의 당사자 사이에 현재의 권리 또는 법률관계에 관하여 확정할 이익이 있는 경우에 허용되고 과거의 법률관계는 확인의 소의 대상이 될 수 없다.    (  )

판결요지

대판 2022.2.10. 2019다227732판시내용    **정답** ○

**7**    퇴임 이사가 임기 만료 후부터 일정 기간 과거 이사의 지위에 있었음에 대하여 확인을 구하는 경우, 이사로서의 보수청구권 발생 등만으로 확인의 이익을 인정할 수 없다.    (  )

**7-1**    ★ 이사지위의 확인을 구하는 소를 제기하였으나 심리 도중 시간적 경과로 이사의 지위가 소멸하여 확인을 구하는 대상이 과거의 법률관계가 된 경우, 법원으로서는 곧바로 소를 각하할 것이 아니라, 당사자에게 현재의 권리 또는 법률상 지위에 대한 위험이나 불안을 제거하기 위해 과거의 법률관계에 대한 확인을 구할 이익이나 필요성이 있는지 여부를 석명하여 의견을 진술하게 하거나 청구취지를 변경할 수 있는 기회를 주어야 한다.    23년 3차모의 (  )

판결요지

※ 1. 과거의 법률관계 존부의 확인을 구하는 소에서 확인의 이익 유무를 판단하는 기준, 2. 퇴임 이사가 임기 만료 후부터 일정 기간 과거 이사의 지위에 있었음에 대하여 확인을 구하는 경우, 이사로서의 보수청구권 발생 등만으로 확인의 이익을 인정할 수 있는지 여부(소극)

"확인의 소는 원칙적으로 분쟁 당사자 사이의 권리 또는 법률상 지위에 현존하는 불안·위험이 있고 확인판결을 받는 것이 분쟁을 근본적으로 해결하는 가장 유효·적절한 수단일 때에 허용되므로, 과거의 법률관계는 현재의 권리 또는 법률관계에 관하여 확정할 이익이 없어 확인의 소의 대상이 될 수 없음이 원칙이다. 다만, 과거의 법률관계가 이해관계인들 사이에 분쟁의 전제가 되어 과거의 법률관계라고 하더라도 그에 대한 확인을 구하는 것이 이와 관련된 다수 분쟁을 일거에 해결하는 유효·적절한 수단이 될 수 있는 경우 등에는 예외적으로 확인의 이익이 인정될 수 있다.

한편, 확인의 소에서 확인의 이익 유무는 직권조사사항이므로 당사자의 주장 여부에 관계없이 법원이 직권으로 판단하여야 하고, 당사자가 현재의 권리나 법률관계에 존재하는 불안위험이 있어 확인을 구하는 소를 제기하였으나 법원의 심리 도중 시간적 경과로 인해 확인을 구하는 대상이 과거의 법률관계가 되어 버린 경우, 법원으로서는 확인의 대상이 과거의 법률관계라는 이유로 확인이 이익이 없다고 보아 곧바로 소를 각하할 것이 아니라, 당사자에게 현재의 권리 또는 법률상 지위에 대한 위험이나 불안을 제거하기 위해 과거의 법률관계에 대한 확인을 구할 이익이나 필요성이 있는지 여부를 석명하여 이에 관한 의견을 진술하게 하거나 당사자로 하여금 청구취지를 변경할 수 있는 기회를 주어야 한다"(대판 2022.6.16. 2022다207967).  **정답** ○

**유제**  **정답** ○

**8** 원고가 사립고등학교 3학년 재학 중 코로나19 감염병과 관련하여 허위 진술을 하였다는 이유로 정학 2일의 징계를 받은 후 학교법인인 피고를 상대로 징계무효 확인을 구하는 소를 제기한 후 소 계속 중 고등학교를 졸업한 경우, 학교생활기록부 기재사항과 밀접하게 관련된 현재의 권리 또는 법률상 지위에 대한 위험이나 불안을 제거하기 위하여 그 법률관계에 관한 확인판결을 받는 것이 유효·적절한 수단에 해당하므로 법률상 이익이 인정된다.  (  )

**판결요지**

"확인의 소는 현재의 권리 또는 법률상 지위에 관한 위험이나 불안을 제거하기 위하여 허용되는 것이지만, 과거의 법률관계라 할지라도 현재의 권리 또는 법률상 지위에 영향을 미치고 있고 현재의 권리 또는 법률상 지위에 대한 위험이나 불안을 제거하기 위하여 그 법률관계에 관한 확인판결을 받는 것이 유효 적절한 수단이라고 인정될 때에는 확인의 이익이 있다"(대판 2023.2.23. 2022다207547).  **정답** ○

[사실관계] 원고가 사립고등학교 3학년 재학 중 코로나19 감염병과 관련하여 허위 진술을 하였다는 이유로 정학 2일의 징계를 받은 후 학교법인인 피고를 상대로 징계무효 확인을 구하는 소를 제기한 후 소 계속 중 고등학교를 졸업한 사안에서, 대법원은, 학교생활기록부 기재사항과 밀접하게 관련된 현재의 권리 또는 법률상 지위에 대한 위험이나 불안을 제거하기 위하여 그 법률관계에 관한 확인판결을 받는 것이 유효·적절한 수단에 해당하므로 법률상 이익이 인정된다고 판시함

**9** ★ 당사자 일방과 제3자 사이의 권리관계 또는 제3자 사이의 권리관계에 관해서도 당사자 사이에 다툼이 있어서 당사자 일방의 권리관계에 불안이나 위험이 초래되고 있고, 다른 일방에 대한 관계에서 그 법률관계를 확정시키는 것이 당사자의 권리관계에 대한 불안이나 위험을 제거할 수 있는 유효·적절한 수단이 되는 경우에는 당사자 일방과 제3자 사이의 권리관계 또는 제3자 사이의 권리관계에 관해서도 확인의 이익이 있다.  (  )

**9-1** 담보신탁계약에서 정한 신탁재산의 처분사유가 발생하여 신탁재산이 공매 절차에 따라 처분되거나 공매 절차에서 정해진 공매 조건에 따라 수의계약으로 처분되는 경우, 입찰자 등은 특별한 사정이 없는 한 그에 관한 불안이나 위험을 유효·적절하게 제거하기 위하여 매매계약에 대하여 무효 확인을 구할 수 있다.  (  )

**판결요지**

"[1] 확인의 소에서 오로지 당사자 사이의 권리관계만이 확인의 대상이 될 수 있는 것은 아니다. 당사자 일방과 제3자 사이의 권리관계 또는 제3자 사이의 권리관계에 관해서도 당사자 사이에 다툼이 있어서 당사자 일방의 권리관계에 불안이나 위험이 초래되고 있고, 다른 일방에 대한 관계에서 그 법률관계를 확정시키는 것이 당사자의 권리관계에 대한 불안이나 위험을 제거할 수 있는 유효·적절한 수단이 되는 경우에는 당사자 일방과 제3자 사이의 권리관계 또는 제3자 사이의 권리관계에 관해서도 확인의 이익이 있다.

[2] 담보신탁계약에서 정한 신탁재산의 처분사유가 발생하여 신탁재산이 공매 절차에 따라 처분되거나 공매 절차에서 정해진 공매 조건에 따라 수의계약으로 처분되는 경우, 해당 처분절차에서 매수인으로 결정된 사람과 신탁회사 사이에 체결된 매매계약의 효력에 따라 그와 경쟁하여 신탁재산을 취득하고자 했던 입찰자 또는 매수제안자(이하 '입찰자 등'이라 한다)의 법적 지위나 법률상 보호되는 이익이 직접 영향을 받게 된다. 따라서 이러한 입찰자 등은 특별한 사정이 없는 한 그에 관한 불안이나 위험을 유효·적절하게 제거하기 위하여 매매계약에 대하여 무효 확인을 구할 수 있다. 이 경우 소를 제기하기 위해 매매계약이 무효로 확인되면 이후의 신탁재산 처분절차에서 반드시 매수인이 된다거나 될 개연성이 있다는 요건까지 갖추어야 하는 것은 아니지만, 적어도 기존에 실시한 공매 또는 수의계약 절차 등 처분절차에 참여하여 입찰자 등의 지위에 있었을 것이 요구된다"(대판 2021.5.7. 2018다275888).

**정답** ○

**유제**

**정답** ○

**10** 주식양도청구권이 압류 또는 가압류된 경우, 채무자가 제3채무자를 상대로 주식의 양도를 구하는 소를 제기할 수 있고, 위 주식이 지명채권의 양도방법으로 양도할 수 있는 주권발행 전 주식인 경우, 법원이 위 청구를 인용하려면 가압류의 해제를 조건으로 하여야 하며, 이는 가압류의 제3채무자가 채권자의 지위를 겸하는 경우에도 마찬가지이다.    (   )

**판결요지**

※ 주식양도청구권이 압류 또는 가압류된 경우, 채무자가 제3채무자를 상대로 주식의 양도를 구하는 소를 제기할 수 있는지 여부(적극) 및 법원이 가압류를 이유로 이를 배척할 수 있는지 여부(소극) / 위 주식이 지명채권의 양도방법으로 양도할 수 있는 주권발행 전 주식인 경우, 법원이 위 청구를 인용하려면 가압류의 해제를 조건으로 하여야 하는지 여부(적극) 및 이는 가압류의 제3채무자가 채권자의 지위를 겸하는 경우에도 마찬가지인지 여부(적극)

"매매계약에서 대가적 의미가 있는 매도인의 소유권이전의무와 매수인의 대금지급의무는 다른 약정이 없는 한 동시이행의 관계에 있다. 설령 어느 의무가 선이행의무라고 하더라도 이행기가 지난 때에는 이행기가 지난 후에도 여전히 선이행하기로 약정하는 등의 특별한 사정이 없는 한 그 의무를 포함하여 매도인과 매수인 쌍방의 의무는 동시이행관계에 놓이게 된다. 발행주식 전부 또는 지배주식의 양도와 함께 경영권이 주식 양도인으로부터 주식 양수인에게 이전하는 경우 경영권의 이전은 발행주식 전부 또는 지배주식의 양도에 따른 부수적인 효과에 지나지 않아 주식 양도의무와 독립적으로 경영권 양도의무를 인정하기 어렵다.

일반적으로 주식양도청구권의 압류나 가압류는 주식 자체의 처분을 금지하는 대물적 효력은 없고 채무자가 제3채무자에게 현실로 급부를 추심하는 것을 금지할 뿐이다. 따라서 채무자는 제3채무자를 상대로 그 주식의 양도를 구하는 소를 제기할 수 있고 법원은 가압류가 되어 있음을 이유로 이를 배척할 수 없다. 다만 주권발행 전이라도 회사성립 후 또는 신주의 납입기일 후 6개월이 지나면 주권의 교부 없이 지명채권의 양도에 관한 일반원칙에 따라 당사자의 의사표시만으로 주식을 양도할 수 있으므로, 주권발행 전 주식의 양도를 명하는 판결은 의사의 진술을 명하는 판결에 해당한다. 이러한 주식의 양도를 명하는 판결이 확정되면 채무자는 일방적으로 주식 양수인의 지위를 갖게 되고, 제3채무자는 이를 저지할 방법이 없으므로, 가압류의 해제를 조건으로 하지 않는 한 법원은 이를 인용해서는 안 된다. 이는 가압류의 제3채무자가 채권자의 지위를 겸하는 경우에도 동일하다"(대판 2021.7.29. 2017다3222,3239).

정답 ○

[청구취지] 1. 피고는 00지방법원 0000.00.00. 자. 0000카합000 주식양도청구권의 가압류결정의 집행이 해제되면 원고에게 0000.00.00. 00를 원인으로 한 주식양도청구권을 양도한다는 취지의 의사표시를 하라. 2. 피고는 소외 000 (주소)에게 위 주식양도청구권이 양도되었다는 취지의 통지를 하라.

## | 관련판례 |

### ※ 가압류·가처분된 '소유권이전등기청구권'에 대한 이행청구

가압류·가처분된 소유권이전등기청구권에 대한 이행청구(대판 1992.11.10. 92다4680)도 소의 이익이 있다. 다만, 대법원은 "소유권이전등기청구권에 대한 압류나 가압류가 있더라도 채무자는 제3채무자를 상대로 그 이행을 구하는 소송을 제기할 수 있고 법원은 가압류가 되어 있음을 이유로 이를 배척할 수는 없는 것이지만, 소유권이전등기를 명하는 판결(민법 제389조 2항)은 의사의 진술을 명하는 판결로서 이것이 확정되면 채무자는 일방적으로 이전등기를 신청할 수 있고 제3채무자는 이를 저지할 방법이 없게 되므로(소유권이전등기를 명하는 판결의 경우 별도의 집행단계가 존재하지 않고, 집행공탁의 공탁물은 금전에 한정되기 때문에 제3채무자는 채무를 면할 방법이 없다 : 저자주) 위와 같이 볼 수는 없고 이와 같은 경우에는 '가압류의 해제'를 조건으로 하지 않는 한 법원은 이를 인용하여서는 안된다"(대판 1999.2.9. 98다42615 ; 대판 1992.11.10. 전합92다4680 등)(8회,11회 선택형)고 판시하고 있다(원고일부승소).

다만, 변론주의원칙상 제3채무자가 소유권이전등기청구권이 가압류된 사실을 주장하는 등의 사정이 있어야 위와 같은 해제조건부 인용 판결이 가능하다.

[청구취지] 1. 피고는 00지방법원 0000.00.00. 자. 0000카합000 소유권이전등기청구권의 가압류결정의 집행이 해제되면 원고에게 0000.00.00. 매매를 원인으로 한 소유권이전등기절차를 이행하라.

**11** ★ 제3자를 위한 계약에서 제3자는 채무자(낙약자)에 대하여 계약의 이익을 받을 의사를 표시한 때에 채무자에게 직접 이행을 청구할 수 있는 권리를 취득하고(민법 제539조), 요약자는 제3자를 위한 <u>계약의 당사자로서</u> 원칙적으로 제3자의 권리와는 별도로 낙약자에 대하여 제3자에게 급부를 이행할 것을 요구할 수 있는 권리를 가진다. 이때 낙약자가 요약자의 이행청구에 응하지 아니하면 특별한 사정이 없는 한 요약자는 낙약자에 대하여 제3자에게 급부를 이행할 것을 소로써 구할 이익이 있다.

23년 3차모의 (   )

판결요지

※ 제3자를 위한 계약에서 요약자가 제3자의 권리와는 별도로 낙약자에 대하여 제3자에게 급부를 이행할 것을 요구할 수 있는 권리를 가지는지 여부(적극) 및 이때 낙약자가 요약자의 이행청구에 응하지 않은 경우, 요약자는 낙약자에 대하여 제3자에게 급부를 이행할 것을 소로써 구할 이익이 있는지 여부(원칙적 적극)

"[1] 이행의 소는 원칙적으로 원고가 이행청구권의 존재를 주장하는 것으로서 권리보호의 이익이 인정되고, 이행판결을 받아도 집행이 사실상 불가능하거나 현저히 곤란하다는 사정만으로 그 이익이 부정되는 것은 아니다. 제3자를 위한 계약에서 제3자는 채무자(낙약자)에 대하여 계약의 이익을 받을 의사를 표시한 때에 채무자에게 직접 이행을 청구할 수 있는 권리를 취득하고(민법 제539조), 요약자는 제3자를 위한 계약의 당사자로서 원칙적으로 제3자의 권리와는 별도로 낙약자에 대하여 제3자에게 급부를 이행할 것을 요구할 수 있는 권리를 가진다. 이때 낙약자가 요약자의 이행청구에 응하지 아니하면 특별한 사정이 없는 한 요약자는 낙약자에 대하여 제3자에게 급부를 이행할 것을 소로써 구할 이익이 있다"(대판 2022.1.27. 2018다259565).                                                     **정답** ○

**12** 상가건물의 임대인인 甲이 임차인인 乙을 상대로 임대차계약이 기간만료로 종료됨을 이유로 건물인도를 구하는 소를 제기하였는데, 제1심은 乙이 계약갱신요구권을 행사하였으므로 甲은 정당한 사유 없이 이를 거절할 수 없다는 이유로 甲의 청구를 기각하였고, 항소심 변론종결 직전에 甲이 장래이행의 소로서 약 1년 8개월 후 임대차계약 종료에 따른 건물인도청구를 예비적 청구로 추가한 경우, 제반 사정에 비추어 이러한 예비적 청구에 관하여는 '미리 청구할 필요'가 있다고 단정할 수는 없다.                                                                                        (   )

[판결요지]

> **※ 계약 종료에 따른 장래의 인도청구의 소에서 '미리 청구할 필요' 판단 시 유의할 점**
> "이행의 소는 청구권의 이행기가 도래한 경우에 한하여 허용되는 것이 원칙이지만, 이행기가 도래하더라도 채무자가 임의이행을 거부할 것이 명백히 예상되는 상황과 같이 예외적으로 채권자로 하여금 이행기에 이르러 소를 제기하게 하는 것보다 미리 그 집행권원을 확보하게 함으로써 이행기가 도래하면 곧바로 강제집행을 할 필요가 인정되는 경우를 대비하여 민사소송법 제251조에서 '장래이행의 소'를 정하였다.
> 장래이행의 소가 적법하기 위해서는 청구권 발생의 기초가 되는 법률상·사실상 관계가 변론종결 당시 존재하여야 하고, 그 상태가 계속될 것이 확실히 예상되어야 하며, 미리 청구할 필요가 인정되어야만 한다. 그런데 장래이행의 소는 통상적인 이행의 소의 예외에 해당하는 것일 뿐 채무자의 무자력에 따른 강제집행의 곤란에 대비하기 위해 마련된 것이 아니다. 더구나, 쌍무계약관계의 이행기가 도래하지 않은 상태임에도 당사자 일방에 대하여 선제적으로 집행권원을 확보할 수 있게 하는 것은 자칫 계약관계의 균형이 상실되어 상대방 당사자의 계약상 권리가 침해될 수 있을 뿐만 아니라 장래의 이행기에 이르기까지 발생할 수 있는 계약상 다양한 변화를 반영하지 못함으로써 이행기 당시 쌍방 당사자의 권리의무관계와 집행권원이 모순충돌되는 불합리한 결과를 초래할 수 있다. 따라서 장래이행의 소의 적법 여부는 엄격한 기준에 따라 신중하게 판단하여야 한다"(대판 2023.3.13. 2022다286786).                                                     **정답** ○
>
> **[사실관계]** 원고가 임대차계약이 이미 기간만료로 종료되었음을 원인으로 건물인도청구를 하였다가 받아들여지지 않자, 원심 변론종결 직전에 제2 예비적 청구로 약 1년 8개월 후 임대차계약의 종료에 따른 건물인도청구를 추가한 사안에서, 임대차보증금·권리금·차임 등에 관한 언급 없이 단지 장래의 인도청구권에 관한 집행권원을 부여하는 내용의 원고의 화해권고 요청에 피고가 응하지 않았다는 사정만으로는 '미리 청구할 필요'가 있다고 볼 수 없다고 판단하여, '장래이행의 소'인 제2 예비적 청구를 인용한 원심을 파기하고 자판하여 이 부분 소를 각하한 사례

**13** ★ 확인의 이익 등 소송요건이 사실심 변론종결 이후 흠결되거나 흠결이 치유된 경우 상고심에서 이를 참작하여야 한다. ( )

**13-1** ★★ 경매절차에서 유치권이 주장되었으나 소유부동산 또는 담보목적물이 매각된 경우, 소유권을 상실하거나 근저당권이 소멸된 소유자와 근저당권자에게는 유치권의 부존재 확인을 구할 법률상 이익이 인정된다. ( )

**13-2** ★★ 경매절차에서 유치권이 주장되지 아니한 경우, 채권자인 근저당권자는 유치권의 부존재 확인을 구할 법률상 이익이 있으나, 채무자가 아닌 소유자가 유치권의 부존재 확인을 구할 법률상 이익은 없다. 22년·24년 변호 ( )

> **판결요지**

[1] 확인의 이익 등 소송요건이 법원의 직권조사사항인지 여부(적극) 및 사실심 변론종결 이후 소송요건이 흠결되거나 흠결이 치유된 경우 상고심에서 이를 참작하여야 하는지 여부(적극)

"[1] 확인의 소는 원고의 권리 또는 법률상의 지위에 현존하는 불안·위험이 있고, 확인판결을 받는 것이 그 분쟁을 근본적으로 해결하는 가장 유효·적절한 수단일 때에 허용된다. 그리고 확인의 이익 등 소송요건은 직권조사사항으로서 당사자가 주장하지 않더라도 법원이 직권으로 조사하여 판단하여야 하고, 사실심 변론종결 이후에 소송요건이 흠결되거나 그 흠결이 치유된 경우 상고심에서도 이를 참작하여야 한다. **정답** ○

[2] 경매절차에서 유치권이 주장되었으나 소유부동산 또는 담보목적물이 매각된 경우, 소유권을 상실하거나 근저당권이 소멸된 소유자와 근저당권자가 유치권의 부존재 확인을 구할 법률상 이익이 있는지 여부(소극)

[2] 근저당권자에게 담보목적물에 관하여 각 유치권의 부존재 확인을 구할 법률상 이익이 있다고 보는 것은 경매절차에서 유치권이 주장됨으로써 낮은 가격에 입찰이 이루어져 근저당권자의 배당액이 줄어들 위험이 있다는 데에 근거가 있고, 이는 소유자가 그 소유의 부동산에 관한 경매절차에서 유치권의 부존재 확인을 구하는 경우에도 마찬가지이다. 위와 같이 경매절차에서 유치권이 주장되었으나 소유부동산 또는 담보목적물이 매각되어 그 소유권이 이전되어 소유권을 상실하거나 근저당권이 소멸하였다면, 소유자와 근저당권자는 유치권의 부존재 확인을 구할 법률상 이익이 없다. **유제-1** **정답** ✕

[3] 경매절차에서 유치권이 주장되지 아니한 경우, 채권자인 근저당권자가 유치권의 부존재 확인을 구할 법률상 이익이 있는지 여부(적극) 및 이때 채무자가 아닌 소유자가 유치권의 부존재 확인을 구할 법률상 이익이 있는지 여부(소극)

[3] 경매절차에서 유치권이 주장되지 아니한 경우에는, 담보목적물이 매각되어 그 소유권이 이전됨으로써 근저당권이 소멸하였더라도 채권자는 유치권의 존재를 알지 못한 매수인으로부터 민법 제575조, 제578조 제1항, 제2항에 의한 담보책임을 추급당할 우려가 있고, 위와 같은 위험은 채권자의 법률상 지위를 불안정하게 하는 것이므로, 채권자인 근저당권자로서는 위 불안을 제거하기 위하여 유치권 부존재 확인을 구할 법률상 이익이 있다. 반면 채무자가 아닌 소유자는 위 각 규정에 의한 담보책임을 부담하지 아니하므로, 유치권의 부존재 확인을 구할 법률상 이익이 없다"(대판 2020. 1. 16. 2019다247385). **유제-2** **정답** ○

[판례평석] X 소유의 부동산에 채무자를 A, 근저당권자를 B로 하는 근저당권이 설정되고 그 경매절차가 개시되었는데 경매절차 중에는 유치권이 주장되지 않았으며 C가 경락을 받았다. 그 후에 D가 당해 부동산에 관한 유치권을 주장하였다. 이 때 X, A, B가 D를 상대로 유치권부존재 확인을 구할 수 있는 확인의 이익을 가지는가가 문제된다. ① 경매절차 중에 유치권이 주장되는 경우에는 경매목적물의 소유자 X와 근저당권자 B에게 유치권의 부존재 확인

을 구할 법률상 이익이 있지만 경매목적물의 매각이 완료된 후에는 소유자 X와 근저당권자 B가 새롭게 유치권의 부존재 확인을 구할 법률상 이익은 없다.

② 반면, 경매절차에서 유치권이 주장되지 아니한 경우 집행채무자 A와 근저당권자 B는 그 경락 후의 유치권 주장자에 대하여도 유치권부존재 확인을 구할 이익을 가진다. ㉠ 이 경우는 '매매의 목적물이 유치권의 목적이 된' 때로서 '매수인이 이를 알지 못하였으므로' 민법 제575조, 제578조 제1항에 따라 매수인 C가 집행채무자 A에게 계약의 해제 또는 대금감액의 청구를 할 수 있는 경우이고, 따라서 집행채무자 A는 매수인 C로부터 이와 같이 담보책임을 추급당할 우려가 있기 때문에 D를 상대로 유치권부존재 확인을 구할 수 있는 확인의 이익을 가진다(위 사안과 달리 A가 채무자 겸 부동산 소유인인 경우라도 A에게는 역시 그런 확인의 이익이 있다).

㉡ 또한 경매절차에서 대금의 배당을 받은 근저당권자 B는 민법 제578조 제2항에 따라 매수인 C로부터 배당금 반환을 청구당할 우려가 있으므로 B 역시 D를 상대로 유치권부존재 확인을 구할 수 있는 확인의 이익을 가진다.

㉢ 그러나 사안의 X 즉, 물상보증인은 위 각 민법 규정에 기한 담보책임을 부담하지 않는다. 따라서 X에게는 D를 상대로 유치권부존재 확인을 구할 수 있는 확인의 이익이 있다고 볼 수 없다. 본건 원심은 D의 유치권 주장이 언제 있었는지 그리고 물상보증인이었던 X의 채무인수 여부 등을 심리하지 않은 채로 확인의 이익이 있다고 보았으므로 대법원이 파기환송하였고 이는 타당한 결론이다. ☞ 법률신문 / 2021.02.18. 2020년 분야별 중요판례분석

## |비교판례|

> ※ **공경매에서의 담보책임 : 제578조**
>
> 경매에서의 담보책임은 경매목적물에 '권리의 흠결'이 있는 경우 경락인을 보호하기 위한 것이다(제578조). 담보책임에 관한 한 일종의 매로로 보아 경락인은 매수인의 지위에 있고(책임을 추궁하는 자), 채무자는 매도인의 지위에 있다(담보책임자). 1차적 책임자는 채무자이고, 2차적 책임자는 배당받은 채권자이다. 문제는 물상보증인이 담보물을 제공한 경우 물상보증인이 제578조 1항의 1차적 책임을 지는 채무자에 해당하는지 여부인데, 判例는 "제578조 제1항의 채무자에는 임의경매에 있어서의 물상보증인도 포함되는 것이므로 경락인이 그에 대하여 적법하게 계약해제권을 행사했을 때에는 물상보증인은 경락인에 대하여 원상회복의 의무를 진다"(대판 1988.4.12. 87다카2641)고 본다.

**14** 장래의 이행을 명하는 판결을 하기 위해서는 채무의 이행기가 장래에 도래할 뿐만 아니라 의무불이행 사유가 그때까지 계속하여 존속한다는 것을 변론종결 당시에 확정적으로 예정할 수 있어야 하고, 이러한 책임 기간이 불확실하여 변론종결 당시에 확정적으로 예정할 수 없는 경우에는 장래의 이행을 명하는 판결을 할 수 없다.                                               (    )

판결요지

"장래의 이행을 명하는 판결을 하기 위해서는 채무의 이행기가 장래에 도래할 뿐만 아니라 의무불이행 사유가 그때까지 계속하여 존속한다는 것을 변론종결 당시에 확정적으로 예정할 수 있어야 하고, 이러한 책임 기간이 불확실하여 변론종결 당시에 확정적으로 예정할 수 없는 경우에는 장래의 이행을 명하는 판결을 할 수 없다(대판 1987.9.22. 86다카2151, 대판 1991.10.8. 91다17139 판결 등 참조)"(대판 2023.7.27. 2020다277023).  **정답** ○

**[사실관계]** 피고가 원고들 소유의 이 사건 토지를 점유하고 있음을 이유로 과거 및 장래 차임 상당의 부당이득 반환을 구하자 원심은 '원고들의 이 사건 토지 소유권 상실일'을 단일한 종기로 하여 장래의 부당이득 반환을 명하였고, 이에 대해 대법원은 위 법리를 설시한 후, 원심판결 중 피고에 대하여 '원심 변론종결일 다음 날부터 원고들이 이 사건 계쟁토지의 소유권을 상실하는 날까지의 부당이득 반환을 명한 부분'에는 장래이행의 소에 관한 법리오해의 위법이 있음을 이유로 원심을 일부 파기·환송한 사례

**15** ★★ 이혼으로 혼인관계가 이미 해소되었다면 기왕의 혼인관계는 과거의 법률관계가 된다. 그러나 신분관계인 혼인관계는 그것을 전제로 하여 수많은 법률관계가 형성되고 그에 관하여 일일이 효력의 확인을 구하는 절차를 반복하는 것보다 과거의 법률관계인 혼인관계 자체의 무효 확인을 구하는 편이 관련된 분쟁을 한꺼번에 해결하는 유효·적절한 수단일 수 있으므로, 특별한 사정이 없는 한 혼인관계가 이미 해소된 이후라고 하더라도 혼인무효의 확인을 구할 이익이 인정된다고 보아야 한다. ( )

**15-1** ★ 단순히 여자인 청구인이 혼인하였다가 이혼한 것처럼 호적상 기재되어 있어 불명예스럽다는 사유는 청구인의 현재 법률관계에 영향을 미치는 것이 아니고, 이혼신고로써 해소된 혼인관계의 무효 확인은 과거의 법률관계에 대한 확인이어서 확인의 이익이 없다. ( )

---

┌─────────┐
│ 판결요지 │
└─────────┘

※ 혼인관계가 이혼으로 해소된 이후에도 과거 일정기간 존재하였던 혼인관계의 무효 확인을 구할 확인의 이익이 있는지 여부(적극)

" 1. 일반적으로 과거의 법률관계는 확인의 소의 대상이 될 수 없지만, 그것이 이해관계인 사이에 현재 또는 잠재적 분쟁의 전제가 되어 과거의 법률관계 자체의 확인을 구하는 것이 관련된 분쟁을 한꺼번에 해결하는 유효·적절한 수단이 될 수 있는 경우에는 예외적으로 확인의 이익이 인정된다(대판 1995.3.28. 94므1447, 대판 1995.11.14. 95므694 등 참조). 이혼으로 혼인관계가 이미 해소되었다면 기왕의 혼인관계는 과거의 법률관계가 된다. 그러나 신분관계인 혼인관계는 그것을 전제로 하여 수많은 법률관계가 형성되고 그에 관하여 일일이 효력의 확인을 구하는 절차를 반복하는 것보다 과거의 법률관계인 혼인관계 자체의 무효 확인을 구하는 편이 관련된 분쟁을 한꺼번에 해결하는 유효·적절한 수단일 수 있으므로, 특별한 사정이 없는 한 혼인관계가 이미 해소된 이후라고 하더라도 혼인무효의 확인을 구할 이익이 인정된다고 보아야 한다. 그 상세한 이유는 다음과 같다

가. 무효인 혼인과 이혼은 법적 효과가 다르다. 무효인 혼인은 처음부터 혼인의 효력이 발생하지 않는다. 따라서 인척이거나 인척이었던 사람과의 혼인금지 규정(민법 제809조 제2항)이나 친족 사이에 발생한 재산범죄에 대하여 형을 면제하는 친족상도례 규정(형법 제328조 제1항 등) 등이 적용되지 않는다. 반면 혼인관계가 이혼으로 해소되었더라도 그 효력은 장래에 대해서만 발생하므로 이혼 전에 혼인을 전제로 발생한 법률관계는 여전히 유효하다. 예를 들어 이혼 전에 부부의 일방이 일상의 가사에 관하여 제3자와 법률행위를 한 경우 다른 일방은 이혼한 이후에도 그 채무에 대하여 연대책임을 부담할 수 있지만(민법 제832조), 혼인무효 판결이 확정되면 기판력은 당사자 뿐 아니라 제3자에게도 미치므로(가사소송법 제21조 제1항) 제3자는 다른 일방을 상대로 일상가사채무에 대한 연대책임을 물을 수 없게 된다. 그러므로 이혼 이후에도 혼인관계가 무효임을 확인할 실익이 존재한다.

나. 가사소송법은 부부 중 어느 한쪽이 사망하여 혼인관계가 해소된 경우 혼인관계 무효 확인의 소를 제기하는 방법에 관한 규정을 두고 있다. 즉 가사소송법 제24조에서는 '부부 중 어느 한쪽이 혼인의 무효나 취소 또는 이혼 무효의 소를 제기할 때에는 배우자를 상대방으로 한다'(제1항), '제3자가 제1항에 규정된 소를 제기할 때에는 부부를 상대방으로 하고, 부부 중 어느 한쪽이 사망한 경우에는 그 생존자를 상대방으로 한다'(제2항), '제1항과 제2항에 따라 상대방이 될 사람이 사망한 경우에는 검사를 상대방으로 한다'(제3항)고 규정함으로써, 혼인당사자 모두 또는 한쪽이 사망하여 혼인관계가 해소되고 과거의 법률관계가 되었다고 하더라도 그 혼인관계의 무효 확인을 구하는 소를 제기할 수 있음을 전제로 구체적인 방법을 마련하고 있다. 이러한 가사소송법 규정에 비추어 이혼한 이후 제기되는 혼인무효 확인의 소가 과거의 법률관계를 대상으로 한다는 이유로 확인의 이익이 없다고 볼 것은 아니다.

다. 대법원은 협의파양으로 양친자관계가 해소된 이후 제기된 입양무효 확인의 소에서 확인의 이익을 인정하였다. 대판 1995.9.29. 94므1553(본소), 1560(반소) 판결은 '원·피고 간의 입양이 무효임의 확인을 구하는 이 사건 반소청

구는 이미 협의파양 신고로 인하여 원·피고 간에 양친자관계가 해소된 이후에 제기된 것이므로 위 협의파양의 무효를 구하는 본소청구가 인용되어 원·피고 간에 양친자관계가 회복되지 아니하는 한 이는 과거의 법률관계에 대한 확인을 구하는 것이라 하겠지만, 위 입양은 원·피고 간의 모든 분쟁의 근원이 되는 것이어서 이의 효력 유무에 대한 판단결과는 당사자 간의 분쟁을 발본적으로 해결하거나 예방하여 주는 효과가 있다 할 것이므로 이를 즉시 확정할 법률상의 이익이 있다'고 판단하였다. 대법원의 위와 같은 판단은 이혼으로 혼인관계가 해소된 이후 제기된 혼인무효 확인의 소에서 확인의 이익을 판단할 때에도 동일하게 적용될 수 있다.

라. 무효인 혼인 전력이 잘못 기재된 가족관계등록부의 정정 요구를 위한 객관적 증빙자료를 확보하기 위해서는 혼인관계 무효 확인의 소를 제기할 필요가 있다. 혼인무효 판결을 받은 당사자는 가족관계등록부의 정정을 요구할 수 있고, 그 방법과 절차는 「가족관계의 등록 등에 관한 법률」 제107조 등이 정한 바에 따르게 된다. 즉 혼인무효 판결이 확정되면 당사자는 가족관계등록부 정정신청을 할 수 있는데, 시(구)·읍면의 장은 '혼인무효사유가 한쪽 당사자나 제3자의 범죄행위로 인한 경우'에는 가족관계등록부를 재작성하고「가족관계등록부의 재작성에 관한 사무처리지침」(가족관계등록예규 제442호) 제2조 제1호, 제3조 제3항], 그 외의 경우에는 무효인 혼인이 기록된 부분에 하나의 선을 긋고 무효인 말소내용과 사유를 기록하는 방법으로 가족관계등록부를 정정하게 된다(「가족관계의 등록 등에 관한 규칙」 제66조 제2항). 이러한 절차규정에 비추어 볼 때 이혼으로 혼인관계가 이미 해소되었을 때 그 무효 확인을 구하는 소는 혼인 전력이 잘못 기재된 가족관계등록부 정정 요구에 필요한 객관적 증빙자료를 확보하기 위해 필요한 것으로서, 가족관계등록부 기재사항과 밀접하게 관련된 현재의 권리 또는 법률상 지위에 대한 위험이나 불안을 제거하기 위한 유효·적절한 수단에 해당할 수 있다.

마. 사법작용은 구체적인 법적 분쟁이 발생하여 당사자가 법원을 통한 권리구제를 구하는 경우에 비로소 발동되는 소극적인 국가작용이나, 재판의 청구가 있는 이상 법원은 가능한 한 이를 적극적으로 받아들여 국민의 법률생활과 관련된 분쟁이 실질적으로 해결될 수 있도록 필요한 노력을 다하여야 한다. 가족관계등록부의 잘못된 기재가 단순한 불명예이거나 간접적·사실상의 불이익에 불과하다고 보아 그 기재의 정정에 필요한 자료를 확보하기 위하여 기재 내용의 무효 확인을 구하는 소에서 확인의 이익을 부정한다면, 혼인무효 사유의 존부에 대하여 법원의 판단을 구할 방법을 미리 막아버림으로써 국민이 온전히 권리구제를 받을 수 없게 되는 결과를 가져올 수 있다.

2. 이와 달리 '단순히 여자인 청구인이 혼인하였다가 이혼한 것처럼 호적상 기재되어 있어 불명예스럽다는 사유는 청구인의 현재 법률관계에 영향을 미치는 것이 아니고, 이혼신고로써 해소된 혼인관계의 무효 확인은 과거의 법률관계에 대한 확인이어서 확인의 이익이 없다'고 본 대판 1984.2.28. 82므67 판결 등은 이 판결의 견해에 배치되는 범위에서 이를 변경하기로 한다.(대판 2024.5.23. 전합2020므15896).  정답 ○

**유 제**  정답 ×

[사실관계] 혼인신고를 하여 법률상 부부였던 원·피고는 이혼조정이 성립함에 따라 이혼신고를 마쳤음. 원고는 혼인의사를 결정할 수 없는 극도의 혼란과 불안, 강박 상태에서 혼인에 관한 실질적 합의 없이 이 사건 혼인신고를 하였다고 주장하면서 주위적으로 혼인무효 확인을, 혼인의사를 결정할 수 없는 정신상태에서 피고의 강박으로 이 사건 혼인신고를 하였다고 주장하면서 예비적으로 혼인취소를 청구함  원심은, 혼인무효 확인을 구하는 주위적 청구에 대하여는 '혼인관계가 이미 이혼신고로 해소되었다면 위 혼인관계의 무효 확인은 과거의 법률관계 확인으로서 확인의 이익이 없다'는 취지의 대판 1984.2.28. 82므67 판결을 인용하면서 원고와 피고 사이에 이미 이혼신고가 이루어졌고 이 사건에서 원고의 현재의 법률관계에 영향을 미친다고 볼 아무런 자료가 없어 확인의 이익이 없다고 판단하였고, 혼인취소를 구하는 예비적 청구에 대하여도 이미 이혼으로 혼인관계가 해소되었으므로 역시 소를 제기할 이익이 없다고 판단하였음. 이에 대하여 원고가 혼인무효 확인을 구하는 주위적 청구에 대하여 상고를 제기함  대법원은 전원합의체 판결을 통하여 위와 같은 법리를 설시하면서, 혼인관계가 이미 해소된 이후라고 하더라도 혼인무효의 확인을 구할 이익이 인정된다고 판단하고, 이와 다른 입장에 있던 대판 1984.2.28. 82므67 판결 등을 변경하면서 원심을 파기·자판하여 제1심판결을 취소하고, 사건을 제1심법원으로 환송함

## 쟁점정리

> ※ **이혼했어도 혼인무효 가능**
>
> 종전 判例는 이혼으로 혼인 관계가 해소되었기 때문에 혼인을 무효로 해도 실익이 없어 이혼을 했다면 혼인 자체를 무효로 할 수 없다고 보았다(소 각하). 그러나 바뀐 전원합의체 판결에 따르면 이혼했어도 혼인무효가 가능하다고 하는바, ㉠ 이혼 후에도 민법상 '근친혼 금지'나 형법상 '친족상도례'(가족 간 재산범죄는 처벌하지 않거나 고소해야 처벌 가능)등은 계속 적용되므로 이런 규정을 적용받지 않으려면 '혼인 무효'가 되어야 한다. 따라서 이혼 후 혼인 무효도 실익이 있다고 한다. ㉡ 또한 이혼 후 '미혼모'나 '미혼부'로 인정받으려면 혼인 무효가 필요하므로, 이들에 대한 혼인 무효를 허용할 필요도 있다고 한다. ㉢ 따라서 이혼 부부가 혼인 무효를 다퉈 볼 수 있는 사례로는 ① 본인이 원하지 않았는데 부모 강요로 결혼했다가 이혼한 부부, ② 외국인 배우자가 취업 등 다른 목적으로 혼인신고한 후 가출해 이혼한 부부, ③ 아파트 청약 등 이익을 노리고 결혼할 의사 없이 혼인신고만 했다가 이혼한 부부 등이 있다.

# 변 론

**1** 甲 재개발정비사업조합의 조합원인 乙이 '丙이 조합장으로 선임된 이후 정비구역 내에서 실제로 거주하지 않아 도시 및 주거환경정비법 제41조 제1항 후문의 요건을 충족하지 않았다.'는 이유로 甲 조합을 상대로 丙의 조합장 지위부존재 확인을 구하는 소를 제기한 경우, 법원은 '丙이 같은 법 제41조 제1항 전문의 요건을 갖추지 못하였다.'는 이유로 乙의 청구를 인용할 수 없다. (　　)

> **판결요지**
>
> ※ **법원이 당사자가 주장하지 않은 사항에 관하여 판단하는 것이 변론주의의 원칙에 반하는지 여부(적극)**
> "법원은 변론주의 원칙상 당사자의 주장에 대해서만 판단해야 하고 당사자가 주장하지 않은 사항에 관해서는 판단하지 못한다"(대판 2022.2.24. 2021다291934). **정답** ○
>
> **[사실관계]** 甲 재개발정비사업조합의 조합원인 乙이 '丙이 조합장으로 선임된 이후 정비구역 내에서 실제로 거주하지 않아 도시 및 주거환경정비법 제41조 제1항 후문의 요건을 충족하지 않았다.'는 이유로 甲 조합을 상대로 丙의 조합장 지위부존재 확인을 구하는 소를 제기하였는데, 원심이 '丙이 같은 법 제41조 제1항 전문의 요건을 갖추지 못하였다.'는 이유로 乙의 청구를 받아들인 사안에서, 乙이 주장하지 않은 사항에 관해서 판단한 원심판결에 변론주의 원칙을 위반한 잘못이 있다고 한 사례

**2** ★ 당사자의 주장이 법률적 관점에서 보아 현저한 모순이나 불명료한 부분이 있는 경우, 법원은 적극적으로 석명권을 행사하여 당사자에게 의견 진술의 기회를 주어야 하고, 이를 게을리한 경우에는 석명 또는 지적의무를 다하지 아니한 것으로서 위법한 평가를 받을 수 있다. 청구취지나 청구원인의 법적 근거에 따라 요건사실에 대한 증명책임이 달라지는 중대한 법률적 사항에 해당되는 경우라면 더욱 그러하다. (　　)

**2-1** 甲 보험회사가 신원보증보험계약에 따라 乙의 불법행위로 丙 주식회사가 입은 재산상 손해에 대하여 보험금과 지연손해금을 지급한 다음 乙을 상대로 구상금을 구하는 소를 제기하였으나, 이는 상법 제682조에 따른 보험자대위권의 행사임이 분명하므로, 甲 보험회사가 제1심 변론종결일까지 별도의 법적 근거를 명시하지 않은 채 '구상금'이라는 표현을 사용하였고, 그 후 항소이유서에서 구상금 청구의 내용으로 '민법 제425조 제2항의 보증인의 피보증인에 대한 구상권'을 언급하였다면, 법원은 적극적으로 석명권을 행사하여 당사자에게 의견 진술의 기회를 줌으로써 청구원인의 법적 근거에 관한 현저한 불분명·모순을 바로 잡은 후 이를 기초로 판단하여야 한다.                                    (    )

**판결요지**

**※ 법률상 사항에 관한 법원의 석명 또는 지적의무**

"[1] 당사자의 주장이 법률적 관점에서 보아 현저한 모순이나 불명료한 부분이 있는 경우, 법원은 적극적으로 석명권을 행사하여 당사자에게 의견 진술의 기회를 주어야 하고, 이를 게을리한 경우에는 석명 또는 지적의무를 다하지 아니한 것으로서 위법한 평가를 받을 수 있다. 청구취지나 청구원인의 법적 근거에 따라 요건사실에 대한 증명책임이 달라지는 중대한 법률적 사항에 해당되는 경우라면 더욱 그러하다.

[2] 채무를 변제할 이익이 있는 자가 채무를 대위변제한 경우에 통상 채무자에 대하여 구상권을 가짐과 동시에 민법 제481조에 따라 당연히 채권자를 대위하게 되나, 이러한 '구상권'과 '변제자대위권'은 내용이 전혀 다른 별개의 권리이다. 이는 보험자가 제3자의 행위로 인하여 발생한 손해에 관하여 보험금을 지급한 경우에 그 지급금의 한도에서 피보험자 등의 제3자에 대한 권리를 그대로 취득함을 규정한 상법 제682조의 '보험자대위권'에 있어서도 마찬가지이다"(대판 2022.4.28. 2019다200843).                                    **정답** ○

**유제**                                    **정답** ○

[사실관계] 甲 보험회사가 신원보증보험계약에 따라 乙의 불법행위로 丙 주식회사가 입은 재산상 손해에 대하여 보험금과 지연손해금을 지급한 다음 乙을 상대로 구상금을 구하는 소를 제기하였고, 이때 제출한 소장 및 준비서면에 따르면 청구원인의 법적 근거는 상법 제682조에 따른 보험자대위권임이 분명한데, 청구취지 및 청구원인변경신청서 제출 시부터 제1심 변론종결일까지 별도의 법적 근거를 명시하지 않은 채 '구상금'이라는 표현을 사용하였고, 그 후 항소이유서에서 구상금 청구의 내용으로 '민법 제425조 제2항의 보증인의 피보증인에 대한 구상권'을 언급한 사안에서, 법원으로서는 적극적으로 석명권을 행사하여 당사자에게 의견 진술의 기회를 줌으로써 청구원인의 법적 근거에 관한 현저한 불분명·모순을 바로 잡은 후 이를 기초로 판단하였어야 하는데도, 상법 제682조의 보험자대위권과 민법 제425조 제2항의 구상권을 혼용하여 이를 근거로 乙에게 금전지급을 명한 원심판결에는 법리오해, 석명권 불행사 등의 잘못이 있다고 한 사례

**3** 당사자가 부주의 또는 오해로 증명하지 않은 것이 분명하거나 쟁점으로 될 사항에 관하여 당사자 사이에 명시적인 다툼이 없는 경우에는 법원은 석명을 구하면서 증명을 촉구하여야 하고, 만일 당사자가 전혀 의식하지 못하거나 예상하지 못하였던 법률적 관점을 이유로 법원이 청구의 당부를 판단하려는 경우에는 그러한 관점에 대하여 당사자에게 의견진술의 기회를 주어야 한다.                                    (    )

**판결요지**

**※ 법률상 사항에 관한 법원의 석명 또는 지적의무**

"[1] 민사소송법 제136조 제1항은 "재판장은 소송관계를 분명하게 하기 위하여 당사자에게 사실상 또는 법률상 사

항에 대하여 질문할 수 있고, 증명을 하도록 촉구할 수 있다."라고 정하고, 제4항은 "법원은 당사자가 간과하였음이 분명하다고 인정되는 법률상 사항에 관하여 당사자에게 의견을 진술할 기회를 주어야 한다."라고 정하고 있다. 당사자가 부주의 또는 오해로 증명하지 않은 것이 분명하거나 쟁점으로 될 사항에 관하여 당사자 사이에 명시적인 다툼이 없는 경우에는 법원은 석명을 구하면서 증명을 촉구하여야 하고, 만일 당사자가 전혀 의식하지 못하거나 예상하지 못하였던 법률적 관점을 이유로 법원이 청구의 당부를 판단하려는 경우에는 그러한 관점에 대하여 당사자에게 의견진술의 기회를 주어야 한다. 그와 같이 하지 않고 예상외의 재판으로 당사자 일방에게 뜻밖의 판결을 내리는 것은 석명의무를 다하지 않아 심리를 제대로 하지 않은 잘못을 저지른 것이 된다.

[2] 종중은 공동선조의 분묘수호와 제사, 그리고 종원 상호 사이의 친목도모 등을 목적으로 자연발생적으로 성립한 종족 집단체로서, 종중이 규약이나 관습에 따라 선출된 대표자 등에 의하여 대표되는 정도로 조직을 갖추고 지속적인 활동을 하고 있다면 비법인사단으로서 단체성이 인정된다. 이와 같은 종중의 성격과 법적 성질에 비추어 보면, 종중에 대하여는 가급적 그 독자성과 자율성을 존중해 주는 것이 바람직하고, 따라서 원칙적으로 종중규약은 그것이 종원이 가지는 고유하고 기본적인 권리의 본질적인 내용을 침해하는 등 종중의 본질이나 설립 목적에 크게 위배되지 않는 한 그 유효성을 인정하여야 한다"(대판 2022.8.25. 2018다261605). ⟨정답⟩ ○

[사실관계] 甲 종중이 '정기 대의원회의가 총회를 갈음한다.'고 정한 규약에 따라 대의원회의의 의결을 거쳐 乙 주식회사 등을 상대로 불법행위에 기한 손해배상을 구하였는데, 항소심에서 위 소가 총유재산의 관리·처분에 관하여 적법한 사원총회의 결의 없이 이루어진 것이고 이는 단시일 안에 보정될 수 없는 것으로서 부적법하다고 한 사안에서, '정기 대의원회의가 총회를 갈음한다.'고 규정한 규약이 무효인지, 위 소가 총유재산의 관리·처분에 관하여 적법한 사원총회의 결의 없이 이루어진 것으로 부적법한 소인지는 당사자 사이에 전혀 쟁점이 된 바가 없었고, 항소심도 그에 대하여 甲 종중에 의견진술의 기회를 주거나 석명권을 행사하였던 사실은 없었던 것으로 보이는데, 항소심이 직권으로 위 소가 총유재산의 관리·처분에 관하여 적법한 사원총회의 결의 없이 이루어진 것이고 이는 단시일 안에 보정될 수 없는 것으로서 부적법하다고 한 것은, 당사자가 전혀 예상하지 못한 법률적인 관점에 기한 뜻밖의 재판으로서 당사자에게 미처 생각하지 못한 불이익을 주었을 뿐 아니라 석명의무를 위반하여 필요한 심리를 다하지 아니함으로써 판결에 영향을 미친 잘못이 있고, 위 규약이 종원이 가지는 고유하고 기본적인 권리의 본질적인 내용을 침해하는 등 갑 종중의 본질이나 설립 목적에 크게 위배된다고 보기 어려운데도, 이와 달리 본 원심판단에 심리미진 등의 잘못이 있다고 한 사례

**4** 원고 본인소송으로 진행된 제1심에 대하여 피고가 항소심에서 비로소 응소하면서 제1회 변론기일에 임박해 새로운 항변이 포함된 준비서면 등을 제출하고 그대로 변론이 종결된 후 원고가 피고의 항변에 대응한 재항변이나 반박 주장을 기재한 참고서면 등을 제출하면서 변론재개신청 등을 하였다면, 항소심으로서는 변론재개의 필요성에 관하여 세심하게 살펴보아야 한다. ( )

**4-1** 공시송달로 진행된 제1심 일부 인용 판결에 대하여 원고가 패소부분에 불복해 항소하자, 피고가 원심에서 비로소 응소하면서 변론기일에 임박해 항변이 포함된 답변서를 제출함으로써 원고가 재반박할 기회를 제대로 갖지 못하였고, 원심 변론종결 후 원고가 제출한 참고서면에 피고의 항변을 배척할 수 있는 재항변 사유가 포함되어 있었다면, 원고의 참고서면은 변론재개 신청으로 선해할 수 있으므로 법원은 변론을 재개하여 원고에게 주장·증명의 기회를 주는 등 추가적인 심리를 하여야 한다. ( )

판결요지

1. 법원의 변론재개의무가 인정되는 예외적인 요건 및 당사자 본인이 소송을 수행하면서 다툼이 있는 사실에 관하여 무지, 부주의나 오해로 인하여 증명을 하지 않는 경우, 법원이 증명을 촉구하는 등의 방법으로 석명권을 행사하여야 하는지 여부(적극)

"1. 당사자가 변론종결 후 주장·증명을 제출하기 위하여 변론재개신청을 한 경우 당사자의 변론재개신청을 받아들일지 여부는 원칙적으로 법원의 재량에 속한다. 그러나 변론재개신청을 한 당사자가 변론종결 전에 그에게 책임을 지우기 어려운 사정으로 주장·증명을 제출할 기회를 제대로 갖지 못하였고, 그 주장·증명의 대상이 판결의 결과를 좌우할 수 있는 관건적 요증사실에 해당하는 경우 등과 같이, 당사자에게 변론을 재개하여 그 주장·증명을 제출할 기회를 주지 않은 채 패소의 판결을 하는 것이 민사소송법이 추구하는 절차적 정의에 반하는 경우에는 법원은 변론을 재개하고 심리를 속행할 의무가 있다. 법원이 당사자 간에 다툼이 있는 사실에 관하여 증명이 없는 모든 경우에 증명책임이 있는 당사자에게 증명을 촉구하여야 하는 것은 아니지만, 소송의 정도로 보아 당사자가 무지, 부주의나 오해로 인하여 증명을 하지 않는 경우, 더욱이 법률전문가가 아닌 당사자 본인이 소송을 수행하는 경우라면, 증명을 촉구하는 등의 방법으로 석명권을 적절히 행사하여 진실을 밝혀 구체적 정의를 실현하려는 노력을 게을리하지 말아야 한다.

따라서 <u>원고 본인소송으로 진행된 제1심에 대하여 피고가 항소심에서 비로소 응소하면서 제1회 변론기일에 임박해 새로운 항변이 포함된 준비서면 등을 제출하고 그대로 변론이 종결된 후 원고가 피고의 항변에 대응한 재항변이나 반박 주장을 기재한 참고서면 등을 제출하면서 변론재개신청 등을 하였다면, 항소심으로서는 변론재개의 필요성에 관하여 세심하게 살펴보아야 한다.</u>

2. 원고 일부 패소의 제1심판결에 대하여 원고만 항소한 사건에서 피고의 답변서를 부대항소장으로 취급하기에 앞서 항소심 법원이 취하여야 할 조치

2. 피고가 원심에 이르러 비로소 제출한 답변서에서 원고 청구의 전부 기각을 구하면서 제1심판결 중 원고 승소부분에까지 영향을 미치는 항변 사유를 기재하였으나 답변서 말미에서 항소기각을 구하는 취지도 함께 기재한 점, 피고는 제1심판결을 확인하고서 제1심판결에서 인용된 금액의 액수 자체는 다투지 않고 원고에게 지급한 점 등에 비추어 보면, 원고 일부 패소의 제1심판결에 대하여 원고만 항소한 이 사건에서 원심으로서는 석명권을 행사하여 피고에게 제1심판결 중 원고 승소부분에 대하여 부대항소 제기 의사가 있는지를 확인하고, 부대항소를 제기하는 취지라면 불복신청의 범위를 특정하게 하고 법령에 따른 인지를 붙이도록 한 후 소송절차에서 '부대항소인'으로 취급함으로써 항소심의 심판범위를 명확히 하였어야 한다"(대판 2022. 12. 29. 2022다263462).

정답 ○

유제

정답 ○

5   가사비송사건은 가정법원이 후견적인 지위에서 재량에 의해 합목적적으로 법률관계를 형성하는 재판으로서, 재판자료의 수집과 제출을 당사자에게 맡겨두지 아니하고 가정법원이 주도적으로 할 책무를 지는 직권탐지주의가 적용되는바, 민법 제1023조 또는 민법 제1053조에 따른 상속재산관리인 선임청구 심판은 '라류 가사비송사건'에 속하고, 특히 이해관계인이 '상속인의 존부' 자체를 알 수 없어 오직 법원의 재판을 통하여 이를 확정하고 상속재산의 청산절차를 이행하고자 하는 경우 '법원이 재판자료의 수집과 제출을 주도적으로 할 책무를 진다'는 직권탐지주의가 강하게 요구된다.

(     )

5-1   '상속재산관리인 선임청구 심판(라류 가사비송사건)' 사건에서 청구인이 사실조회신청을 하면서 조회기관을 잘못 기재하여 확보하지 못한 자료의 미제출(보정명령의 불이행)을 이유로 석명권 행사 없이 청구를 기각할 수는 없다.

(     )

판결요지

※ '상속재산관리인 선임청구 심판(라류 가사비송사건)' 사건에서 청구인이 사실조회신청을 하면서 조회기관을 잘못 기재하여 확보하지 못한 자료의 미제출(보정명령의 불이행)을 이유로 석명권 행사 없이 청구를 기각할 수 있는지(소극)

"가사비송사건은 가정법원이 후견적인 지위에서 재량에 의해 합목적적으로 법률관계를 형성하는 재판으로서(대결 2019.11.21. 전합2014스44,45 결정 등 참조), 재판자료의 수집과 제출을 당사자에게 맡겨두지 아니하고 가정법원이 주도적으로 할 책무를 지는 직권탐지주의가 적용된다(가사소송법 제34조, 비송사건절차법 제11조, 가사소송규칙 제23조 제1항). 가사비송사건에도 직권탐지주의는 공익성의 정도, 대심적 구조의 존부, 법원의 재량적 판단의 필요성 정도 등 개별 사건의 성질에 따라 다양하게 나타날 수 있는데, 라류 가사비송사건은 상대방이 없는 비대심적 구조로서 비송재판으로서의 성격이 두드러진다(대결 2022.3.31. 2021스3 결정 등 참조).

민법 제1023조 또는 민법 제1053조에 따른 상속재산관리인 선임청구 심판은 '라류 가사비송사건'에 속하고[가사소송법 제2조 제1항 제2호 (가)목 31, 37], 특히 이 사건과 같이 이해관계인이 '상속인의 존부' 자체를 알 수 없어 오직 법원의 재판을 통하여 이를 확정하고 상속재산의 청산절차를 이행하고자 하는 경우 '법원이 재판자료의 수집과 제출을 주도적으로 할 책무를 진다'는 직권탐지주의가 강하게 요구된다"(대결 2022.10.14. 2022스625). 정답 ○

유제 정답 ○

[사실관계] '4촌 이내 상속인 유무' 등을 밝히라는 보정명령을 이행하려고, 청구인이 가족관계증명서 등을 확보하기 위하여 사실조회신청을 하였는데, 조회기관을 그 사무를 처리하는 시(구)·읍·면의 장이 아니라 법원행정처와 행정안전부장관으로 하였기 때문에 가족관계증명서 등을 확보하지 못하고 있었다. 제1심은 그럼에도 사건본인 형제들 등의 가족관계 서류를 제출하라는 보정명령을 한 다음 보정명령의 불이행을 이유로 이 사건 청구를 기각하였고, 원심은 제1심결정을 유지하였다.

대법원은 이 사건 상속재산관리인 선임청구 심판이 '라류 가사비송사건'에 속하고, 특히 이 사건의 청구의 경위와 목적상 법원이 재판자료 수집과 제출을 주도적으로 할 책무를 지는 직권탐지주의가 강하게 요청되므로, 청구인에게 적절하게 석명권을 행사하여 법률이 정한 소관청에 사실조회 신청을 할 수 있도록 조치를 취하지 않은 채 제1심 결정을 유지한 원심을 파기·환송하였다.

**5-2** 비송사건절차법에 규정된 비송사건을 민사소송의 방법으로 청구하는 것은 허용되지 않는다. 그러나 이러한 경우 수소법원은 당사자에게 석명을 구하여 당사자의 소제기에 사건을 비송사건으로 처리해 주기를 바라는 의사도 포함되어 있음이 확인된다면, 당사자의 소제기를 비송사건 신청으로 보아 재배당 등을 거쳐 비송사건으로 심리·판단하여야 한다. ( )

판결요지

※ 비송사건절차법에 규정된 비송사건을 민사소송의 방법으로 청구할 수 있는지 여부(소극) 및 비송사건절차법이나 다른 법령에 비송사건임이 명확히 규정되어 있지 아니하여 비송사건으로 신청하여야 할 사건을 민사소송절차에 따라 소를 제기한 경우, 수소법원이 취하여야 할 조치

"비송사건절차법에 규정된 비송사건을 민사소송의 방법으로 청구하는 것은 허용되지 않는다. 그러나 소송사건과 비송사건의 구별이 항상 명확한 것은 아니고, 비송사건절차법이나 다른 법령에 비송사건임이 명확히 규정되어 있지 않은 경우 당사자로서는 비송사건임을 알기 어렵다. 이러한 경우 수소법원은 당사자에게 석명을 구하여 당사자의 소제기에 사건을 소송절차로만 처리해 달라는 것이 아니라 비송사건으로 처리해 주기를 바라는 의사도 포함되어 있음이 확인된다면, 당사자의 소제기를 비송사건 신청으로 보아 재배당 등을 거쳐 비송사건으로 심리·판단하

여야 하고 그 비송사건에 대한 토지관할을 가지고 있지 않을 때에는 관할법원에 이송하는 것이 타당하다"(대판 2023.9.14. 2020다238622)   **정답** ○

**6** 강행법규인 임대주택법 등 관련 법령에서 정한 산정기준에 따른 금액을 초과한 분양전환가격으로 분양계약을 체결하면서 이에 부수하여 부제소합의를 한 때와 같이, 부제소합의로 인해 그 계약이 강행법규에 반하여 무효임을 주장하지 못하게 됨으로써 강행법규의 입법 취지를 몰각하는 결과가 초래되는 경우 그 부제소합의는 특별한 사정이 없는 한 무효이다.   ( )

판결요지

> **※ 강행법규인 임대주택 분양전환가격 산정기준에 따른 금액을 초과한 분양전환가격으로 분양계약을 체결하면서 이에 부수하여 한 부제소합의의 효력(=원칙적 무효)**
> "강행법규인 구 임대주택법 등 관련 법령에서 정한 산정기준에 따른 금액을 초과한 분양전환가격으로 분양계약을 체결하면서 이에 부수하여 부제소합의를 한 때와 같이, 부제소합의로 인해 그 계약이 강행법규에 반하여 무효임을 주장하지 못하게 됨으로써 강행법규의 입법 취지를 몰각하는 결과가 초래되는 경우 그 부제소합의는 특별한 사정이 없는 한 무효라고 봄이 타당하다"(대판 2023.2.2. 2018다261773).   **정답** ○

**7** ★ 피고가 명시적으로 재판상 청구를 소멸시효 중단사유로 주장하지 아니하였다고 하더라도 피고의 소멸시효 중단 주장에 그러한 주장이 포함된 것인지 여부 등 피고의 주장이 의미하는 바를 보다 분명히 밝히도록 촉구하는 방법으로 석명권을 행사하여 그에 따라 심리하여야 한다   ( )

판결요지

> **※ 명시적 일부청구에 따른 소멸시효 중단에 관한 법원의 석명의무가 문제되는 사안**
> "피고가 위 공사대금채권의 소멸시효가 완성되기 전인 2017. 1. 5. 이 사건 반소를 제기하면서 장차 청구금액을 확장할 뜻을 표시하였고, 이후 실제로 청구금액을 확장한 사실은 소송상 명백하게 드러나 있는바, 이는 위 공사대금채권 전부에 관한 시효중단사유인 재판상 청구에 해당한다. 중재신청으로 소멸시효가 중단되었다는 피고의 주장은 권리 위에 잠자는 것이 아님을 표명한 것으로서 이는 소멸시효의 중단사유로서 민법 제168조 제1호에서 정한 '청구'를 주장하는 것으로 볼 여지가 있다. 따라서 원심으로서는 설령 피고가 명시적으로 재판상 청구를 소멸시효 중단사유로 주장하지 아니하였다고 하더라도 피고의 소멸시효 중단 주장에 그러한 주장이 포함된 것인지 여부 등 피고의 주장이 의미하는 바를 보다 분명히 밝히도록 촉구하는 방법으로 석명권을 행사하여 그에 따라 심리하였어야 한다"(대판 2023.10.12. 2020다210860, 210877).   **정답** ○

**8** 피담보채무 전액을 변제하였다고 주장하면서 근저당권설정등기에 대한 말소등기절차의 이행을 청구하였으나 잔존채무가 있는 것으로 밝혀진 경우에는 특별한 사정이 없는 한 원고의 청구에 확정된 잔존채무를 변제하고 그 다음에 위 등기의 말소를 구한다는 취지도 포함되어 있는 것으로 해석함이 상당하고 이는 장래 이행의 소로서 미리 청구할 이익도 인정된다.   ( )

**8-1** 피담보채무가 전액 변제되지 않았다는 이유만으로 원고의 청구를 기각할 것이 아니라 근저당권설정등기의 피담보채무 중 잔존원금 및 지연손해금의 액수를 심리·확정한 후 그 변제를 조건으로 근저당권설정등기의 말소를 명하여야 한다(저자 주 : 처분권주의에 위반되지 않는다). ( )

판결요지

"[1] 구 대부업 등의 등록 및 금융이용자 보호에 관한 법률(2014. 1. 1. 법률 제12156호로 개정되기 전의 것, 이하 '구 대부업법'이라 한다) 제8조 제2항의 취지는 대부업자가 사례금·할인금·수수료·공제금·연체이자·선이자 등의 명목으로 채무자로부터 금전을 징수하여 위 법을 잠탈하기 위한 수단으로 사용되는 탈법행위를 방지하는 데 있으므로, 명목 여하를 불문하고 대부업자와 채무자 사이의 금전대차와 관련된 것으로서 금전대차의 대가로 볼 수 있는 것이라면 이자로 간주되고, 따라서 대부업자가 이를 대부금에서 미리 공제하는 것은 선이자의 공제에 해당한다. 한편 선이자가 공제된 경우에 구 대부업법에서 정한 제한이자율을 초과하는지 여부는 선이자 공제액을 제외하고 채무자가 실제로 받은 금액을 기초로 하여 대부일부터 변제기까지의 기간에 대한 제한이자율에 따른 이자를 기준으로, 선이자 공제액(채무자가 변제기까지 실제 지급한 이자가 있다면 이를 포함한다)이 그것을 초과하는지에 따라 판단하여야 하고, 그와 같은 판단의 결과 초과하는 부분이 있다면 그 초과 부분은 구 대부업법 제8조 제4항에 따라 당사자 사이에서 약정된 선이자 공제 전의 대부원금에 충당되어 그 충당 후 나머지가 채무자가 변제기에 갚아야 할 대부원금이 된다.
[2] 피담보채무 전액을 변제하였다고 주장하면서 근저당권설정등기에 대한 말소등기절차의 이행을 청구하였으나, 원리금의 계산 등에 관한 다툼 등으로 인하여 변제액이 채무 전액을 소멸시키는 데 미치지 못하고 잔존채무가 있는 것으로 밝혀진 경우에는 특별한 사정이 없는 한 <u>원고의 청구에 확정된 잔존채무를 변제하고 그 다음에 위 등기의 말소를 구한다는 취지도 포함되어 있는 것으로 해석함이 상당하고 이는 장래 이행의 소로서 미리 청구할 이익도 인정되므로</u>, 피담보채무가 전액 변제되지 않았다는 이유만으로 원고의 청구를 기각할 것이 아니라 근저당권설정등기의 피담보채무 중 잔존원금 및 지연손해금의 액수를 심리·확정한 후 <u>그 변제를 조건으로 근저당권설정등기의 말소를 명하여야 한다</u>"(대판 2023.11.16. 2023다266390). **정답** ○

유제 **정답** ○

**[사실관계]** 원고는 대부업등록을 한 대부업자인 피고로부터 금전을 대여하면서 그 채무를 담보하기 위하여 근저당권설정등기를 마쳐주었다가, 이후 채무가 모두 변제되었다는 이유로 위 근저당권설정등기의 말소등기절차의 이행을 구하는 사안에서 원심은, 원고가 변제한 금액이 약정이율에 따른 이자에도 미치지 못하여 이 사건 근저당권설정등기의 피담보채무가 모두 소멸하지 않았다고 판단하였다.

이에 대해 대법원은, ① 피고가 원고에게 이 사건 금전대차에서 정한 원금을 모두 지급하지 않았다고 볼 여지가 상당히 있으므로, 피고가 미리 공제한 부분 중 구 대부업법 제8조 제2항에서 정한 '선이자'에 해당되는 부분이 없는지 살펴본 후 이를 이 사건 근저당권설정등기의 피담보채무에 관한 변제충당 과정에서도 고려해야 하는 점, ② 피고가 일정한 범위의 선이자를 공제한 경우, 구 대부업법에서 정하는 제한이자율을 초과하는지 여부는 선이자 공제액을 제외하고 원고가 실제로 받은 금액을 기초로 하여 대부일부터 변제기까지의 기간에 대한 제한이자율에 따른 이자를 기준으로, 선이자 공제액(원고가 변제기까지 실제 지급한 이자가 있다면 이를 포함함)이 그것을 초과하는지에 따라 판단하여야 하고, 이러한 결과 초과하는 부분이 있다면 그 초과 부분은 구 대부업법 제8조 제4항에 따라 당사자 사이에서 약정된 선이자 공제 전의 대부원금에 충당되어 그 충당 후의 나머지가 원고가 변제기에 갚아야 할 대부원금이 되는 점, ③ 위와 같이 계산하였음에도 원고의 변제금이 약정이율에 따른 이자 및 원금에 미치지 못하였다면, 이 사건 근저당권설정등기의 피담보채무 중 잔존채무액을 심리·확정한 후 그 변제를 조건으로 근저당권설정등기의 말소를 명하여야 하는 점 등을 이유로, 이와 달리 원고의 청구를 기각한 원심판결을 파기·환송한 사례

**9** 법원은 청구의 종류와 내용, 본안소송의 진행경과, 소장 및 답변서 등을 통해 제출한 공격방어방법의 주요 내용, 증명책임 부담에 따른 증거신청 내역 및 변론기일에서의 진술내용 등을 종합하여, 재판장이 소송관계를 분명하게 하기 위하여 석명을 구하더라도 당사자 등에게 필요한 진술을 할 능력이 없어 진술금지 또는 변호사선임명령을 할 필요가 있는지 여부를 판단하여야 한다.   (   )

**9-1** 패소할 것이 분명하지 아니한 경우 법원은 소송비용을 지출할 자금능력이 부족한 사람에 대하여 신청 또는 직권으로 소송구조를 할 수 있으므로(민사소송법 제128조 제1항), 변호사선임명령을 받은 당사자에 대하여 소송구조를 통하여 소송관계를 분명하게 할 수 있는 사안인지도 아울러 살필 필요가 있다.   (   )

---

판결요지

**※ 법원의 진술금지 또는 변호사선임명령에 관한 민사소송법 제144조의 규정 취지 / 법원이 진술금지 또는 변호사선임명령을 할 필요가 있는지 판단하는 방법 및 변호사선임명령을 받은 당사자에 대하여 소송구조를 통하여 소송관계를 분명하게 할 수 있는 사안인지도 함께 살필 필요가 있는지 여부(적극)**

"법원은 소송관계를 분명하게 하기 위하여 필요한 진술을 할 수 없는 당사자 또는 대리인의 진술을 금지하고 변론을 계속할 새 기일을 정할 수 있으며, 이 경우 필요하다고 인정하면 법원은 변호사를 선임하도록 명할 수 있고(민사소송법 제144조 제1항, 제2항), 변호사선임명령을 받고도 새 기일까지 변호사를 선임하지 아니한 때에는 법원은 결정으로 소 또는 상소를 각하할 수 있다(같은 조 제4항). 한편 재판장은 소송관계를 분명하게 하기 위하여 당사자에게 사실상 또는 법률상 사항에 대하여 질문할 수 있고, 증명을 하도록 촉구할 수 있다(민사소송법 제136조 제1항).

민사소송법 제144조에 따른 법원의 진술금지 또는 변호사선임명령은 당사자 또는 대리인(이하 '당사자 등'이라고 한다)의 변론이 애매하거나 그 의미가 명확하지 아니하여 법원이 민사소송법 제136조에 따라 소송관계를 분명하게 하기 위하여 석명을 구하더라도 당사자 등이 사안의 진상을 충분히 밝혀 필요한 진술을 할 수 있는 능력이 없는 때에 당사자 등으로 하여금 변론을 계속하게 하는 것이 그 당사자에게 불이익하고 또한 소송절차를 지연시키는 등 바람직하지 않은 결과를 가져오므로 이를 막기 위한 것이다. 변호사선임명령을 받은 당사자 등이 이를 이행하지 아니하여 민사소송법 제144조 제4항에 따라 소 또는 상소가 각하되는 경우에는 당사자의 재판받을 권리에 상당한 제약이 가해지고 경제적·시간적으로도 많은 불이익이 주어지므로, 법원은 청구의 종류와 내용, 본안소송의 진행경과, 소장 및 답변서 등을 통해 제출한 공격방어방법의 주요 내용, 증명책임 부담에 따른 증거신청 내역 및 변론기일에서의 진술내용 등을 종합하여, <u>재판장이 소송관계를 분명하게 하기 위하여 석명을 구하더라도 당사자 등에게 필요한 진술을 할 능력이 없어 진술금지 또는 변호사선임명령을 할 필요가 있는지 여부를 판단하여야 한</u>다. 특히 항소심에서 항소인이 변호사선임명령을 받고 이를 이행하지 아니하여 항소가 각하되는 경우 그에게 불이익한 제1심판결이 확정되는 결과를 가져오므로 이러한 경우 법원은 변호사선임명령을 할 것인지 여부를 더 신중하게 판단할 필요가 있다. 또한 패소할 것이 분명하지 아니한 경우 법원은 소송비용을 지출할 자금능력이 부족한 사람에 대하여 신청 또는 직권으로 소송구조를 할 수 있으므로(민사소송법 제128조 제1항), 변호사선임명령을 받은 당사자에 대하여 소송구조를 통하여 소송관계를 분명하게 할 수 있는 사안인지도 아울러 살필 필요가 있다"(대결 2023.12.14. 2023마6934).

정답 ○

유제

정답 ○

**10** 민사소송에서 청구의 취지는 그 내용 및 범위를 명확히 알아볼 수 있도록 구체적으로 특정되어야 하고 청구취지의 특정 여부는 직권조사사항이므로, 청구취지가 특정되지 않은 경우에는 법원은 직권으로 보정을 명하고 그 보정명령에 응하지 않을 때에는 소를 각하하여야 한다. ( )

**10-1** 당사자가 부주의 또는 오해로 인하여 청구취지가 특정되지 아니한 것을 명백히 간과한 채 본안에 관하여 공방을 하고 있는데도 보정의 기회를 부여하지 아니한 채 당사자가 전혀 예상하지 못하였던 청구취지 불특정을 이유로 소를 각하하는 것은 석명의무를 다하지 아니하여 심리를 제대로 하지 아니한 것으로서 위법하다. ( )

판결요지

**※ 청구취지가 특정되지 아니한 경우 법원의 석명의무**

"민사소송에서 청구의 취지는 그 내용 및 범위를 명확히 알아볼 수 있도록 구체적으로 특정되어야 하고 청구취지의 특정 여부는 직권조사사항이므로, 청구취지가 특정되지 않은 경우에는 법원은 직권으로 보정을 명하고 그 보정명령에 응하지 않을 때에는 소를 각하하여야 한다. 이 경우 당사자가 부주의 또는 오해로 인하여 청구취지가 특정되지 아니한 것을 명백히 간과한 채 본안에 관하여 공방을 하고 있는데도 보정의 기회를 부여하지 아니한 채 당사자가 전혀 예상하지 못하였던 청구취지 불특정을 이유로 소를 각하하는 것은 석명의무를 다하지 아니하여 심리를 제대로 하지 아니한 것으로서 위법하다(대판 2002. 1. 25. 2001다11055, 대판 2014. 3. 13. 2011다111459 등 참조)"(대판 2024.1.4. 2023다282040).

정답 ○

유제

정답 ○

**11** ★★ 채권자가 소로써 채무자가 건물에서 퇴거할 것을 구하고 있는데 법원이 채무자의 건물 인도를 명하는 것은 처분권주의에 반하여 허용되지 않는다 ( )

판결요지

"민사소송법 제203조는 '처분권주의'라는 제목으로 "법원은 당사자가 신청하지 아니한 사항에 대하여는 판결하지 못한다."라고 정하고 있다. 민사소송에서 심판 대상은 원고의 의사에 따라 특정되고, 법원은 당사자가 신청한 사항에 대하여 신청 범위 내에서만 판단하여야 한다(대판 2020.1.30. 2015다49422 판결 참조).

건물의 '인도'는 건물에 대한 현실적·사실적 지배를 완전히 이전하는 것을 의미하고, 민사집행법상 인도 청구의 집행은 집행관이 채무자로부터 물건의 점유를 빼앗아 이를 채권자에게 인도하는 방법으로 한다(대판 2020.5.21. 전합2018다287522 판결 참조). 한편 건물에서의 '퇴거'는 건물에 대한 채무자의 점유를 해제하는 것을 의미할 뿐, 더 나아가 채권자에게 그 점유를 이전할 것까지 의미하지는 않는다는 점에서 건물의 '인도'와 구별된다. 그러므로 채권자가 소로써 채무자가 건물에서 퇴거할 것을 구하고 있는데 법원이 채무자의 건물 인도를 명하는 것은 처분권주의에 반하여 허용되지 않는다"(대판 2024.6.13. 2024다213157).

정답 ○

**[사실관계]** 임대인인 원고가 임차인인 피고를 상대로 이 사건 건물 3층에서의 퇴거 및 퇴거완료일까지의 차임 상당 부당이득금 지급을 청구하자 원심은 피고에게 이 사건 건물 3층의 인도 및 인도 완료일까지의 차임 상당 부당이득금 지급을 명하였다. 대법원은 위와 같은 법리를 설시하면서, 원고의 청구에는 이 사건 건물 중 3층의 인도 및 인도완료일까지의 부당이득금 지급 청구가 포함되어 있다고 할 수 없는데도 원심은 이 사건 건물 중 3층의 인도 및 인도완료일까지의 부당이득금 지급을 명하였으므로 처분권주의를 위반한 잘못이 있다고 보아, 원심을 파기·환송한 사례

# 기일 · 기간 · 송달

**1**  ★ 판결정본이 미성년자에게만 송달된 경우 판결이 <u>소송무능력을 이유로 소를 각하한 것이라는 등</u> 특별한 사정이 없는 한 그 송달은 부적법하여 무효이다. 따라서 제1심에서 패소한 피고 미성년자측의 항소 제기기간은 진행하지 않으므로 항소를 제기하지 못한 데에 책임질 수 있는 사유가 있는지와 무관하게 피고측의 항소는 적법하다.                              (   )

**1-1** 불변기간인 상소 제기기간에 관한 규정은 성질상 강행규정이므로 그 기간 계산의 기산점이 되는 판결정본의 송달의 하자는 이에 대한 책문권의 포기나 상실로 인하여 치유될 수 없다.         (   )

판결요지

※ 판결정본이 미성년자에게만 송달된 경우, 그 송달의 효력(원칙적 무효) 및 이 경우 상소기간이 진행하는지 여부(소극) / 불변기간인 상소 제기기간 계산의 기산점이 되는 판결정본 송달의 하자가 이에 대한 책문권의 포기나 상실로 치유될 수 있는지 여부(소극) / 소송능력의 존재와 상소기간 준수 여부가 직권조사사항인지 여부(적극)

"미성년자는 법정대리인에 의해서만 소송행위를 할 수 있으므로 미성년자가 단독으로 한 소송행위는 무효이고(민사소송법 제55조), 미성년자에 대한 소송행위 역시 무효라 할 것이므로 <u>판결정본이 미성년자에게만 송달된 경우 판결이 소송무능력을 이유로 소를 각하한 것이라는 등 특별한 사정이 없는 한 그 송달은 부적법하여 무효이다.</u> 판결정본의 송달이 무효인 경우 상대방은 판결정본을 송달받지 않은 상태이므로 그 판결에 대한 상소기간은 진행하지 않고, <u>불변기간인 상소 제기기간에 관한 규정은 성질상 강행규정이므로 그 기간 계산의 기산점이 되는 판결정본의 송달의 하자는 이에 대한 책문권의 포기나 상실로 인하여 치유될 수 없다.</u> 한편 소송능력의 존재와 상소기간의 준수 여부는 소송요건의 하나로서 직권조사사항이다"(대판 2020.6.11. 2020다8586).     **정답** ○

**유 제**      **정답** ○

**[사실관계]** 제1심법원이 당시 미성년자였던 피고에 대하여 실시한 송달은 부적법하여 무효이고 <u>피고의 항소 제기기간은 진행하지 않으므로, 피고에게 항소를 제기하지 못한 데에 책임질 수 있는 사유가 있는지와 무관하게 이 사건 항소는 적법하고,</u> 따라서 원심으로서는 피고의 항소이유에 대한 본안 판단을 하였어야 한다. 그럼에도 원심이 이를 간과한 채 제1심법원의 피고에 대한 판결정본의 송달이 적법하다는 전제에서 이 사건 항소를 부적법한 추완항소라고 보아 이를 각하한 데에는 직권조사사항인 소송능력의 존부 및 판결정본 송달의 효력과 상소 제기기간에 관한 법리를 오해하여 필요한 심리를 다하지 아니한 잘못이 있다.

**2**  ★ 동일한 수령대행인이 이해가 대립하는 소송당사자 쌍방을 대신하여 소송서류를 동시에 수령하는 경우 '소송당사자의 허락이 있다는 등의 특별한 사정이 없는 한' 그러한 보충송달은 무효이다.
                                                    (   )

판결요지

※ 동일한 수령대행인이 소송당사자 쌍방을 대신하여 소송서류를 동시에 송달받은 경우, 보충송달의 효력(원칙적 무효)

"보충송달제도는 본인 아닌 그의 사무원, 피용자 또는 동거인, 즉 수령대행인이 소송서류를 수령하여도 그의 지능과 객관적인 지위, 본인과의 관계 등에 비추어 사회통념상 본인에게 소송서류를 전달할 것이라는 합리적인 기대를 전제로 한다. 동일한 수령대행인이 이해가 대립하는 소송당사자 쌍방을 대신하여 소송서류를 동시에 수령하는 경우가 있을 수 있다(이혼 화해권고결정 정본을 자녀가 대신 받은 경우 : 저자 주). 이런 경우 수령대행인이 원고나 피고 중 한 명과도 이해관계의 상충 없이 중립적인 지위에 있기는 쉽지 않으므로 소송당사자 쌍방 모두에게 소송서류가 제대로 전달될 것이라고 합리적으로 기대하기 어렵다. 또한 이익충돌의 위험을 회피하여 본인의 이익을 보호하려는 데 취지가 있는 민법 제124조 본문에서의 쌍방대리금지 원칙에도 반한다. 따라서 소송당사자의 허락이 있다는 등의 특별한 사정이 없는 한, 동일한 수령대행인이 소송당사자 쌍방의 소송서류를 동시에 송달받을 수 없고, 그러한 보충송달은 무효라고 봄이 타당하다"(대판 2021.3.11. 2020므11658).    정답 ○

**[사실관계]** 이혼사건의 화해권고결정 정본이 원, 피고의 자녀 甲에게 동시에 송달되어 확정된 후 피고가 추완이의를 신청한 사건에서, 대법원은 甲이 이해상충 관계에 있는 원고와 피고 모두에게 소송서류를 제대로 전달할 것이라고 합리적으로 기대하기 어려우므로, 甲이 피고의 허락을 받았다는 등의 특별한 사정이 없는 한, 甲이 원고와 피고를 대신하여 화해권고결정 정본을 동시에 송달받은 것은 부적법한 송달로서 무효라고 보았다.

**3**  ★ 법률상 부부는 동거의무가 있고(민법 제826조 제1항), 사회통념상 통상적으로 법률상 배우자라면 '동거인'으로서 송달을 받을 사람과 동일한 세대에 속하여 생활을 같이 하는 사람으로 인정할 수 있다. 그러나 법률상 배우자라고 하더라도 별거와 혼인공동체의 실체 소멸 등으로 소송당사자인 상대방 배우자의 '동거인'으로서 민사소송법 제186조 제1항에 정해진 보충송달을 받을 수 있는 지위를 인정할 수 없는 특별한 경우에는 송달의 효력에 관하여 심리하여 판단할 필요가 있다.    (  )

판결요지

※ 피고가 법원에서 제1심판결 정본을 발급받기 전에 제1심판결에 기한 소멸시효 중단을 위해 원고가 신청한 지급명령 및 채권압류·추심명령을 수령한 피고의 법률상 배우자가 '동거인'으로서 보충송달 받을 수 있는 지위에 있는지 심리해야 할 경우

"1. 송달의 효력 문제는 법원의 직권조사사항이므로 당사자의 주장·증명에도 불구하고 그 효력에 의심할 만한 사정이 있다면 법원은 이를 직권으로 심리하여 판단하여야 한다.

2. 송달은 원칙적으로 송달받을 사람의 주소·거소·영업소 또는 사무소에서 송달받을 사람 본인에게 교부하는 교부송달이 원칙이고(민사소송법 제178조 제1항, 제183조 제1항), 송달기관이 위와 같은 장소에서 송달받을 사람을 만나지 못한 때에는 그 사무원, 피용자 또는 동거인으로서 사리를 분별할 지능이 있는 사람에게 하는 보충송달에 의할 수도 있는데(같은 법 제186조 제1항), 여기에서 '동거인'이란 송달을 받을 사람과 동일한 세대에 속하여 생활을 같이 하는 사람을 말한다.

3. 법률상 부부는 동거의무가 있고(민법 제826조 제1항), 사회통념상 통상적으로 법률상 배우자라면 '동거인'으로서 송달을 받을 사람과 동일한 세대에 속하여 생활을 같이 하는 사람으로 인정할 수 있다. 그러나 법률상 배우자라고 하더라도 별거와 혼인공동체의 실체 소멸 등으로 소송당사자인 상대방 배우자의 '동거인'으로서 민사소송법 제186조 제1항에 정해진 보충송달을 받을 수 있는 지위를 인정할 수 없는 특별한 경우에는 송달의 효력에 관하여 심리하여 판단할 필요가 있다"(대판 2022.10.14. 2022다229936).    정답 ○

**4**  ★ 외국재판 과정에서 패소한 피고의 남편에게 소송서류가 '보충송달' 된 경우 이러한 송달은 외국법원의 확정재판 등을 국내에서 승인·집행하기 위한 요건을 규정한 민사소송법 제217조 제1항 제2호의 '적법한 송달'에 해당한다    (  )

판결요지

※ 외국재판 과정에서 패소한 피고의 남편에게 소송서류가 보충송달된 경우 민사소송법 제217조 제1항 제2호에서 규정하고 있는 적법한 송달로 볼 수 있는지 여부(적극)

"민사소송법 제186조 제1항과 제2항에서 규정하는 보충송달도 교부송달과 마찬가지로 외국법원의 확정재판 등을 국내에서 승인·집행하기 위한 요건을 규정한 민사소송법 제217조 제1항 제2호의 '적법한 송달'에 해당한다고 해석하는 것이 타당하다. 보충송달은 민사소송법 제217조 제1항 제2호에서 외국법원의 확정재판 등을 승인·집행하기 위한 송달 요건에서 제외하고 있는 공시송달과 비슷한 송달에 의한 경우로 볼 수 없고, 외국재판 과정에서 보충송달 방식으로 송달이 이루어졌더라도 그 송달이 방어에 필요한 시간 여유를 두고 적법하게 이루어졌다면 위 규정에 따른 적법한 송달로 보아야 한다. 이와 달리 보충송달이 민사소송법 제217조 제1항 제2호에서 요구하는 통상의 송달방법에 의한 송달이 아니라고 본 대판 1992.7.14. 92다2585 판결, 대판 2009.1.30. 2008다65815 판결을 비롯하여 그와 같은 취지의 판결들은 이 판결의 견해에 배치되는 범위에서 이를 모두 변경하기로 한다"(대판 2021.12.23. 전합2017다257746).    정답 ○

[사실관계] 뉴질랜드 법원의 요청으로 한국에 거주하는 피고의 남편에게 소송서류가 보충송달된 후 선고된 외국판결을 우리나라에서 강제집행하기 위하여 집행판결을 구하는 사안에서, 대법원은 보충송달은 공시송달 방식과 달리 피고에게 적절한 방어권 행사의 기회를 박탈할 우려가 현저히 적고, 기존 판례의 입장을 유지한다면 외국판결을 우리나라에서 승인·집행하기 위해서 우리나라 판결보다 더 엄격한 방식으로 송달이 이루어져야 하며, 사법절차의 국제적 신뢰가 훼손될 수 있는 점 등을 들어, 보충송달도 민사소송법 제217조 제1항 제2호의 적법한 송달 방식에 포함되는 것으로 판단하여 기존 판례를 변경하고(전원일치 의견), 이와 같이 판단한 원심 판단을 정당하다고 보아 상고를 기각하였다.

[관련조문] 제217조(외국재판의 승인) ① 외국법원의 확정판결 또는 이와 동일한 효력이 인정되는 재판(이하 "확정재판등"이라 한다)은 다음 각호의 요건을 모두 갖추어야 승인된다.
2. 패소한 피고가 소장 또는 이에 준하는 서면 및 기일통지서나 명령을 적법한 방식에 따라 방어에 필요한 시간여유를 두고 송달받았거나(공시송달이나 이와 비슷한 송달에 의한 경우를 제외한다) 송달받지 아니하였더라도 소송에 응하였을 것

**5**    ★ 제1심법원이 소장부본과 변론기일통지서를 공시송달의 방법으로 피고에게 송달한 후 피고의 휴대전화번호로 전화하여 '소장부본을 피고의 주소지로 송달하겠다.'고 고지하고 변론기일과 장소를 알려주었는데, 이후 피고가 출석하지 않은 상태에서 소송절차를 진행하여 원고 승소판결을 선고한 다음 피고에게 판결정본을 공시송달의 방법으로 송달하였다면, 항소기간이 도과한 후라도 피고가 판결정본을 발급받아 추후보완항소를 제기할 수 있다.    (  )

**5-1**    ★ 피고에게 과실이 있다고 할 수 있는 특별한 사정이란, 피고가 소송을 회피하거나 이를 곤란하게 할 목적으로 의도적으로 송달을 받지 아니하였다거나 피고가 소 제기 사실을 알고 주소신고까지 해 두고서도 그 주소로 송달되는 소송서류가 송달불능되도록 장기간 방치하였다는 등의 사정을 말한다.    (  )

판결요지

※ 소장부본과 판결정본 등이 공시송달의 방법으로 송달되어 피고가 과실 없이 판결의 송달을 알지 못한 것으로 인정되는 경우, 추후보완항소가 허용되는지 여부(적극) 및 피고에게 과실이 있다고 할 수 있는 특

별한 사정이 인정되는 경우

"소장부본과 판결정본 등이 공시송달의 방법에 의하여 송달되었다면 특별한 사정이 없는 한 피고는 과실 없이 판결의 송달을 알지 못한 것이고, 이러한 경우 피고는 책임질 수 없는 사유로 말미암아 불변기간을 지킬 수 없었다 하여 그 사유가 없어진 후 2주일 이내에 추후보완항소를 할 수 있다. 피고에게 과실이 있다고 할 수 있는 특별한 사정이란, 피고가 소송을 회피하거나 이를 곤란하게 할 목적으로 의도적으로 송달을 받지 아니하였다거나 피고가 소 제기 사실을 알고 주소신고까지 해 두고서도 그 주소로 송달되는 소송서류가 송달불능되도록 장기간 방치하였다는 등의 사정을 말한다"(대판 2021.8.19. 2021다228745). **정답** ○

[사실관계] 제1심법원이 소장부본과 변론기일통지서를 공시송달의 방법으로 피고에게 송달한 후 피고의 휴대전화번호로 전화하여 '소장부본을 피고의 주소지로 송달하겠다.'고 고지하고 변론기일과 장소를 알려주었는데, 이후 피고가 출석하지 않은 상태에서 소송절차를 진행하여 원고 승소판결을 선고한 다음 피고에게 판결정본을 공시송달의 방법으로 송달하였고, 그 후 피고가 판결정본을 발급받아 추후보완항소를 제기한 사안에서, 피고는 책임질 수 없는 사유로 말미암아 항소기간을 지킬 수 없었다고 볼 여지가 큰데도, 피고의 추후보완항소를 각하한 원심판단에 법리오해 등의 잘못이 있다고 한 사례 **유제** **정답** ○

**6** 교도소·구치소 또는 국가경찰관서의 유치장에 수감된 당사자에 대하여 민사소송법 제185조나 제187조에 따라 종전에 송달받던 장소로 발송송달을 한 경우, 적법한 송달의 효력을 인정할 수 없다. ( )

**6-1** ★ 항소심 소송 계속 중 원고 甲이 구속되어 구치소에 수감되었으나 법원에 그 사실을 밝히거나 수감된 장소를 신고하지 아니하였고, 이에 법원이 甲에 대하여 종전에 송달받던 장소로 등기우편에 의한 발송송달의 방법으로 변론재개기일통지서를 송달한 경우, 위 변론재개기일통지서의 발송송달은 적법한 송달로서의 효력을 가질 수 없다. ( )

판결요지

※ 교도소·구치소 또는 국가경찰관서의 유치장에 수감된 당사자에 대하여 민사소송법 제185조나 제187조에 따라 종전에 송달받던 장소로 발송송달을 한 경우, 적법한 송달의 효력을 인정할 수 있는지 여부(소극)

"민사소송법 제182조는 교도소·구치소 또는 국가경찰관서의 유치장에 체포·구속 또는 유치된 사람에게 할 송달은 교도소·구치소 또는 국가경찰관서의 장에게 하도록 규정하고 있으므로, 수감된 당사자에 대한 송달을 교도소장 등에게 하지 않고 당사자의 종전 주소나 거소로 한 것은 부적법한 송달로서 무효이고, 이는 법원이 서류를 송달받을 당사자가 수감된 사실을 몰랐거나, 수감된 당사자가 송달의 대상인 서류의 내용을 알았다고 하더라도 마찬가지이다. 따라서 수감된 당사자에 대하여 민사소송법 제185조나 제187조에 따라 종전에 송달받던 장소로 발송송달을 하였더라도 적법한 송달의 효력을 인정할 수 없다"(대판 2021.8.19. 2021다53). **정답** ○

**유제** **정답** ○

[사실관계] 항소심 소송 계속 중 원고 甲이 구속되어 구치소에 수감되었으나 법원에 그 사실을 밝히거나 수감된 장소를 신고하지 아니하였고, 이에 법원이 甲에 대하여 종전에 송달받던 장소로 등기우편에 의한 발송송달의 방법으로 변론재개기일통지서를 송달한 사안에서, 甲이 수감된 구치소의 장에게 송달하지 않고 종전 송달장소로 한 변론재개기일통지서의 발송송달은, 甲이 원심법원에 수감사실을 신고하였는지 여부나 수감된 장소를 송달장소로 신고하였는지 여부 또는 甲이 변론재개와 함께 새로 지정된 변론기일을 알고 있었는지 여부와 무관하게 적법한 송달로서의 효력을 가질 수 없는데도, 이와 달리 본 원심판결에 법리오해의 잘못이 있다고 한 사례.

**7**   ★ 변론기일의 송달절차가 적법하지 아니한 이상 비록 그 변론기일에 양쪽 당사자가 출석하지 아니하였다고 하더라도, 소 또는 상소를 취하한 것으로 보는 효과는 발생하지 않는다.   21년 변호 ( )

**7-1**   ★ 양쪽 당사자가 변론기일에 2회 불출석한 때에는 1월 이내에 기일지정신청을 하지 않으면 소를 취하한 것으로 간주하는데, 위 기간은 불변기간이므로 당사자가 책임질 수 없는 사유로 말미암아 위 기간 내에 기일지정신청을 하지 못한 경우 그 당사자는 그 사유가 없어진 날부터 2주 이내에 그 신청을 보완할 수 있다.   22년 2차모의 ( )

**7-2**   ★ 민사소송법 제187조에 따른 발송송달은 송달받을 자의 주소 등 송달하여야 할 장소는 밝혀져 있으나 송달받을 자는 물론이고 그 사무원, 고용인, 동거인 등 보충송달을 받을 사람도 없거나 부재하여서 원칙적 송달방법인 교부송달은 물론이고 민사소송법 제186조에 의한 보충송달과 유치송달도 할 수 없는 경우에 할 수 있는 것이고, 여기에서 송달하여야 할 장소란 실제 송달받을 자의 생활근거지가 되는 주소·거소·영업소 또는 사무소 등 송달받을 자가 소송서류를 받아 볼 가능성이 있는 적법한 송달장소를 말하는 것이다.   ( )

**7-3**   ★ 당사자가 송달장소로 신고한 장소에 송달된 바가 없는 경우, 그곳을 민사소송법 제185조 제2항에서 정한 '종전에 송달받던 장소'라고 볼 수 없다.   23년 법원직 ( )

**7-4**   ★ 민사소송법 제185조 제2항에서 말하는 '달리 송달할 장소를 알 수 없는 경우'라 함은, 적어도 기록에 현출되어 있는 자료로 송달할 장소를 알 수 없는 경우에 한하여 등기우편에 의한 발송송달을 할 수 있음을 뜻한다.   24년 변호 ( )

> **판결요지**

> ※ 1. 변론기일의 송달절차가 적법하지 아니한 경우 쌍방 불출석의 효과가 발생하는지 여부(소극), 2. 민사소송법 제185조 제2항에 따른 발송송달을 할 수 있는 요건, 3. 민사소송법 제187조에 따른 발송송달을 할 수 있는 요건
>
> "1. 민사소송법 제268조에 의하면, 양 쪽 당사자가 변론기일에 출석하지 아니하거나 출석하였다 하더라도 변론하지 아니한 때에는 재판장은 다시 변론기일을 정하여 양 쪽 당사자에게 통지하여야 하고(제1항), 새 변론기일 또는 그 뒤에 열린 변론기일에 양 쪽 당사자가 출석하지 아니하거나 출석하였다 하더라도 변론하지 아니한 때에는 1월 이내에 기일지정신청을 하지 아니하면 소를 취하한 것으로 보며(제2항), 위 조항은 상소심의 소송절차에도 준용되어 그 요건이 갖추어지면 상소를 취하한 것으로 본다(제4항). 위 제2항에서 정한 1월의 기일지정신청기간은 불변기간이 아니어서 추후보완이 허용되지 않는 점을 고려하면, 위 제1, 2항에서 규정하는 '변론기일에 양 쪽 당사자가 출석하지 아니한 때'란 양 쪽 당사자가 적법한 절차에 의한 송달을 받고도 변론기일에 출석하지 않는 것을 가리키므로, 변론기일의 송달절차가 적법하지 아니한 이상 비록 그 변론기일에 양쪽 당사자가 출석하지 아니하였다고 하더라도, 위 제2항 및 제4항에 따라 소 또는 상소를 취하한 것으로 보는 효과는 발생하지 않는다(대판 1997.7.11. 96므1380 판결 참조).   **정답** ○
>
> **유제-1  정답** ✕
>
> 2. 민사소송법 제185조 제1항은 "당사자·법정대리인 또는 소송대리인이 송달받을 장소를 바꿀 때에는 바로 그 취지를 법원에 신고하여야 한다."라고 규정하고, 같은 조 제2항은 "제1항의 신고를 하지 아니한 사람에게 송달할 서류는 달리 송달할 장소를 알 수 없는 경우 종전에 송달받던 장소에 대법원규칙이 정하는 방법으로 발송할 수 있다."라고 규정하고 있으며, 민사소송규칙 제51조는 위 규정에 따른 서류의 발송은 등기우편으로 하도록 규정하고 있다. 민사소송법 제185조 제2항에 따른 발송송달을 할 수 있는 경우는 송달받을 장소를 바꾸었으면서도 그 취지를 신고하지 아니한 경우이거나 송달받을 장소를 바꾸었다는 취지를 신고하였는데 그 바뀐 장소에서의 송달이 불능이 되는 경우이다(대판 2001.9.7. 2001다30025 판결, 대판 2012.1.12. 2011다85796 판결 등 참조). 민사소송법 제185조 제2항은

이 경우에 종전에 송달받던 장소에 대법원규칙이 정하는 방법으로 발송할 수 있다고 규정하고 있을 뿐이므로, 비록 당사자가 송달장소로 신고한 바 있다고 하더라도 그 송달장소에 송달된 바가 없다면 그 곳을 민사소송법 제185조 제2항에서 정하는 '종전에 송달받던 장소'라고 볼 수 없다(대결 2005.8.2. 2005마201 결정, 대판 2012.1.12. 2011다85796 판결 등 참조). 또한 민사소송법 제185조 제2항에서 말하는 '달리 송달할 장소를 알 수 없는 경우'라 함은 상대방에게 주소보정을 명하거나 직권으로 주민등록표 등을 조사할 필요까지는 없지만, 적어도 기록에 현출되어 있는 자료로 송달할 장소를 알 수 없는 경우에 한하여 등기우편에 의한 발송송달을 할 수 있음을 뜻한다(대판 2018.4.12. 2017다53623 판결 등 참조).   `유제 -4`  `정답` ○

3. 민사소송법 제187조는 "민사소송법 제186조의 규정에 따라 송달할 수 없는 때에는 법원사무관 등은 서류를 등기우편 등 대법원규칙이 정하는 방법으로 발송할 수 있다."고 규정하고 있고, 민사소송규칙 제51조는 위 규정에 따른 서류의 발송은 등기우편으로 하도록 규정하고 있다. 민사소송법 제187조에 따른 발송송달은 송달받을 자의 주소 등 송달하여야 할 장소는 밝혀져 있으나 송달받을 자는 물론이고 그 사무원, 고용인, 동거인 등 보충송달을 받을 사람도 없거나 부재하여서 원칙적 송달방법인 교부송달은 물론이고 민사소송법 제186조에 의한 보충송달과 유치송달도 할 수 없는 경우에 할 수 있는 것이고, 여기에서 송달하여야 할 장소란 실제 송달받을 자의 생활근거지가 되는 주소·거소·영업소 또는 사무소 등 송달받을 자가 소송서류를 받아 볼 가능성이 있는 적법한 송달장소를 말하는 것이다(대결 2009.10.29. 2009마1029 결정 참조)"(대판 2022.3.17. 2020다216462).   `유제 -2`  `정답` ○
  `유제 -3`  `정답` ○

**8**   ★ 당사자가 소송 계속 중에 수감된 경우 법원이 판결정본을 민사소송법 제182조에 따라 교도소장 등에게 송달하지 않고 당사자 주소 등에 공시송달 방법으로 송달하였다면, 공시송달의 요건을 갖추지 못한 하자가 있다고 하더라도 재판장의 명령에 따라 공시송달을 한 이상 송달의 효력은 있다.
                                                                        24년 변호 ( )

**8-1** 수감된 당사자는 요건을 갖추지 못한 공시송달로 상소기간을 지키지 못하게 되었으므로 특별한 사정이 없는 한 책임을 질 수 없는 사유로 불변기간을 준수할 수 없었던 때에 해당하여 그 사유가 없어진 후 2주일 내에 추완 상소를 할 수 있다. 여기에서 '사유가 없어진 때'란 당사자나 소송대리인이 판결이 있었고 판결이 공시송달 방법으로 송달된 사실을 안 때를 가리킨다.                                              ( )

`판결요지`

※ 1. 법원이 당사자의 수감 사실을 모르고 판결정본을 당사자 주소 등에 공시송달한 경우 송달의 효력이 있는지(적극), 2. 수감된 당사자는 과실 없이 판결의 송달을 알지 못해 추완항소를 할 수 있는지(적극)
"당사자가 소송 계속 중에 수감된 경우 법원이 판결정본을 민사소송법 제182조에 따라 교도소장 등에게 송달하지 않고 당사자 주소 등에 공시송달 방법으로 송달하였다면, 공시송달의 요건을 갖추지 못한 하자가 있다고 하더라도 재판장의 명령에 따라 공시송달을 한 이상 송달의 효력은 있다.
수감된 당사자는 민사소송법 제185조에서 정한 송달장소 변경의 신고의무를 부담하지 않고 요건을 갖추지 못한 공시송달로 상소기간을 지키지 못하게 되었으므로 특별한 사정이 없는 한 과실 없이 판결의 송달을 알지 못한 것이고, 이러한 경우 책임을 질 수 없는 사유로 불변기간을 준수할 수 없었던 때에 해당하여 그 사유가 없어진 후 2주일 내에 추완 상소를 할 수 있다. 여기에서 '사유가 없어진 때'란 당사자나 소송대리인이 판결이 있었고 판결이 공시송달 방법으로 송달된 사실을 안 때를 가리킨다. 통상의 경우에는 당사자나 소송대리인이 사건 기록을 열람하거나 새로 판결정본을 영수한 때에 비로소 판결이 공시송달 방법으로 송달된 사실을 알게 되었다고 보아야 한다"(대판 2022.1.13. 2019다220618).   `정답` ○

**유 제**                                                                            **정답** ○

**[사실관계]** 피고가 제1심 법원에 이행권고결정에 대한 답변서를 제출한 직후 교도소에 수감되었고, 제1심은 이러한 사실을 모르고 피고에게 변론기일통지서 등을 발송송달 방법으로 송달하고 원고 청구를 인용하는 판결을 선고한 다음 판결정본을 공시송달 방법으로 송달했으며, 피고가 교도소에서 출소한 후 추완 항소를 하자 원심이 추완 항소를 각하한 사안에서, 대법원은 제1심 법원이 피고에 대해 판결정본을 교도소장에게 송달하지 않고 피고 주소지로 공시송달을 한 것은 공시송달의 요건을 갖추지 못한 하자가 있으나 송달의 효력은 있고, 다만 피고는 과실 없이 제1심 판결의 송달을 알지 못하여 책임을 질 수 없는 사유로 항소기간을 준수할 수 없었던 때에 해당하므로 그 사유가 없어진 후 2주일 내에 추완 항소를 할 수 있다고 보아, 이와 달리 판단한 원심을 파기 환송하였음

**9** ★ 민사소송법 제186조 제1항에 의하면 근무장소 외의 송달할 장소에서 송달받을 사람을 만나지 못한 때에는 그 동거인 등으로서 사리를 분별할 지능이 있는 사람에게 서류를 교부하는 방법으로 송달할 수 있고, 여기에서 '동거인'은 송달을 받을 사람과 사실상 동일한 세대에 속하여 생활을 같이하는 사람이기만 하면 되며, 판결의 선고 및 송달 사실을 알지 못하여 자신이 책임질 수 없는 사유로 말미암아 불변기간인 상소기간을 지키지 못하게 되었다는 사정은 상소를 추후보완하고자 하는 당사자 측에서 주장·증명하여야 한다.                                                        (   )

**판결요지**

※ 민사소송법 제186조 제1항에 의한 보충송달에서 '동거인'의 의미 및 판결의 선고 및 송달 사실을 알지 못하여 자신이 책임질 수 없는 사유로 불변기간인 상소기간을 지키지 못하게 되었다는 사정에 관한 주장·증명책임의 소재(=상소를 추후보완하고자 하는 당사자)
"민사소송법 제186조 제1항에 의하면 근무장소 외의 송달할 장소에서 송달받을 사람을 만나지 못한 때에는 그 동거인 등으로서 사리를 분별할 지능이 있는 사람에게 서류를 교부하는 방법으로 송달할 수 있고, 여기에서 '동거인'은 송달을 받을 사람과 사실상 동일한 세대에 속하여 생활을 같이하는 사람이기만 하면 되며, 판결의 선고 및 송달 사실을 알지 못하여 자신이 책임질 수 없는 사유로 말미암아 불변기간인 상소기간을 지키지 못하게 되었다는 사정은 상소를 추후보완하고자 하는 당사자 측에서 주장·증명하여야 한다"(대판 2021. 4. 15. 2019다244980,244997).

**정답** ○

**10** ★ 통상적으로 피고가 사건 기록을 열람하거나 판결정본을 발급받은 때에는 판결이 공시송달의 방법으로 송달된 사실을 알게 되었다고 볼 수 있고, 다만 피고가 당해 판결이 있었던 사실을 알았고 사회통념상 그 경위에 대하여 당연히 알아볼 만한 특별한 사정이 있었다고 인정되는 경우에는 그 경위에 대하여 알아보는 데 통상 소요되는 시간이 경과한 때에 그 판결이 공시송달의 방법으로 송달된 사실을 알게 된 것으로 추인할 수 있다.                                                        (   )

**10-1** ★ 피고가 제1심판결 선고사실을 알게 된 경위 주장에 관한 증거가 현출되지 않은 경우 이는 소송 요건에 해당하므로 법원은 직권으로라도 심리하여야 한다. 당사자의 주장이 분명하지 아니한 경우 법원은 석명권을 행사하여 이를 명확히 하여야 할 것이다.                                                        (   )

판결요지

※ 피고가 제1심판결 선고사실을 알게 된 경위 주장에 관한 증거가 현출되지 않은 경우 법원의 조치와 증명책임 소재

"소장부본과 판결정본 등이 공시송달의 방법에 의하여 송달되었다면 특별한 사정이 없는 한 피고는 과실 없이 그 판결의 송달을 알지 못한 것이고, 이러한 경우 피고는 그 책임을 질 수 없는 사유로 인하여 불변기간을 준수할 수 없었던 때에 해당하여 그 사유가 없어진 후 2주일 내에 추후보완항소를 할 수 있다. 통상적으로 피고가 사건기록을 열람하거나 판결정본을 발급받은 때에는 판결이 공시송달의 방법으로 송달된 사실을 알게 되었다고 볼 수 있고, 다만 피고가 당해 판결이 있었던 사실을 알았고 사회통념상 그 경위에 대하여 당연히 알아볼 만한 특별한 사정이 있었다고 인정되는 경우에는 그 경위에 대하여 알아보는 데 통상 소요되는 시간이 경과한 때에 그 판결이 공시송달의 방법으로 송달된 사실을 알게 된 것으로 추인할 수 있다(대판 2021.3.25. 2020다46601 판결 등 참조).

그러나 이를 판단하기 위하여는 위 사정들이 주장되고 위 사정들에 관한 소송자료나 증거들이 현출되어 심리되어야 한다. 추후보완항소를 제기하는 당사자는 위 사정을 주장·증명하여야 하고, 이는 소송요건에 해당하므로 법원은 직권으로라도 심리하여야 한다. 당사자의 주장이 분명하지 아니한 경우 법원은 석명권을 행사하여 이를 명확히 하여야 할 것이다. 직권조사사항에 관하여도 그 사실의 존부가 불명한 경우에는 증명책임의 원칙이 적용되어야 할 것인바, 법원의 석명에도 불구하고 피고가 그 주장한 추후보완사유의 증명을 하지 않는다면 그 불이익은 피고에게 돌아간다"(대판 2022.10.14. 2022다247538). 정답 ○　　　　유제 정답 ○

**11** ★ 소장부본과 판결정본 등이 공시송달의 방법에 의하여 송달되었다면 특별한 사정이 없는 한 피고는 과실 없이 그 판결의 송달을 알지 못한 것이고, 이러한 경우 피고는 그 책임을 질 수 없는 사유로 인하여 불변기간을 준수할 수 없었던 때에 해당하여 그 사유가 없어진 후 2주 내에 추완항소를 할 수 있는데, 피고나 당해 사건에서의 소송대리인이 사건 기록을 열람하거나 또는 새로이 판결정본을 영수한 때에 비로소 그 판결이 공시송달의 방법으로 송달된 사실을 알게 되었다고 보아야 한다.　　　　( 　 )

**11-1** ★ 피고가 다른 사건의 소송절차에서 송달받은 준비서면 등에 당해 사건의 제1심 판결문과 확정증명원 등이 첨부된 경우에는 그 시점에 제1심판결의 존재 등을 알았다고 할 것이나, 다른 사건에서 선임된 피고의 소송대리인이 그 소송절차에서 위와 같은 준비서면 등을 송달받았다는 사정만으로 이를 피고가 직접 송달받은 경우와 동일하게 평가할 수 없다. 이는 소송행위의 추후보완과 관련하여 민사소송법 제173조 제1항이 정한 '당사자가 책임질 수 없는 사유로 불변기간을 지킬 수 없었던 경우'에서의 당사자에는 당사자 본인과 당해 사건의 소송대리인 내지 대리인의 보조인 등이 포함될 뿐, 다른 사건의 소송대리인까지 포함된다고 볼 수는 없기 때문이다　　　　( 　 )

판결요지

※ 제1심에서 피고에 대한 송달이 전부 공시송달의 방법으로 진행된 경우 피고가 제1심 판결의 송달 사실을 인식하게 된 시점 및 소송행위의 추후보완에 관하여 민사소송법 제173조 제1항이 정한 '당사자'에 당해 사건이 아닌 다른 사건의 소송대리인이 포함되는지 여부(소극)

"소장부본과 판결정본 등이 공시송달의 방법에 의하여 송달되었다면 특별한 사정이 없는 한 피고는 과실 없이 그 판결의 송달을 알지 못한 것이고, 이러한 경우 피고는 그 책임을 질 수 없는 사유로 인하여 불변기간을 준수할 수 없었던 때에 해당하여 그 사유가 없어진 후 2주 내에 추완항소를 할 수 있다. 통상의 경우 피고나 당해 사건에

서의 소송대리인이 사건 기록을 열람하거나 또는 새로이 판결정본을 영수한 때에 비로소 그 판결이 공시송달의 방법으로 송달된 사실을 알게 되었다고 보아야 한다(대판 2019.12.12. 2019다17836 판결, 대판 2021.3.25. 2020다46601 판결 등 참조).

한편 피고가 다른 사건의 소송절차에서 송달받은 준비서면 등에 당해 사건의 제1심 판결문과 확정증명원 등이 첨부된 경우에는 그 시점에 제1심판결의 존재 등을 알았다고 할 것이나, 다른 사건에서 선임된 피고의 소송대리인이 그 소송절차에서 위와 같은 준비서면 등을 송달받았다는 사정만으로 이를 피고가 직접 송달받은 경우와 동일하게 평가할 수 없다(대판 2022.4.14. 2021다305796 판결 참조). 이는 소송행위의 추후보완과 관련하여 민사소송법 제173조 제1항이 정한 '당사자가 책임질 수 없는 사유로 불변기간을 지킬 수 없었던 경우'에서의 당사자에는 당사자 본인과 당해 사건의 소송대리인 내지 대리인의 보조인 등이 포함될 뿐, 다른 사건의 소송대리인까지 포함된다고 볼 수는 없기 때문이다"(대판 2022.9.7. 2022다231038).   **정답** ○

**유제**   **정답** ○

**[사실관계]** 제1심에서 피고에 대한 소장 부본, 제1심 판결문 등이 전부 공시송달 방법으로 송달된 후 피고가 추후보완항소를 제기한 사건에서, 원고와 피고 사이의 다른 사건에서 피고가 선임한 소송대리인이 당해 사건의 제1심 판결문 등을 서증으로 송달받았거나 이를 출력하였다는 등의 사정만으로 그 무렵 피고가 이를 전달받았거나 인식하게 되었다고 단정할 수 없고 그와 같이 볼 만한 구체적인 정황도 찾기 어려우며 다른 사건의 소송대리인을 당해 사건의 당사자와 동일하게 평가할 수도 없다고 보아, 다른 사건의 피고 소송대리인이 당해 사건의 제1심 판결문을 송달받아 출력한 무렵 피고가 이를 인식하였을 것이라는 등 이유로 그로부터 2주가 경과한 피고의 추후보완항소가 부적법하다고 본 원심을 파기한 사례

**12** ★ 추완항소와 관련하여 당사자가 다른 소송의 재판절차에서 송달받은 준비서면 등에 당해 사건의 제1심 판결문과 확정증명원 등이 첨부된 경우에는 그 시점에 제1심 판결의 존재 및 공시송달의 방법으로 송달된 사실까지 알았다고 볼 것이지만 다른 소송에서 선임된 소송대리인이 그 재판절차에서 위와 같은 준비서면 등을 송달받았다는 사정만으로 이를 당사자가 직접 송달받은 경우와 동일하게 볼 수는 없다.   23년 3차모의 (   )

**판결요지**

[1] 법원이 당사자의 변론재개신청을 받아들여 변론을 재개할 의무가 있는 예외적인 경우 [2] 소장부본과 판결정본 등이 공시송달의 방법으로 송달되어 피고가 과실 없이 판결의 송달을 알지 못한 것으로 인정되는 경우, 추완항소가 허용되는지 여부(적극) 및 추완항소 제기기간의 기산점인 '사유가 없어진 후'의 의미 / 다른 소송에서 선임된 소송대리인이 그 재판절차에서 당해 사건의 제1심 판결문 등이 첨부된 준비서면 등을 송달받았다는 사정만으로 판결이 공시송달의 방법으로 송달된 사실을 당사자가 알게 되었다고 볼 수 있는지 여부(소극)

"당사자가 변론종결 후 주장·증명을 제출하기 위하여 변론재개신청을 한 경우, 이를 받아들일지 여부는 원칙적으로 법원의 재량에 속한다. 법원이 변론을 재개하고 심리를 속행할 의무가 있는 경우는, 변론재개신청을 한 당사자가 변론종결 전에 그에게 책임을 지우기 어려운 사정으로 주장·증명을 제출할 기회를 제대로 갖지 못하였고 주장·증명의 대상이 판결의 결과를 좌우할 만큼 주요한 요증사실에 해당하는 경우 등과 같이 당사자에게 변론을 재개하여 주장·증명을 제출할 기회를 주지 않은 채 패소판결을 하는 것이 민사소송법이 추구하는 절차적 정의에 반하는 경우로 한정된다.

당사자가 다른 소송의 재판절차에서 송달받은 준비서면 등에 당해 사건의 제1심 판결문과 확정증명원 등이 첨부된 경우에는 그 시점에 제 심 판결의 존재 및 공시송달의 방법으로 송달된 사실까지 알았다고 볼 것이지만 다른 소송에서 선임된 소송대리인이 그 재판절차에서 위와 같은 준비서면 등을 송달받았다는 사정만으로 이를 당사자가 직접 송달받은 경우와 동일하게 볼 수는 없다"(대판 2022.4.14. 2021다305796).  **정답** ○

[사실관계] 관련사건에서 선임된 피고 소송대리인이 공시송달로 진행된 이 사건 제1심 판결문을 송달받은 시점에 피고도 이 사건 제1심 판결의 존재와 공시송달로 진행된 사실을 알았다고 보아 그로부터 2주가 지나 제기된 추완항소를 부적법하다고 본 원심을 파기한 사례

**13** ★ 공유물분할청구소송은 분할을 청구하는 공유자가 원고가 되어 다른 공유자 전부를 공동피고로 삼아야 하는 고유필수적 공동소송이다. 따라서 소송계속 중 원심 변론종결일 전에 공유자의 지분이 이전된 경우에는 원심 변론종결 시까지 민사소송법 제81조에서 정한 승계참가나 민사소송법 제82조에서 정한 소송인수 등의 방식으로 그 일부 지분권을 이전받은 자가 소송당사자가 되어야 한다. 그렇지 못할 경우에는 소송 전부가 부적법하게 된다. ( )

**13-1** ★ 공시송달에 의하여 형식적으로 확정된 공유물분할판결에 대하여 적법한 추완항소가 제기된 경우, 공유물 분할소송의 당사자적격 판단시점은 항소심 변론종결일이다. ( )

**13-2** ★ X 부동산의 공유자인 A가 다른 공유자인 B를 상대로 공유물분할청구를 하였는데(본소), 제1심은 B에 대한 송달을 공시송달로 진행한 다음, 2018.10.17. A가 X 부동산을 단독으로 소유하되 B에게 가액배상금을 지급하는 내용의 공유물분할판결을 선고하였다. 이후 A는 X 부동산을 C에게 매도한 후 형식적으로 확정된 제1심 판결을 기초로 B에 대한 배상금을 공탁하고, B의 지분에 관하여 자신 앞으로 소유권이전등기를 마친 다음, 2019.1.29. X 부동산에 관하여 C명의로 소유권이전등기를 마쳐주었다. 이에 2019.2.22. B는 제1심 판결에 대하여 적법한 추완항소를 제기하고, 2019.8.26. A에 대하여 X 부동산의 매매대금 중 B의 지분에 상응하는 금액에서 A가 B를 위하여 공탁한 금액을 공제한 나머지 금액의 반환을 구하는 반소를 제기하였다. 그런데 이러한 반소제기는 A의 B 지분에 대한 처분행위가 유효함을 전제로 한 것이므로 A의 처분행위를 묵시적으로 추인한 것이라고 볼 수 있다. 그렇다면 항소심 변론종결시를 기준으로 A는 X 부동산의 공유지분권자가 아니어서 본소인 공유물분할청구소송은 당사자적격을 갖추지 못하였고, 반소 청구 중 A가 B에게 반환할 부당이득금은 매매대금 중 B의 지분에 해당하는 부분에 한정된다. ( )

판결요지

※ 1. 공시송달에 의하여 형식적으로 확정된 공유물분할판결에 대하여 적법한 추완항소가 제기된 경우, 공유물 분할소송의 당사자적격 판단시점(항소심 변론종결일), 2. 무권리자 처분행위 추인에 따른 부당이득반환의 범위(무권리자가 처분행위로 인하여 얻은 이득)

"공유물분할청구소송은 분할을 청구하는 공유자가 원고가 되어 다른 공유자 전부를 공동피고로 삼아야 하는 고유필수적 공동소송이다. 따라서 소송계속 중 원심 변론종결일 전에 공유자의 지분이 이전된 경우에는 원심 변론종결시까지 민사소송법 제81조에서 정한 승계참가나 민사소송법 제82조에서 정한 소송인수 등의 방식으로 그 일부 지분권을 이전받은 자가 소송당사자가 되어야 한다. 그렇지 못할 경우에는 소송 전부가 부적법하게 된다(대판 2014.1.29. 2013다78556 판결 참조).

무권리자에 의한 처분행위를 권리자가 추인한 경우에 권리자는 무권리자에 대하여 무권리자가 처분행위로 인하여 얻은 이득의 반환을 청구할 수 있다(대판 2001.11.9. 2001다44291 판결 참조)"(대판 2022.6.30. 2020다210686,210693).

정답 ○
정답 ○

유제 전부

**[사실관계]** 이 사건 부동산의 공유자인 원고가 다른 공유자인 피고들을 상대로 공유물분할청구를 하였는데(본소), 제1심은 피고들에 대한 송달을 공시송달로 진행한 다음, 원고가 이 사건 부동산을 단독으로 소유하되 피고들에게 가액배상금을 지급하는 내용의 공유물분할판결을 선고하였다. 원고는 이 사건 부동산을 매도한 후 형식적으로 확정된 제1심 판결을 기초로 피고들에 대한 배상금을 공탁하고, 피고들 지분에 관하여 자신 앞으로 소유권이전등기를 마친 다음, 이 사건 부동산의 매수인에게 소유권이전등기를 마쳐주었다.

이후 피고들이 제1심 판결에 대하여 적법한 추완항소를 제기하면서 현재 원고가 이 사건 부동산을 처분하였으므로, 본소인 공유물분할청구는 더 이상 유지될 수 없다고 다투었다. 그리고 그와 동시에 반소로써 원고가 매수인으로부터 받은 매매대금 중 피고들 지분 상당액에 관하여 부당이득반환청구를 하였다.

원심은 본소에 대하여는 제1심 판결이 피고들의 추완상소에 의하여 취소되고 등기청구가 기각되어 그 판결이 확정될 경우 위 판결에 따라서 이루어진 원고 명의의 소유권이전등기와 그에 기초한 매수인 명의의 소유권이전등기가 모두 등기원인 없이 이루어진 것이 된다는 이유로 피고들의 항소를 기각하고, 반소에 대하여는 원고가 피고들 앞으로 공탁한 가액배상액 이상의 돈을 피고들에게 귀속시킬 법적 근거가 없다는 이유로 청구를 기각하였다. 그러나 대법원은 본소에 대하여는 항소심 변론종결시를 기준으로 원고가 이 사건 부동산을 처분하였고, 피고들은 원고의 처분행위를 묵시적으로 추인한 것이므로 본소인 공유물분할청구소송은 당사자적격을 갖추지 못하였다고 판단하고, 반소에 대하여는 원고가 피고들에게 반환할 부당이득금은 매매대금 중 피고들 지분에 해당하는 부분이라고 판단하여, 원심을 파기환송하였다.

## | 참고판례 |

**※ 무권리자 처분행위에 대한 권리자 추인의 효력(소급효)**

"권리자가 무권리자의 처분을 추인하면 무권대리에 대해 본인이 추인을 한 경우와 당사자들 사이의 이익상황이 유사하므로, 무권대리의 추인에 관한 제130조, 제133조 등을 무권리자의 추인에 유추 적용할 수 있다. 따라서 무권리자의 처분이 계약으로 이루어진 경우에 권리자가 이를 추인하면 원칙적으로 그 계약의 효과가 계약을 체결했을 때에 '소급'하여 권리자에게 귀속된다고 보아야 한다"(대판 2017.6.8, 2017다3499 : 9회,10회 선택형)

## | 비교판례 |

**※ 무권리자의 처분행위에 기초해 등기부취득시효가 인정된 경우 무권리자의 부당이득반환의무(소극)**

"무권리자로부터 부동산을 매수한 제3자나 그 후행 등기 명의인이 과실 없이 점유를 개시한 후 소유권이전등기가 말소되지 않은 상태에서 소유의 의사로 평온, 공연하게 선의로 점유를 계속하여 10년이 경과한 때에는 민법 제245조 제2항에 따라 바로 그 부동산에 대한 소유권을 취득하고, 이때 원소유자는 소급하여 소유권을 상실함으로써 손해를 입게 된다. 그러나 이는 민법 제245조 제2항에 따른 물권변동의 효과일 뿐 무권리자와 제3자가 체결한 매매계약의 효력과는 직접 관계가 없으므로, 무권리자가 제3자와의 매매계약에 따라 대금을 받음으로써 이익을 얻었다고 하더라도 이로 인하여 원소유자에게 손해를 가한 것이라고 볼 수도 없다"(대판 2022.12.29, 2019다272275)

**14** 재판서류를 공시송달의 방법으로 송달하기 위해서는 당사자 주소 등 송달할 장소를 알 수 없는 경우이어야 하고, 법원이 송달장소는 알고 있으나 단순히 폐문부재로 송달되지 아니한 경우에는 공시송달을 할 수 없다. 그러나 송달받을 사람이 주소나 거소를 떠나 더 이상 송달장소로 인정하기 어렵게 되었다면 이러한 경우에도 송달할 장소를 알 수 없는 경우에 해당된다고 볼 수 있다.　　( 　 )

판결요지

대결 2024.5.9. 2024마5321　　　　　　　　　　　　　　　　　　　　　　　　　정답 ○

# 증명책임

**1** ★ 준소비대차계약의 채무자가 기존 채무의 부존재를 주장하는 이상 채권자로서는 기존 채무의 존재를 증명할 책임이 있다.　　　　　　　　　　　　　　　　　　　　　　　　　　( 　 )

판결요지

"준소비대차계약이 성립하려면 당사자 사이에 금전 기타의 대체물의 급부를 목적으로 하는 기존 채무가 존재하여야 하고, 기존 채무가 존재하지 않거나 또는 존재하고 있더라도 그것이 무효가 된 때에는 준소비대차계약은 효력이 없다. 준소비대차계약의 채무자가 기존 채무의 부존재를 주장하는 이상 채권자로서는 기존 채무의 존재를 증명할 책임이 있다"(대판 2024.4.25. 2022다254024).　　　　　　　　　　　　　　　　　정답 ○

# 증 거

**1** 민사소송법 제202조가 증거법칙으로 선언하고 있는 자유심증주의는 형식적, 법률적인 증거규칙으로부터의 해방을 뜻할 뿐 법관의 자의적 판단을 용인한다는 것이 아니므로, 적법한 증거조사절차를 거친 증거능력 있는 적법한 증거에 의하여 사회정의와 형평의 이념에 입각하여 논리와 경험의 법칙에 따라 사실 주장의 진실 여부를 판단하여야 할 것이며, 비록 사실의 인정이 사실심의 전권에 속한다고 하더라도 이와 같은 제약에서 벗어날 수 없다.　　　　　　　　　　　　　　　　　( 　 )

판결요지

※ **자유심증주의의 한계**
"[1] 구 임대주택법(2015. 8. 28. 법률 제13499호 민간임대주택에 관한 특별법으로 전부 개정되기 전의 것)은 임대주택의 건설을 촉진하고 국민의 주거생활을 안정시키는 것을 목적으로(제1조), 임대주택의 임차인의 자격·선정방법·임대보증금·임대료 등 임대 조건에 관한 기준을 정하는 한편(제20조 제1항), 특별한 경우를 제외하고는 임대주택의 임차인은 임차권을 다른 사람에게 양도하거나 임대주택을 다른 사람에게 전대할 수 없다고 규정하며(제19조), 거짓이나 그 밖의 부정한 방법으로 임대주택을 임대받은 자나 법에 위반하여 임대주택의 임차권을 양도하

거나 임대주택을 전대한 자를 형사처벌하도록 규정하고 있다(제41조 제4항 제1호, 제5호). 이와 같은 구 임대주택법의 입법 취지, 규정 내용과 형식 등에 비추어 볼 때, 구 임대주택법 제21조 제1항 제4호에 규정된 '분양전환 당시까지 거주한 무주택자인 임차인'이란 해당 임대주택을 유일하고도 단일한 거주지로 하여 임대차계약기간 개시일 무렵부터 분양전환 당시까지 임차인 본인이 직접 거주하거나 당초 임차인과 동거하던 세대 구성원 일부가 그 기간 동안 계속 거주하는 경우의 그 임차인을 의미한다.

[2] 민사소송법 제202조가 증거법칙으로 선언하고 있는 자유심증주의는 형식적, 법률적인 증거규칙으로부터의 해방을 뜻할 뿐 법관의 자의적 판단을 용인한다는 것이 아니므로, 적법한 증거조사절차를 거친 증거능력 있는 적법한 증거에 의하여 사회정의와 형평의 이념에 입각하여 논리와 경험의 법칙에 따라 사실 주장의 진실 여부를 판단하여야 할 것이며, 비록 사실의 인정이 사실심의 전권에 속한다고 하더라도 이와 같은 제약에서 벗어날 수 없다"(대판 2022.1.13. 2021다269562).    정답 ○

2    ★ 제3자가 전화통화 당사자 중 일방만의 동의를 받고 통화 내용을 녹음한 경우와 같이 불법감청에 의하여 녹음된 전화통화 내용은 증거능력이 없다.    (    )

판결요지

"통신비밀보호법 제3조 제1항은 누구든지 이 법과 형사소송법 또는 군사법원법의 규정에 의하지 아니하고는 전기통신의 감청 또는 공개되지 아니한 타인간의 대화를 녹음 또는 청취하지 못한다고 규정하고, 제4조는 제3조의 규정에 위반하여 불법감청에 의해 지득 또는 채록된 전기통신의 내용은 재판 또는 징계절차에서 증거로 사용할 수 없다고 규정하고 있다. 여기서 '전기통신'이라 함은 전화·전자우편·모사전송 등과 같이 유선·무선·광선 및 기타의 전자적 방식에 의하여 모든 종류의 음향·문언·부호 또는 영상을 송신하거나 수신하는 것을 말하고(제2조 제3호), '감청'이라 함은 전기통신에 대하여 당사자의 동의 없이 전자장치·기계장치 등을 사용하여 통신의 음향·문언·부호·영상을 청취·공독하여 그 내용을 지득 또는 채록하거나 전기통신의 송·수신을 방해하는 것을 말한다(제2조 제7호).

이에 따르면 전기통신의 감청은 제3자가 전기통신의 당사자인 송신인과 수신인의 동의를 받지 아니하고 전기통신 내용을 녹음하는 등의 행위를 하는 것만을 말한다고 해석함이 타당하므로, 전기통신에 해당하는 전화통화 당사자의 일방이 상대방 모르게 통화 내용을 녹음하는 것은 여기의 감청에 해당하지 않는다. 그러나 제3자의 경우는 설령 전화통화 당사자 일방의 동의를 받고 그 통화 내용을 녹음하였다 하더라도 그 상대방의 동의가 없었던 이상, 이는 여기의 감청에 해당하여 통신비밀보호법 제3조 제1항 위반이 되고, 이와 같이 제3조 제1항을 위반한 불법감청에 의하여 녹음된 전화통화의 내용은 제4조에 의하여 증거능력이 없다"(대판 2021.8.26. 2021다236999)    정답 ○

| 비교판례|

※ 2인간 대화 중에 그 중 1인이 상대방의 부지 중 비밀로 그 대화를 녹음한 경우

"자유심증주의를 채택하고 있는 우리 민사소송법하에서 상대방 부지 중 비밀리에 상대방과의 대화를 녹음하였다는 이유만으로 그 녹음테이프가 증거능력이 없다고 단정할 수 없고, 그 채증 여부는 사실심 법원의 재량에 속하는 것이며, 녹음테이프에 대한 증거조사는 검증의 방법에 의하여야 한다"(대판 1999.5.25. 99다1789 : 당해 판례는 '불법감청'이라는 표현이 없다)

**3** ★ 사본을 원본으로서 제출하는 경우에는 그 사본이 독립한 서증이 되는 것이나 그 대신 이로써 원본이 제출된 것으로 되는 아니하고, 이때에는 증거에 의하여 사본과 같은 원본이 존재하고 그 원본이 진정하게 성립하였음이 인정되지 않는 한 그와 같은 내용의 사본이 존재한다는 것 이상의 증거가치는 없다. ( )

**3-1** 감정인의 감정 결과는 그 감정방법 등이 경험칙에 반하거나 합리성이 없는 등의 현저한 잘못이 없는 한 이를 존중하여야 한다. ( )

> **판결요지**
>
> "[1] 문서의 제출은 원본으로 하여야 하는 것이고, 원본이 아니고 단순히 사본만으로 한 증거의 제출은 정확성의 보증이 없어 원칙적으로 부적법하므로, ① 원본의 존재 및 원본의 성립의 진정에 관하여 다툼이 있고 사본을 원본의 대용으로 하는 것에 대하여 상대방으로부터 이의가 있는 경우에는 사본으로써 원본을 대신할 수 없다. ② 반면에 사본을 원본으로서 제출하는 경우에는 그 사본이 독립한 서증이 되는 것이나 그 대신 이로써 원본이 제출된 것으로 되는 아니하고, 이때에는 증거에 의하여 사본과 같은 원본이 존재하고 그 원본이 진정하게 성립하였음이 인정되지 않는 한 그와 같은 내용의 사본이 존재한다는 것 이상의 증거가치는 없다. 다만 서증사본의 신청 당사자가 문서 원본을 분실하였다든가, 선의로 이를 훼손한 경우, 문서제출명령에 응할 의무가 없는 제3자가 해당 문서의 원본을 소지하고 있는 경우, 원본이 방대한 양의 문서인 경우 등 원본 문서의 제출이 불가능하거나 곤란한 상황에서는 원본을 제출할 필요가 없지만, 그러한 경우라면 해당 서증의 신청당사자가 원본을 제출하지 못하는 것을 정당화할 수 있는 구체적 사유를 주장·증명하여야 한다.
> [2] 감정인의 감정 결과는 그 감정방법 등이 경험칙에 반하거나 합리성이 없는 등의 현저한 잘못이 없는 한 이를 존중하여야 한다"(대판 2023.6.1. 2023다217534)
>
> **정답** ○
>
> **정답** ○
>
> **유 제**

**4** 재판상 자백은 변론기일 또는 변론준비기일에서 상대방의 주장과 일치하면서 자신에게는 불리한 사실을 진술하는 것을 말하며 상대방의 주장에 단순히 침묵하거나 불분명한 진술을 하는 것만으로는 자백이 있다고 인정하기에 충분하지 않다. ( )

**4-1** 자백간주 역시 재판상 자백의 경우와 마찬가지로 상대방의 사실에 관한 주장에 대해서만 적용되고 법률상의 주장에 대해서는 적용되지 않는다. 당사자가 변론에서 상대방이 주장하는 사실을 명백히 다투지 않았더라도 변론 전체의 취지로 보아 다툰 것으로 인정되는 때에는 자백간주가 성립하지 않는다. ( )

> **판결요지**
>
> **※ 재판상 자백과 자백간주의 의미 및 그 성립 여부에 대한 판단 기준**
> "재판상 자백은 변론기일 또는 변론준비기일에서 상대방의 주장과 일치하면서 자신에게는 불리한 사실을 진술하는 것을 말하며 상대방의 주장에 단순히 침묵하거나 불분명한 진술을 하는 것만으로는 자백이 있다고 인정하기에 충분하지 않다(대판 2021.7.29. 2018다267900 참조). 당사자가 변론에서 상대방이 주장하는 사실을 명백히 다투지 않았더라도 변론 전체의 취지로 보아 다툰 것으로 인정되는 때에는 자백간주가 성립하지 않는다(민사소송법 제150조 제1항 참조). 여기서 변론 전체의 취지로 보아 다투었다고 볼 것인지는 변론종결 당시까지 당사자가 한 주장 취지와 소송의 경과를 전체적으로 종합해서 판단해야 한다. 자백간주 역시 재판상 자백의 경우와 마찬가지로 상대방의

사실에 관한 주장에 대해서만 적용되고 법률상의 주장에 대해서는 적용되지 않는다(대판 2013.3.28. 2011다62274참조)"
(대판 2022.4.14. 2021다280781).　정답 ○　　　　　　　　　　　　　　　유 제　　정답 ○
[사실관계] 피고가 사해행위 당시 근저당권의 피담보채권액에 관해서는 불분명하게 진술하였을 뿐임에도 이를 당사자 사이에 다툼 없는 사실로 정리하고 그 전제로 판단한 원심에 오류가 있었다고 지적한 사례

**4-2** ★ 법원에 제출되어 상대방에게 송달된 준비서면 등에 자백에 해당하는 내용이 기재되어 있는 경우라도 그것이 변론기일이나 변론준비기일에서 진술 또는 진술간주 되면 재판상 자백이 성립한다.

17년 변호 (　　)

판결요지

※ 재판상 자백과 자백간주의 의미 및 그 성립 여부에 대한 판단 기준

"재판상의 자백은 변론기일 또는 변론준비기일에서 상대방의 주장과 일치하면서 자기에게는 불리한 사실을 진술하는 것을 말한다. 법원에 제출되어 상대방에게 송달된 준비서면 등에 자백에 해당하는 내용이 기재되어 있는 경우라도 그것이 변론기일이나 변론준비기일에서 진술 또는 진술간주 되면 재판상 자백이 성립한다(대판 2015.2.12. 2014다229870 판결 참조). 재판상의 자백이 있으면 그것이 적법하게 취소되지 않는 한 법원도 이에 구속되므로, 법원이 자백 사실과 다른 판단을 할 수 없다(대판 1988.10.24. 87다카804 판결, 대판 2018.10.4. 2016다41869 판결 참조)"(대판 2021.7.29. 2018다276027).　유 제　　　　　　　　　　　　　　　정답 ○

**5** ★ 상대방의 주장에 단순히 침묵하거나 불분명한 진술을 하는 것으로는 재판상의 자백이 있었다고 볼 수 없다.　(　　)

판결요지

※ 상대방의 주장에 단순히 침묵하거나 불분명한 진술을 하는 것으로 재판상의 자백이 있었다고 볼 수 있는지(소극)

"재판상의 자백은 변론기일 또는 변론준비기일에서 상대방의 주장과 일치하면서 자신에게는 불리한 사실을 진술하는 것을 말한다. 자백은 명시적인 진술이 있는 경우에 인정되는 것이 보통이지만, 자백의 의사를 추론할 수 있는 행위가 있으면 묵시적으로 자백을 한 것으로 볼 수도 있다. 다만 상대방의 주장에 단순히 침묵하거나 불분명한 진술을 하는 것만으로는 자백이 있다고 인정하기에 충분하지 않다"(대판 2021.7.29. 2018다267900).　정답 ○
[사실관계] 피고가 사해행위 당시 근저당권의 피담보채권액에 관해서는 불분명하게 진술하였을 뿐임에도 이를 당사자 사이에 다툼 없는 사실로 정리하고 그 전제로 판단한 원심에 오류가 있었다고 지적한 사례

**6** ★ 법원은 민사소송법 제344조 이하의 규정을 근거로 통신사실확인자료에 대한 문서제출명령을 할 수 있고 전기통신사업자는 특별한 사정이 없는 한 이에 응할 의무가 있으며, 전기통신사업자가 통신비밀보호법 제3조 제1항 본문을 들어 문서제출명령의 대상이 된 통신사실확인자료의 제출을 거부하는 것에는 정당한 사유가 있다고 볼 수 없다.　(　　)

**6-1** 법원은 민사소송법상 문서제출명령 규정을 근거로 통신사실확인자료에 대하여 문서제출명령을 할 수 없다. 설령 법원이 위 명령을 하더라도 전기통신사업자는 통신비밀보호법을 들어 문서제출명령의 대상이 된 통신사실확인자료의 제출을 거부할 수 있고, 법원은 그 부제출을 이유로 전기통신사업자에게 과태료를 부과할 수 없다. ( )

[판결요지]

※ 법원의 통신사실확인자료에 대한 문서제출명령에 대하여 전기통신사업자가 통신비밀보호법 제3조 제1항 본문을 이유로 그 자료의 제출을 거부할 수 있는지 여부(소극) 〈통신비밀보호법에서 정한 통신사실확인자료의 제출을 명하는 법원의 문서제출명령에 대하여 전기통신사업자가 통신비밀보호법의 규정을 근거로 자료의 제출을 거부하자 그에 대한 제재로서 과태료를 부과한 사건〉

"[다수의견] 법원은 민사소송법 제344조 이하의 규정을 근거로 통신사실확인자료에 대한 문서제출명령을 할 수 있고 전기통신사업자는 특별한 사정이 없는 한 이에 응할 의무가 있으며, 전기통신사업자가 통신비밀보호법 제3조 제1항 본문을 들어 문서제출명령의 대상이 된 통신사실확인자료의 제출을 거부하는 것에는 정당한 사유가 있다고 볼 수 없다. 그 이유는 다음과 같다.

① 통신비밀보호법과 민사소송법은 그 입법 목적, 규정사항 및 적용 범위 등을 고려할 때 각각의 영역에서 독자적인 입법 취지를 가지는 법률이므로 각 규정의 취지에 비추어 그 적용 범위를 정할 수 있고, 통신비밀보호법에서 민사소송법이 정한 문서제출명령에 의하여 통신사실확인자료를 제공할 수 있는지에 관한 명시적인 규정을 두고 있지 않더라도 민사소송법상 증거에 관한 규정이 원천적으로 적용되지 않는다고 볼 수 없다.

② 통신비밀보호법은 이미 민사소송법 제294조에서 정한 조사의 촉탁의 방법에 따른 통신사실확인자료 제공을 허용하고 있으므로, 통신사실확인자료가 문서제출명령의 대상이 된다고 해석하는 것이 통신비밀보호법의 입법 목적에 반한다거나 법 문언의 가능한 범위를 넘는 확장해석이라고 볼 수 없다.

③ 통신비밀보호법의 입법 취지는 법원이 신중하고 엄격한 심리를 거쳐 문서제출명령 제도를 운용함으로써 충분히 구현될 수 있다.

통신비밀보호법은 개인의 사생활 및 대화의 비밀과 자유를 보호하기 위해 통신사실확인자료에 대한 제공을 원칙적으로 금지하고 있으므로, 법원은 통신사실확인자료에 대하여 문서제출명령을 심리·발령할 때에는 이러한 통신비밀보호법의 입법 취지를 고려하여 통신과 대화의 비밀 및 자유와 적정하고 신속한 재판의 필요성에 관하여 엄격한 비교형량을 거쳐 그 필요성과 관련성을 판단하여야 한다.

그러므로 법원은 문서제출명령 신청의 대상이 된 통신사실확인자료의 내용 및 기간이 신청인이 제시한 증명사항과 밀접한 관련성이 있는지, 나아가 그 문서에 대한 서증조사를 통하여 증명사항이 사실로 인정되면 그러한 사실에 기초하여 신청인이 구체적으로 특정한 주장사실을 추단할 수 있는지를 심리함으로써 문서제출명령 신청의 채택 여부 및 범위를 신중히 결정하여야 한다.

[대법관 김선수의 별개의견] ① 문서제출명령 불응에 대한 과태료 재판은 이미 발령된 문서제출명령의 이행을 강제하기 위한 절차이지 문서제출명령 자체의 적법성이나 적정성을 다투기 위한 절차가 아니다. 그렇기 때문에 문서제출명령에 대한 과태료 재판에서 다툴 수 있는 사항은 문서제출명령 불이행에 정당한 사유가 있는지 등이고, 문서제출명령 자체의 적법성 여부는 포함되지 않는다. 따라서 확정된 문서제출명령의 집행을 확보하기 위한 후행 절차인 과태료 재판에서, 선행 절차에서 주장할 수 있었던 사정을 이유로 확정된 문서제출명령의 적법성을 다투는 것은 허용되지 않는다. ② 통신사실확인자료에 대하여 문서제출명령을 발령할 수 있는지는 문서제출명령 사건에서 본격적으로 판단되어야 한다. 문서제출명령 자체의 적법성을 정면으로 다툴 수 없는 과태료 재판인 이 사건에서 위 쟁점에 대하여 판단을 하는 것은 민사소송법 규정 및 기존의 법리에 부합하지 않으므로, 위 쟁점은 추후 다른 문서제출명령 사건에서 문제될 경우 판단하는 것이 적절하다.

[대법관 안철상, 대법관 민유숙, 대법관 노정희, 대법관 오석준의 반대의견] 법원은 민사소송법상 문서제출명령 규정을 근거로 통신사실확인자료에 대하여 문서제출명령을 할 수 없다. 설령 법원이 위 명령을 하더라도 전기통신사업자는 통신비밀보호법을 들어 문서제출명령의 대상이 된 통신사실확인자료의 제출을 거부할 수 있고, 법원은 그 부제출을 이유로 전기통신사업자에게 과태료를 부과할 수 없다. ① 통신비밀보호법은 전기통신설비를 이용하여 타인의 통신을 매개하거나 전기통신설비를 타인의 통신용으로 제공하는 역무를 제공하는 전기통신사업자에게 통신비밀보호법에서 정한 예외에 해당하지 않으면 누구에게도 통신사실확인자료를 제공할 수 없도록 하는 강한 일반적 금지의무를 부과하고, 예외적으로 법원에 통신사실확인자료를 제공할 수 있는 방법으로 조사·송부의 촉탁에 관한 민사소송법 제294조를 특정하고 있을 뿐이며, 이에 관한 전기통신사업자의 협조의무를 정하고 있지도 않다. ② 전기통신사업자가 법원에 통신사실확인자료를 제출할 의무를 부담하는지에 관하여는 규범의 충돌이 존재한다.문서제출명령은 그 명령을 받은 제3자에게 문서제출의무를 부담시키고 위반에 대해 질서벌의 제재를 부과한다. 반면 통신비밀보호법은 법률에서 정한 예외에 해당하지 않으면 누구에게도 통신사실확인자료를 제공할 수 없도록 하는 금지의무를 부과한다. 전기통신사업자가 통신비밀보호법에 따라 통신사실확인자료를 제출하지 않아야 한다고 판단하여 그 제출을 거부하면 민사소송법에서 정한 문서제출명령에 따른 제출의무를 위반하게 되는 결과가 되므로 양 규범은 양립할 수 없고 그 사이에 충돌이 존재하는 것이다. ③ 전기통신사업자가 통신사실확인자료를 제출할 의무를 부담하는지에 관하여 규범의 충돌이 존재하는 이상 이러한 상황은 특별법인 통신비밀보호법을 우선함으로써 해소되어야 한다"(대결 2023.7.17. 전합2018스34)

**정답** ○                                                    **유제** **정답** ✕

---

7    ★ 금융감독원 직원이 직무상 작성하여 관리하고 있는 문서는 민사소송법 제344조 제2항이 적용되는 문서 중 예외적으로 제출을 거부할 수 있는 '공무원 또는 공무원이었던 사람이 그 직무와 관련하여 보관하거나 가지고 있는 문서'에 준하여 정보공개법에서 정한 절차와 방법에 의하여 공개 여부가 결정될 필요가 있고, 문서의 소지자는 그 제출을 거부할 수 있다고 할 것이다.                              (   )

**판결요지**

"민사소송법 제344조 제2항은 같은 조 제1항에서 정한 문서에 해당하지 아니한 문서라도 문서의 소지자는 원칙적으로 그 제출을 거부하지 못하나, 다만 '공무원 또는 공무원이었던 사람이 그 직무와 관련하여 보관하거나 가지고 있는 문서'는 예외적으로 제출을 거부할 수 있다고 규정하고 있다. 여기서 말하는 '공무원 또는 공무원이었던 사람이 그 직무와 관련하여 보관하거나 가지고 있는 문서'란 국가기관이 보유·관리하는 공문서를 의미하고, 이러한 공문서의 공개는 공공기관의 정보공개에 관한 법률(이하 '정보공개법'이라고 한다)에서 정한 절차와 방법으로 하여야 할 것이다. 한편 금융감독원은 금융위원회나 증권선물위원회의 지도·감독을 받아 금융기관에 대한 검사·감독 업무 등을 수행하기 위하여 금융위원회의 설치 등에 관한 법률에 의하여 설립된 무자본 특수법인으로 중앙행정기관인 금융위원회 등의 권한을 위탁받아 자본시장의 관리·감독 및 감시 등에 관한 사항에 대한 업무를 처리할 수 있다. 또한 정보공개법 제2조 제3호 (마)목, 공공기관의 정보공개에 관한 법률 시행령 제2조 제4호에 의하면, 금융감독원은 특별법에 따라 설립된 특수법인으로서 정보공개법에서 정한 공공기관에 해당하고, 금융감독원이 직무상 작성 또는 취득하여 관리하고 있는 문서에 대하여는 정보공개법이 적용된다.

따라서 금융감독원 직원이 직무상 작성하여 관리하고 있는 문서는 민사소송법 제344조 제2항이 적용되는 문서 중 예외적으로 제출을 거부할 수 있는 '공무원 또는 공무원이었던 사람이 그 직무와 관련하여 보관하거나 가지고 있는 문서'에 준하여 정보공개법에서 정한 절차와 방법에 의하여 공개 여부가 결정될 필요가 있고, 문서의 소지자는 그 제출을 거부할 수 있다고 할 것이다"(대결 2024.4.25. 2023마8009).

**정답** ○

# 제4편     소송의 종료

## 당사자의 행위에 의한 종료

**1**   ★ 민사소송에서 중복제소금지는 소송요건에 관한 것으로서 사실심의 변론종결 시를 기준으로 판단하여야 하므로, 전소가 후소의 변론종결 시까지 취하·각하 등에 의하여 소송계속이 소멸되면 후소는 중복제소금지에 위반되지 않는다.    (   )

**1-1**   ★★ 소의 취하는 소제기 후 종국판결의 '확정' 전까지 할 수 있으므로(제266조 1항), 항소심·상고심에서도 할 수 있으나 '본안에 대한 종국판결'이 있은 뒤에 소를 취하하면 재소금지의 제재가 따른다(제267조 2항). 그러나 선행 추심소송이 항소심에서 취하된 경우라면 <u>다른 채권자</u>가 제기한 추심금 청구의 소는 재소금지 원칙에 반하지 않는다.    (   )

**1-2**   ★ 민사소송법 제267조 제2항은 "본안에 대한 종국판결이 있은 뒤에 소를 취하한 사람은 같은 소를 제기하지 못한다."라고 정하고 있는데, 여기에서 '같은 소'는 반드시 기판력의 범위나 중복제소금지에서 말하는 것과 같은 것은 아니므로, <u>당사자와 소송물이 같더라도</u> 이러한 규정의 취지에 반하지 않고 소제기를 필요로 하는 정당한 사정이 있다면 다시 소를 제기할 수 있다.    (   )

**1-3**   ★ 甲 주식회사가 乙 등에 대하여 가지는 정산금 채권에 대하여 甲 회사의 채권자 丙이 채권압류 및 추심명령을 받아 乙 등을 상대로 추심금 청구의 소를 제기하였다가 항소심에서 소를 취하하였는데, 그 후 甲 회사의 다른 채권자 丁 등이 위 정산금 채권에 대하여 다시 채권압류 및 추심명령을 받아 乙 등을 상대로 추심금 청구의 소를 제기하였다면, 丁 등은 선행 추심소송과 별도로 자신의 채권집행을 위하여 위 소를 제기한 것이므로 재소금지 규정에 반하지 않는다. 22년 2차모의 (   )

**1-4**   ★ 압류채권에 포함된 지연손해금은 확정된 지연손해금채무로서 추심금에 대한 이행청구를 받은 때부터 다시 지체책임을 부담한다.    (   )

---

[ 판결요지 ]

※ **[1] 전소가 후소의 변론종결 시까지 취하·각하 등에 의하여 소송계속이 소멸되는 경우, 후소가 중복제소금지에 위반되는지 여부(소극).**

"[1] 민사소송법 제259조는 "법원에 계속되어 있는 사건에 대하여 당사자는 다시 소를 제기하지 못한다."라고 정하고 있다. 민사소송에서 중복제소금지는 소송요건에 관한 것으로서 사실심의 변론종결 시를 기준으로 판단하여야 <u>하므로, 전소가 후소의 변론종결 시까지 취하·각하 등에 의하여 소송계속이 소멸되면 후소는 중복제소금지에 위반되지 않는다.</u>

**[2] 선행 추심소송이 항소심에서 취하된 경우에 다른 채권자가 제기한 추심금 청구의 소가 재소금지 원칙에 반하는지 여부(소극)**

[2] <u>민사소송법 제267조 제2항은 "본안에 대한 종국판결이 있은 뒤에 소를 취하한 사람은 같은 소를 제기하지 못한다."라고 정하고 있다.</u> 이는 소취하로 그동안 판결에 들인 법원의 노력이 무용화되고 다시 동일한 분쟁을 문제 삼아 소송제도를 남용하는 부당한 사태를 방지할 목적에서 나온 제재적 취지의 규정이다. <u>여기에서 '같은 소'는 반드시 기판력의 범위나 중복제소금지에서 말하는 것과 같은 것은 아니고, 당사자와 소송물이 같더라도 이러한 규정의 취지에 반하지 않고 소제기를 필요로 하는 정당한 사정이 있다면 다시 소를 제기할 수 있다.</u>

[3] 원금뿐만 아니라 지연손해금에 대해서도 압류·추심명령이 내려진 경우 추심금 소송에서 위 압류된 지연손해금에 대해서도 다시 지연손해금을 부담하는지 여부(적극), 이 경우 채무자가 금전채무의 확정된 지연손해금채무에 대하여 지체책임을 부담하는 시기(=이행청구를 받은 때부터)

[3] 금전채무의 지연손해금채무는 금전채무의 이행지체로 인한 손해배상채무로서 이행기의 정함이 없는 채무에 해당하므로, 채무자는 확정된 지연손해금채무에 대하여 채권자로부터 이행청구를 받은 때부터 지체책임을 부담하게 된다"(대판 2021.5.7. 2018다259213).    정답 ○

유제 전부    정답 ○

[사실관계] 추심채권자가 제3채무자인 피고들을 상대로 추심금 소송을 제기하였다가 항소심에서 소취하를 하였는데, 그 후 압류·추심명령을 받은 또 다른 추심채권자인 원고들이 다시 피고들을 상대로 추심금 청구를 한 사건에서, 후소는 권리보호이익을 달리 하여 재소금지 원칙에 위반되지 않고, 또한 압류채권에 포함된 지연손해금은 확정된 지연손해금채무로서 추심금에 대한 이행청구를 받은 때부터 다시 지체책임을 부담한다고 본 사례

## |관련쟁점|

재소가 금지되기 위해서는 i) 당사자가 동일해야 하고, ii) 소송물이 동일해야 하며, iii) 권리보호이익도 동일해야 하고, iv) 본안에 관한 종국판결 이후에 소를 취하한 경우이어야 한다(제267조 2항).

## |비교판례|

※ 채권자가 대위소송에서 소를 취하한 경우 채무자의 재소가 금지되는지 여부(적극) : 병행형

"대위소송이 제기된 사실을 채무자가 알았을 때에는 그 판결의 효력은 채무자에게 미치므로, 채권자대위소송이 제기된 사실을 피대위자가 알게 된 이상, 대위소송에 관한 종국판결 후 그 소가 취하된 때에는 피대위자도 재소금지규정의 적용을 받아 동일한 소를 제기하지 못한다"(대판 1996.9.20. 93다20177,20814)

2   정당한 권원 없는 사람이 집합건물의 공용부분이나 대지를 점유·사용하는 경우, 구분소유자뿐만 아니라 관리단도 위 사람을 상대로 부당이득반환을 구하는 소를 제기할 수 있다.    (   )

2-1   집합건물의 공용부분의 무단 점유사용자에 대해서 구분소유자가 부당이득반환청구 소송을 제기한 다음 관리단이 다시 제기한 경우 기판력은 적용되지만, 재소금지의 원칙은 적용되지 않는다.    (   )

2-2   ★ 구분소유자가 부당이득반환청구의 소를 제기하였다가 본안에 대한 종국판결이 있은 뒤에 소를 취하한 경우, 관리단이 부당이득반환청구의 소를 제기한 것은 민사소송법 제267조 제2항의 재소금지 규정에 반하지 않는다.    (   )

판결요지

※ 정당한 권원 없는 사람이 집합건물의 공용부분이나 대지를 점유·사용하는 경우, 구분소유자뿐만 아니라 관리단도 위 사람을 상대로 부당이득반환을 구하는 소를 제기할 수 있는지 여부(적극) / 구분소유자가 부당이득반환 소송을 제기하여 판결이 확정된 경우, 그 부분에 관한 효력이 관리단에 미치는지 여부(원칙적 적극) / 구분소유자가 부당이득반환청구의 소를 제기하였다가 본안에 대한 종국판결이 있은 뒤에 소를 취하한 경우, 관리단이 부당이득반환청구의 소를 제기한 것이 민사소송법 제267조 제2항의 재소금지 규

정에 반하는지 여부(원칙적 소극)

"정당한 권원 없는 사람이 집합건물의 공용부분이나 대지를 점유·사용함으로써 이익을 얻고, 구분소유자들이 해당 부분을 사용할 수 없게 됨에 따라 부당이득의 반환을 구하는 법률관계는 구분소유자의 공유지분권에 기초한 것이어서 그에 대한 소송은 1차적으로 구분소유자가 각각 또는 전원의 이름으로 할 수 있다. 한편 관리단은 집합건물에 대하여 구분소유 관계가 성립되면 건물과 그 대지 및 부속시설의 관리에 관한 사업의 시행을 목적으로 당연히 설립된다. 관리단은 건물의 관리 및 사용에 관한 공동이익을 위하여 필요한 구분소유자의 권리와 의무를 선량한 관리자의 주의의무로 행사하거나 이행하여야 하고, 관리인을 대표자로 하여 관리단집회의 결의 또는 규약에서 정하는 바에 따라 공용부분의 관리에 관한 사항에 관련된 재판상 또는 재판 외의 행위를 할 수 있다(집합건물의 소유 및 관리에 관한 법률 제16조, 제23조, 제23조의2, 제25조 참조). 따라서 관리단은 관리단집회의 결의나 규약에서 정한 바에 따라 집합건물의 공용부분이나 대지를 정당한 권원 없이 점유하는 사람에 대하여 부당이득의 반환에 관한 소송을 할 수 있다.

관리단이 집합건물의 공용부분이나 대지를 정당한 권원 없이 점유·사용하는 사람에 대하여 부당이득반환청구 소송을 하는 것은 구분소유자의 공유지분권을 구분소유자 공동이익을 위하여 행사하는 것으로 구분소유자가 각각 부당이득반환청구 소송을 하는 것과 다른 내용의 소송이라 할 수 없다. 관리단이 부당이득반환 소송을 제기하여 판결이 확정되었다면 그 효력은 구분소유자에게도 미치고(민사소송법 제218조 제3항), 특별한 사정이 없는 한 구분소유자가 부당이득반환 소송을 제기하여 판결이 확정되었다면 그 부분에 관한 효력도 관리단에게 미친다고 보아야 한다. 다만 관리단의 이러한 소송은 구분소유자 공동이익을 위한 것으로 구분소유자가 자신의 공유지분권에 관한 사용수익 실현을 목적으로 하는 소송과 목적이 다르다. 구분소유자가 부당이득반환청구 소송을 제기하였다가 본안에 대한 종국판결이 있은 뒤에 소를 취하하였더라도 관리단이 부당이득반환청구의 소를 제기한 것은 특별한 사정이 없는 한 새로운 권리보호이익이 발생한 것으로 민사소송법 제267조 제2항의 재소금지 규정에 반하지 않는다고 볼 수 있다"(대판 2022.6.30. 2021다239301).    정답 ○

유제 전부    정답 ○

**3** 甲이 乙 앞으로 마쳐준 부동산 소유권이전등기가 명의신탁에 의한 것으로 무효라고 주장하면서 乙을 상대로 소유권이전등기말소청구의 소를 제기하여 제1심과 항소심 모두 승소하였으나 상고심 계속 중 소를 취하하였는데, 그 후 재차 乙을 상대로 소유권이전등기의 말소를 구하는 소를 제기하였다가 부동산 가액 상당 손해배상을 구하는 것으로 청구를 변경한 경우, 乙이 원인무효인 소유권이전등기의 말소를 거부하고 있을 뿐인데도 甲의 소유권이 침해되어 부동산 가액 상당 손해가 발생했다고 볼 수는 없다.    ( )

**3-1** 위의 경우 명의신탁 약정과 그에 터 잡은 등기가 무효이므로, 甲이 부동산 소유권을 여전히 보유하고 있는 이상 乙 앞으로 마친 소유권이전등기로 인하여 어떠한 '손해'를 입게 되는 것은 아니다.    ( )

**3-2** ★★ 재소금지의 효과는 동일한 당사자 사이에 같은 소송물에 관하여 다시 소를 제기하지 못하게 하는 것일 뿐 실체상의 권리는 소멸하지 않는다. 따라서 위의 경우 甲은 종전 소송을 취하함으로써 원인무효인 乙 명의 소유권이전등기의 말소를 소송을 통해 강제할 수 없을 뿐이고, 이 사건 부동산 소유권은 계속 甲에게 남아 있다. 乙이 부동산을 제3자에게 처분할 경우에 비로소 甲은 소유권을 상실하게 된다.    ( )

**판결요지**

3. 그러나 원고가 이 사건 부동산 가액 상당 손해를 입었다는 원심의 판단은 수긍하기 어렵다.

가. 불법행위로 인한 재산상 손해는 위법한 가해행위로 생긴 재산상 불이익, 즉 그 위법행위가 없었더라면 존재하였을 재산상태와 그 위법행위가 가해진 현재의 재산상태의 차이를 말한다. 이 사건 부동산 교환가치 전액이 원고의 손해가 되려면, 피고의 행위 때문에 이 사건 부동산이 멸실되거나 원고가 소유권을 잃는 등의 결과가 사회통념상 현실적으로 발생해야 한다.

나. 양자 간 등기명의신탁의 경우 「부동산 실권리자명의 등기에 관한 법률」(이하 '부동산실명법'이라고 한다)에 따라 명의신탁 약정과 그에 터 잡은 등기가 무효이므로, 원고가 이 사건 부동산 소유권을 여전히 보유하고 있는 이상 피고 앞으로 마친 소유권이전등기로 인하여 어떠한 '손해'를 입게 되는 것은 아니다.

다. 재소금지의 효과는 동일한 당사자 사이에 같은 소송물에 관하여 다시 소를 제기하지 못하게 하는 것일 뿐 실체상의 권리는 소멸하지 않는다. 원고가 종전 소송을 취하함에 따라 원인무효인 피고 명의 소유권이전등기의 말소를 소송을 통해 강제할 수 없을 뿐이고, 이 사건 부동산 소유권은 계속 원고에게 남아 있다. 피고가 이 사건 부동산을 제3자에게 처분할 경우에 비로소 원고가 소유권을 상실하게 된다(부동산실명법 제4조 제3항).

4. 이처럼 피고가 원인무효인 소유권이전등기의 말소를 거부하고 있을 뿐인데도 원심은 원고의 소유권이 침해되어 이 사건 부동산 가액 상당 손해가 발생했다고 보아 그 금액의 배상을 명하였다. 이러한 원심의 판단에는 소유권 침해로 인한 손해배상에 관한 법리를 오해한 잘못이 있다. 이 점을 지적하는 상고이유 주장은 이유 있다.

5. 그러므로 원심판결 중 피고 패소 부분을 파기하고 이 부분 사건을 다시 심리·판단하게 하기 위하여 원심법원에 환송하기로 하여, 관여 대법관의 일치된 의견으로 주문과 같이 판결한다"(대판 2023.1.12. 2022다266874).

**정답** ○

**유제 전부**

**정답** ○

**[사실관계]** 甲이 乙 앞으로 마쳐준 부동산 소유권이전등기가 명의신탁에 의한 것으로 무효라고 주장하면서 乙을 상대로 소유권이전등기말소청구의 소를 제기하여 제1심과 항소심 모두 승소하였으나 상고심 계속 중 소를 취하하였는데, 그 후 재차 乙을 상대로 소유권이전등기의 말소를 구하는 소를 제기하였다가 부동산 가액 상당 손해배상을 구하는 것으로 청구를 변경한 사안에서, 불법행위로 인한 재산상 손해는 위법한 가해행위로 생긴 재산상 불이익, 즉 위법행위가 없었더라면 존재하였을 재산상태와 위법행위가 가해진 현재의 재산상태의 차이를 말하므로, 부동산 교환가치 전액이 甲의 손해가 되려면 乙의 행위 때문에 부동산이 멸실되거나 甲이 소유권을 잃는 등의 결과가 사회통념상 현실적으로 발생해야 하는데, 양자 간 등기명의신탁의 경우 부동산 실권리자명의 등기에 관한 법률에 따라 명의신탁 약정과 그에 터 잡은 등기가 무효이므로, 甲이 부동산 소유권을 여전히 보유하고 있는 이상 乙 앞으로 마친 소유권이전등기로 인하여 어떠한 손해를 입게 되는 것은 아니며, 재소금지의 효과는 동일한 당사자 사이에 같은 소송물에 관하여 다시 소를 제기하지 못하게 하는 것일 뿐 실체상의 권리는 소멸하지 않으므로, 甲이 종전 소송을 취하함에 따라 원인무효인 乙 명의 소유권이전등기의 말소를 소송을 통해 강제할 수 없을 뿐 부동산 소유권은 계속 甲에게 남아 있고, 乙이 부동산을 제3자에게 처분할 경우에 비로소 甲이 소유권을 상실하게 되는데도, 이와 달리 乙이 원인무효인 소유권이전등기의 말소를 거부하고 있을 뿐인데도 甲의 소유권이 침해되어 부동산 가액 상당 손해가 발생했다고 보아 그 금액의 배상을 명한 원심판단에 법리오해의 잘못이 있다고 한 사례

**4** ★★ 본안에 대한 종국판결이 있은 뒤에 '원고는 소를 취하하고, 피고는 이에 동의한다'는 내용의 화해권고결정이 확정되어 소송이 종결된 경우 소취하한 경우와 마찬가지로 재소금지의 효력이 있다.　　22년 법원직 (　)

**4-1** ★ 재소금지는 소취하로 인하여 그동안 판결에 들인 법원의 노력이 무용화되고 종국판결이 당사자에 의하여 농락당하는 것을 방지하기 위한 제재적 취지의 규정이므로, 본안에 대한 종국판결이 있은 후 소를 취하한 자라 할지라도 이러한 취지에 반하지 아니하고 소제기를 필요로 하는 정당한 사정이 있다면 다시 소를 제기할 수 있다고 봄이 상당하다.　　22년 법원직 (　)

**4-2** ★★ 甲이 乙을 상대로 대여금청구 소송을 제기하여 승소판결을 선고받았고(甲소송), 그 후 甲으로부터 대여금 채권을 양수한 丙이 乙을 상대로 양수금청구 소송을 제기하여 승소판결을 선고받았으며(丙소송), 乙이 위 판결들에 대하여 항소를 제기하였는데, 양수금청구 소송의 항소심법원이 '丙 회사는 소를 취하하고, 乙은 소취하에 동의한다.'는 내용의 화해권고결정을 하였고, 화해권고결정이 확정되기 전 丙이 대여금청구 소송(甲소송)의 항소심에서 승계참가신청을 한 경우, 丙의 승계참가신청은 재소금지 원칙에 위반되지 않는다.　　(　)

> **판결요지**
>
> "화해권고결정에 '원고는 소를 취하하고, 피고는 이에 동의한다.'는 화해조항이 있고, 이러한 화해권고결정에 대하여 양 당사자가 이의하지 않아 확정되었다면, 화해권고결정의 확정으로 당사자 사이에 소를 취하한다는 내용의 소송상 합의를 하였다고 볼 수 있다. 따라서 본안에 대한 종국판결이 있은 뒤에 이러한 화해권고결정이 확정되어 소송이 종결된 경우에는 소취하한 경우와 마찬가지로 민사소송법 제267조 제2항의 규정에 따라 같은 소를 제기하지 못한다.
> 민사소송법 제267조 제2항은 소취하로 인하여 그동안 판결에 들인 법원의 노력이 무용화되고 종국판결이 당사자에 의하여 농락당하는 것을 방지하기 위한 제재적 취지의 규정이므로, 본안에 대한 종국판결이 있은 뒤에 소를 취하한 사람이라 할지라도 이러한 규정의 취지에 반하지 아니하고 소제기를 필요로 하는 정당한 사정이 있는 등 취하된 소와 권리보호이익이 동일하지 않은 경우에는 다시 소를 제기할 수 있다"(대판 2021.7.29. 2018다230229)

**정답 ○**

**정답 ○**

> **유제 전부**
>
> [사실관계] 甲 주식회사가 乙을 상대로 대여금청구 소송을 제기하여 공시송달에 의한 승소판결을 선고받았고, 그 후 甲 회사로부터 대여금 채권을 양수한 丙 유한회사가 乙을 상대로 양수금청구 소송을 제기하여 공시송달에 의한 승소판결을 선고받았으며, 乙이 위 판결들에 대하여 각 추완항소를 제기하였는데, 양수금청구 소송의 항소심법원이 '丙 회사는 소를 취하하고, 乙은 소취하에 동의한다.'는 내용의 화해권고결정을 하였고, 화해권고결정이 확정되기 전 丙 회사가 대여금청구 소송의 항소심에서 승계참가신청을 한 사안에서, 화해권고결정의 확정으로 양수금청구 소송이 취하된 것과 같은 효과가 발생하였는데, 이는 丙 회사가 乙의 추완항소로 인하여 생긴 소송계속의 중복 상태를 해소하고 먼저 소가 제기된 대여금청구 소송을 승계하는 방법으로 소송관계를 간명하게 정리한 것일 뿐이므로, 종국판결 선고 후 양수금청구 소송을 취하하는 소송상 합의를 한 동기와 경위에 비추어 보면 丙 회사의 승계참가신청이 화해권고결정의 확정으로 종결된 양수금청구 소송과 당사자와 소송물이 동일하더라도 이는 재소금지에 관한 민사소송법 제267조 제2항의 취지에 반하지 아니하고, 승계참가신청을 통해 대여금청구 소송을 승계할 정당한 사정이 있는 등 양수금청구 소송과 권리보호이익이 동일하지 않아 위 승계참가신청이 재소금지 원칙에 위반된다고 보기 어렵다고 한 사례.

**5**    ★ 판결이 확정되어 소송계속이 소멸하면 소의 취하는 불가능하고 소송계속이 없는 상태에서 이루어진 소 취하 의사표시는 그 대상을 결여하여 무효이다.    (   )

판결요지

"소는 판결이 확정될 때까지 그 전부나 일부를 취하할 수 있다(민사소송법 제266조 제1항). 소의 취하는 원고가 단독으로 소송계속을 소급하여 소멸시키는 소송행위이므로 판결이 확정되어 소송계속이 소멸하면 소의 취하는 불가능하고 소송계속이 없는 상태에서 이루어진 소 취하 의사표시는 그 대상을 결여하여 무효이다. 제1심판결에 대한 항소기간이 지나면 판결이 확정되고, 민사소송법 제173조가 정한 기간 내에 적법한 추후보완 항소가 제기되지 않은 이상 그 확정 판결의 효력이 배제되지 않는다"(대판 2021.11.25. 2018다27393)    정답 ○

**6**    ★ 후소가 전소의 소송물을 전제로 하거나 선결적 법률관계에 해당하는 것일 때에는 비록 소송물은 다르지만 재소금지 제도의 취지와 목적에 비추어 전소와 '같은 소'로 보아 판결을 구할 수 없다.    (   )

판결요지

"민사소송법 제267조 제2항은 "본안에 대한 종국판결이 있은 뒤에 소를 취하한 사람은 같은 소를 제기하지 못한다."라고 규정하고 있다. 이는 임의의 소취하로 그때까지 국가의 노력을 헛수고로 돌아가게 한 사람에 대한 제재의 취지에서 그가 다시 동일한 분쟁을 문제 삼아 소송제도를 남용하는 부당한 사태의 발생을 방지하고자 하는 규정이다. 따라서 후소가 전소의 소송물을 전제로 하거나 선결적 법률관계에 해당하는 것일 때에는 비록 소송물은 다르지만 위 제도의 취지와 목적에 비추어 전소와 '같은 소'로 보아 판결을 구할 수 없다고 풀이하는 것이 타당하다. 그러나 여기에서 '같은 소'는 반드시 기판력의 범위나 중복제소금지의 경우와 같이 풀이할 것은 아니므로, 재소의 이익이 다른 경우에는 '같은 소'라 할 수 없다"(대판 2023.3.16. 2022두58599)    정답 ○

**7**    ★★ 청구의 인낙은 피고가 원고의 주장을 승인하는 소위 관념의 표시에 불과한 소송상 행위로서 이를 조서에 기재한 때에는 확정판결과 동일한 효력이 발생되어 그로써 소송을 종료시키는 효력이 있을 뿐이고, 실체법상 채권·채무의 발생 또는 소멸의 원인이 되는 법률행위라 볼 수 없다.

23년 3차모의 (   )

**7-1**    ★ 주채무자 A의 차용금 채무를 연대보증한 B는 채권자인 C로부터 연대보증금 지급을 구하는 소송을 제기당하여 패소한 후, A와 함께 C를 상대로 채무부존재확인 소송을 제기하였는데, C가 제1심에서 주채무자 A에 대하여만 청구인낙을 하고 B에 대하여 다투어 B만 패소하자 B가 항소한 경우, 항소심법원은 C가 주채무자 A의 채무부존재확인 청구를 인낙한 이상 A의 주채무가 소멸되어 B의 연대보증채무도 함께 소멸하였다고 보아야 하므로 B의 청구를 인용하여야 한다.    (   )

판결요지

※ 청구인낙이 실체법상 채무를 소멸시키는 효력을 갖는지 여부(소극)
"청구의 인낙은 피고가 원고의 주장을 승인하는 소위 관념의 표시에 불과한 소송상 행위로서 이를 조서에 기재한 때에는 확정판결과 동일한 효력이 발생되어 그로써 소송을 종료시키는 효력이 있을 뿐이고, 실체법상 채권·채무의 발생 또는 소멸의 원인이 되는 법률행위라 볼 수 없다(대판 1957.3.14. 4290민상439 판결 참조)"(대판 2022.3.31. 2020다

271919).

정답 ○

정답 ✕

유제

**[사실관계]** 주채무자 A의 차용금 채무를 연대보증한 원고는 채권자인 피고로부터 연대보증금 지급을 구하는 소송을 제기당하여 패소한 후, A와 함께 피고를 상대로 채무부존재확인 소송을 제기하였는데, 피고가 제1심에서 주채무자 A에 대하여만 청구인낙을 하고 원고에 대하여 다투어 원고만 패소하자 원고가 항소한 사건(그 후 원고는 소를 청구이의의 소로 변경하였음)에서, 피고가 주채무자의 채무부존재확인 청구를 인낙한 이상 A의 주채무가 소멸되어 원고의 연대보증채무도 함께 소멸하였다고 본 원심이 청구인낙의 효력에 관하여 법리를 오해하였다고 보아 원심판단을 파기환송한 사례

**8** ★ 형성소송의 판결과 같은 내용으로 재판상 화해를 하더라도 판결을 받은 것과 같은 효력은 생기지 않는다. ( )

판결요지

**※ 형성소송의 판결과 같은 내용으로 재판상 화해를 한 경우, 판결을 받은 것과 같은 효력이 생기는지 여부(소극)**

"법률관계의 변경·형성을 목적으로 하는 형성의 소는 법률에 명문의 규정이 있어야 제기할 수 있고 그 판결이 확정됨에 따라 효력이 생긴다. 이러한 형성판결의 효력을 개인 사이의 합의로 창설할 수는 없으므로, 형성소송의 판결과 같은 내용으로 재판상 화해를 하더라도 판결을 받은 것과 같은 효력은 생기지 않는다"(대결 2022.6.7. 2022그534)

정답 ○

**9** ★ 추심금소송에서 추심채권자가 제3채무자와 '피압류채권 중 일부 금액을 지급하고 나머지 청구를 포기한다.'는 내용의 재판상 화해를 한 경우, '나머지 청구포기 부분'은 추심채권자가 제3채무자에게 더 이상 추심권을 행사하지 않고 소송을 종료하겠다는 의미로 보아야 한다. ( )

**9-1** ★★ 동일한 채권에 대해 복수의 채권자들이 압류·추심명령을 받은 경우 어느 한 채권자가 제기한 추심금소송에서 확정된 판결의 기판력은 그 소송의 변론종결일 이전에 압류·추심명령을 받았던 다른 추심채권자에게 미치지 않는다. 23년 변호사시험 사례형, 22년 1차 모의, 22년 2차모의 기록형 ( )

**9-2** ★ A가 집행채무자 X의 제3채무자 Y에 대한 채권(약 1억8000만원)에 관하여 채권압류 및 추심명령을 받은 직후 X가 Y를 상대로 위 채권의 이행을 구하는 소를 제기하자 (비록 약 9980만원의 채권이 인정되었지만) 위 압류명령으로써 이미 원고적격을 상실했다는 이유로 소각하판결이 내려지고 확정되었다. 그 후 X에 대한 채권자 B가 X의 Y에 대한 위 채권에 관하여 채권압류 및 추심명령을 받은 다음 추심금 청구의 소를 제기하여(선행 추심금소송) B가 9000만원을 지급받되 나머지 청구를 포기한다는 내용의 화해권고결정이 확정되었고 Y는 9000만원을 집행공탁하였다. 그 후 A가 자신의 추심명령에 기하여 추심금 청구의 소를 제기하여(후행 추심금소송) X의 Y에 대한 채권 중 화해권고결정액 외 나머지 980만원의 지급을 구하자, Y는 그 980만원을 포기한 화해권고결정의 효력이 A에게 미친다고 다투었다. 그러나 A에게는 선행 추심금소송의 기판력이 미치지 않는다. ( )

판결요지

※ 선행 추심금소송에서 확정된 화해권고결정의 효력이 다른 채권자가 제기한 추심금소송에 미치는지 여부(소극)

"[1] 금전채권에 대해 압류·추심명령이 이루어지면 채권자는 민사집행법 제229조 제2항에 따라 대위절차 없이 압류채권을 직접 추심할 수 있는 권능을 취득한다. 추심채권자는 추심권을 포기할 수 있으나(민사집행법 제240조 제1항), 그 경우 집행채권이나 피압류채권에는 아무런 영향이 없다. 한편 추심채권자는 추심 목적을 넘는 행위, 예를 들어 피압류채권의 면제, 포기, 기한 유예, 채권양도 등의 행위는 할 수 없다.

추심금소송에서 추심채권자가 제3채무자와 '피압류채권 중 일부 금액을 지급하고 나머지 청구를 포기한다.'는 내용의 재판상 화해를 한 경우 '나머지 청구 포기 부분'은 추심채권자가 적법하게 포기할 수 있는 자신의 '추심권'에 관한 것으로서 제3채무자에게 더 이상 추심권을 행사하지 않고 소송을 종료하겠다는 의미로 보아야 한다. 이와 달리 추심채권자가 나머지 청구를 포기한다는 표현을 사용하였다고 하더라도 이를 애초에 자신에게 처분 권한이 없는 '피압류채권' 자체를 포기한 것으로 볼 수는 없다. 따라서 위와 같은 재판상 화해의 효력은 별도의 추심명령을 기초로 추심권을 행사하는 다른 채권자에게 미치지 않는다.

[2] 동일한 채권에 대해 복수의 채권자들이 압류·추심명령을 받은 경우 어느 한 채권자가 제기한 추심금소송에서 확정된 판결의 기판력은 그 소송의 변론종결일 이전에 압류·추심명령을 받았던 다른 추심채권자에게 미치지 않는다. 그 이유는 다음과 같다.

① 확정판결의 기판력이 미치는 주관적 범위는 신분관계소송이나 회사관계소송과 같이 법률에 특별한 규정이 있는 경우를 제외하고는 원칙적으로 당사자, 변론을 종결한 뒤의 승계인 또는 그를 위하여 청구의 목적물을 소지한 사람과 다른 사람을 위하여 원고나 피고가 된 사람이 확정판결을 받은 경우의 그 다른 사람에 국한되고(민사소송법 제218조 제1항, 제3항) 그 밖의 제3자에게는 미치지 않는다. 따라서 추심채권자들이 제기하는 추심금소송의 소송물이 채무자의 제3채무자에 대한 피압류채권의 존부로서 서로 같더라도 소송당사자가 다른 이상 그 확정판결의 기판력이 서로에게 미친다고 할 수 없다.

② 민사집행법 제249조 제3항, 제4항은 추심의 소에서 소를 제기당한 제3채무자는 집행력 있는 정본을 가진 채권자를 공동소송인으로 원고 쪽에 참가하도록 명할 것을 첫 변론기일까지 신청할 수 있고, 그러한 참가명령을 받은 채권자가 소송에 참가하지 않더라도 그 소에 대한 재판의 효력이 미친다고 정한다. 위 규정 역시 참가명령을 받지 않은 채권자에게는 추심금소송의 확정판결의 효력이 미치지 않음을 전제로 참가명령을 통해 판결의 효력이 미치는 범위를 확장할 수 있도록 한 것이다.

③ 제3채무자는 추심의 소에서 다른 압류채권자에게 위와 같이 참가명령신청을 하거나 패소한 부분에 대해 변제 또는 집행공탁을 함으로써, 다른 채권자가 계속 자신을 상대로 소를 제기하는 것을 피할 수 있다. 따라서 어느 한 채권자가 제기한 추심금소송에서 확정된 판결의 효력이 다른 채권자에게 미치지 않는다고 해도 제3채무자에게 부당하지 않다.

확정된 화해권고결정에는 재판상 화해와 같은 효력이 있다(민사소송법 제231조). 위에서 본 추심금소송의 확정판결에 관한 법리는 추심채권자가 제3채무자를 상대로 제기한 추심금소송에서 화해권고결정이 확정된 경우에도 마찬가지로 적용된다. 따라서 어느 한 채권자가 제기한 추심금소송에서 화해권고결정이 확정되었더라도 화해권고결정의 기판력은 화해권고결정 확정일 전에 압류·추심명령을 받았던 다른 추심채권자에게 미치지 않는다"(대판 2020.10.29. 2016다35390).

정답 ○

유제  전부

정답 ○

[사실관계] A가 집행채무자 X의 제3채무자 Y에 대한 채권(약 1억8000만 원)에 관하여 채권압류 및 추심명령을 받은 직후 X가 Y를 상대로 위 채권의 이행을 구하는 소를 제기하자 (비록 약 9980만 원의 채권이 인정되었지만) 위 압류명령으로써 이미 원고적격을 상실했다는 이유로 소각하판결이 내려지고 확정되었다. 그 후 X에 대한 채권

자 B가 X의 Y에 대한 위 채권에 관하여 채권압류 및 추심명령을 받은 다음 추심금 청구의 소를 제기하여(선행 추심금소송) B가 9000만 원을 지급받되 나머지 청구를 포기한다는 내용의 화해권고결정이 확정되었고 Y는 9000만 원을 집행공탁하였다. 그 후 A가 자신의 추심명령에 기하여 추심금 청구의 소를 제기하여(후행 추심금소송) X의 Y에 대한 채권 중 화해권고결정액 외 나머지 980만원의 지급을 구하자, Y는 그 980만 원을 포기한 화해권고결정의 효력이 A에게 미친다고 다투었다. 이에 대법원은 A에게는 선행 추심금소송의 기판력이 미치지 않는다고 판시하였다.

**10** ★ 제소전 화해의 창설적 효력은 당사자 간에 다투어졌던 권리관계에만 미치는 것이지 당사자가 다툰 사실이 없었던 사항은 물론 화해의 전제로서 서로 양해하고 있는 사항에 관하여는 미치지 않는다.  ( )

**판결요지**

"제소전 화해는 확정판결과 동일한 효력이 있고 당사자 사이의 사법상 화해계약이 그 내용을 이루는 것이면 화해는 창설적 효력(민법 제732조)을 가져 화해가 이루어지면 종전의 법률관계를 바탕으로 한 권리의무관계는 소멸한다. 그러나 제소전 화해의 창설적 효력은 당사자 간에 다투어졌던 권리관계에만 미치는 것이지 당사자가 다툰 사실이 없었던 사항은 물론 화해의 전제로서 서로 양해하고 있는 사항에 관하여는 미치지 않는다. 따라서 제소전 화해가 있다고 하더라도 화해의 대상이 되지 않은 종전의 다른 법률관계까지 소멸하는 것은 아니다"(대판 2022.1.27. 2019다299058).  **정답** ○

**11** 상대방이 있는 마류 가사비송사건인 재산분할심판 사건의 경우 심판청구 취하에 상대방의 동의를 필요로 하지 않고, 상대방이 취하에 부동의하였더라도 취하의 효력이 발생한다  ( )

**판결요지**

※ 상대방이 있는 마류 가사비송사건인 재산분할심판 사건의 경우, 심판청구 취하에 상대방의 동의가 필요한지 여부(소극) 및 상대방이 취하에 부동의하였더라도 취하의 효력이 발생하는지 여부(적극)

"재산분할심판 사건은 마류 가사비송사건에 해당하고[가사소송법 제2조 제1항 제2호 (나)목 4)], 당사자의 심판청구에 의하여 절차가 개시되며 당사자가 청구를 취하하여 절차를 종료시킬 수 있다. 가사비송절차에 관하여 가사소송법에 특별한 규정이 없는 한 비송사건절차법 제1편의 규정을 준용하는데(가사소송법 제34조 본문), 가사소송법에 가사비송사건의 심판청구 취하에 있어서 상대방의 동의 필요 여부에 관하여 특별한 규정을 두고 있지 아니하고, 비송사건절차법은 '소취하에 대한 동의'에 관한 민사소송법 제266조 제2항을 준용하지 않는다. 따라서 상대방이 있는 마류 가사비송사건인 재산분할심판 사건의 경우 심판청구 취하에 상대방의 동의를 필요로 하지 않고, 상대방이 취하에 부동의하였더라도 취하의 효력이 발생한다"(대판 2023.11.2. 2023므12218).  **정답** ○

# 종국판결에 의한 종료

**1** 확정판결은 재심의 소 등으로 취소되지 않는 한 그 소송당사자를 기속하므로 확정판결에 기한 이행으로 받은 급부는 법률상 원인 없는 이익이라고 할 수 없다. 그리고 이는 해당 급부뿐만 아니라 그 급부의 대가로서 기존 급부와 동일성을 유지하면서 형태가 변경된 것에 불과한 처분대금 등에 대해서도 마찬가지이다. (    )

---

판결요지

**※ 확정판결에 따른 이행으로 받은 급부나 그 급부의 대가로서 기존 급부와 동일성을 유지하면서 형태가 변경된 것에 불과한 처분대금 등을 법률상 원인 없는 이익이라고 할 수 있는지 여부(소극)**

"확정판결은 재심의 소 등으로 취소되지 않는 한 그 소송당사자를 기속하므로 확정판결에 기한 이행으로 받은 급부는 법률상 원인 없는 이익이라고 할 수 없다. 그리고 이는 해당 급부뿐만 아니라 그 급부의 대가로서 기존 급부와 동일성을 유지하면서 형태가 변경된 것에 불과한 처분대금 등에 대해서도 마찬가지이다"(대판 2023.6.29. 2021다 243812).

정답 ○

**[사실관계]** 甲 주식회사와 리스회사인 乙 주식회사가 인쇄기에 관한 시설대여계약(이하 '리스계약'이라 한다)을 체결하면서 계약이 해지되는 경우 乙 회사가 甲 회사로부터 인쇄기를 반환받거나 계약에서 정한 규정손실금을 지급받고 甲 회사에 인쇄기의 소유권을 이전하도록 정하였는데, 그 후 개시된 甲 회사에 대한 회생절차에서 규정손실금을 회생담보권으로 신고하였다가 그 전액이 부인된 乙 회사가 甲 회사를 상대로 인쇄기의 반환을 구하는 소(선행소송)를 제기하여 계약이 적법하게 해지되었다는 이유로 승소판결을 선고받고 판결 확정 후 인쇄기를 반환받아 제3자에게 매각하자, 甲 회사가 매각대금 중 회생담보권 신고액을 초과하는 부분에 법률상 원인이 없다며 乙 회사를 상대로 부당이득반환을 구한 사안에서, 乙 회사는 甲 회사로부터 확정판결에 따른 급부의 이행으로 인쇄기를 반환받은 후 이를 매각하였는데 그 매각대금을 법률상 원인 없는 이익이라고 할 수 없고, 乙 회사가 인쇄기를 반환받지 못할 것에 대비하여 실권을 막기 위해 甲 회사에 대한 회생절차에서 리스계약에 따른 채권을 회생담보권으로 신고한 적이 있더라도 인쇄기를 반환받아 乙 회사가 신고한 회생담보권이나 회생채권은 존재하지 않는 것으로 확정되었으므로 乙 회사가 인쇄기를 반환받는 것에 더하여 회생계획을 통해 이중으로 이익을 얻는 부분이 발생하지 않았으며, 선행소송의 변론종결 이후의 사정을 고려하더라도 乙 회사가 부당하게 이익을 얻었다거나 다른 회생채권자 등과의 평등을 해하는 결과가 발생하였다는 등의 특별한 사정이 없으므로, 乙 회사가 부당한 이익을 취득하지 않았다고 본 원심판단에 법리오해의 잘못이 없다고 한 사례

---

**1-1** 판결에 기한 집행이 권리남용이 되는 경우 집행채무자는 청구이의의 소에 의하여 집행의 배제를 구할 수 있으나, 확정판결은 소송당사자를 기속하는 것이므로 재심의 소에 의하여 취소되거나 청구이의의 소에 의하여 집행력이 배제되지 아니한 채 확정판결에 기한 강제집행절차가 적법하게 진행되어 종료되었다면 강제집행에 따른 효력 자체를 부정할 수는 없고, 강제집행이 이미 종료된 후 다시 확정판결에 기한 강제집행이 권리남용에 해당하여 허용될 수 없다는 등의 사유를 들어 강제집행에 따른 효력 자체를 다투는 것은 확정판결의 기판력에 저촉되어 허용될 수 없다. (    )

---

판결요지

**※ 확정판결에 기한 강제집행절차가 적법하게 진행되어 종료된 후에 그 강제집행이 권리남용에 해당하여 허용될 수 없다는 등의 사유를 들어 강제집행에 따른 효력 자체를 다투는 것이 허용되는지 여부(소극)**

"확정판결에 의한 권리라 하더라도 신의에 좇아 성실히 행사되어야 하고 판결에 기한 집행이 권리남용이 되는 경우에는 허용되지 않으므로, 집행채무자는 청구이의의 소에 의하여 집행의 배제를 구할 수 있으나, 확정판결은 소송당사자를 기속하는 것이므로 재심의 소에 의하여 취소되거나 청구이의의 소에 의하여 집행력이 배제되지 아니한 채 확정판결에 기한 강제집행절차가 적법하게 진행되어 종료되었다면 강제집행에 따른 효력 자체를 부정할 수는 없고, 강제집행이 이미 종료된 후 다시 확정판결에 기한 강제집행이 권리남용에 해당하여 허용될 수 없다는 등의 사유를 들어 강제집행에 따른 효력 자체를 다투는 것은 확정판결의 기판력에 저촉되어 허용될 수 없다"(대판 2024.1.4. 2022다291313)

정답 ○

[사실관계] 甲 은행이 임차인인 乙과의 대출약정에 근거하여 임대인인 丙을 대위하여 乙을 상대로 건물의 인도를 청구하였고, 이에 따라 乙로 하여금 丙에게 건물의 인도를 명하는 종전 판결이 내려져 확정되었는데, 甲 은행의 신청에 따라 종전 확정판결을 집행권원으로 하여 건물에 대한 부동산인도집행이 종료되었음에도 乙이 이를 무단으로 점유하자 丙이 소유권에 기한 방해배제청구권의 행사로서 乙에게 건물의 인도를 청구한 사안에서, 종전 확정판결 및 그에 기한 적법한 인도집행이 종료되어 乙의 임차인으로서의 점유가 상실되었으므로 乙에게 임차권에 기초한 적법한 점유권원이 인정되지 않는다는 등의 이유로, 이와 달리 본 원심판단에 법리오해의 위법이 있다고 한 사례

**2** A는 B로부터 공사대금을 지급받지 못하자 B 소유의 부동산(이하 '이 사건 건물')에 관하여 강제경매(이하 '선행 경매')를 신청하여 2015. 2. 3. 경매개시결정 기입등기가 마쳐졌다. A는 선행 경매절차에서 2015. 2. 24. 유치권 신고를 하였는데 이 사건 건물에 관한 점유는 2015. 4. 6.경부터 개시하였다. 한편, C는 2014. 11. 11. 근저당권을 설정받은 근저당권자로서 2015. 7. 1. 이 사건 건물에 관하여 임의경매(이하 '후행 경매'라 한다)를 신청하여 그 다음 날 이중경매개시결정 기입등기가 마쳐졌다. 이후 C는 2015. 10. 19. A를 상대로 하여 이 사건 건물에 관한 유치권부존재확인의 소(이하 '전소'라 한다)를 제기하였다. 전소 항소심법원은 이 사건 건물에 관하여 선행 경매개시결정 기입등기가 마쳐지기 이전에 A가 이 사건 건물을 점유하였다고 인정하기에 부족하다는 이유로 C의 유치권부존재확인청구를 인용하는 판결을 선고하였고, 위 판결은 그대로 확정되었다. A는 위 판결 확정 이후인 2017. 4. 19. 선행 경매신청을 취하하는 한편, 2017. 5. 10. 후행 경매절차에서 B에 대한 채권을 피담보채권으로 하여 이 사건 건물에 관한 유치권 신고를 마쳤다. C는 2017. 6. 29. D에게 B에 대한 근저당권부채권을 양도함과 아울러 「자산유동화에 관한 법률」 제6조 제1항에 따라 금융위원회에 위 근저당권부채권을 포함한 유동화자산의 양도를 등록하였고, D는 위 법 제8조 제1항에 의하여 근저당권을 취득하였다. 이 경우 A의 유치권주장은 기판력 및 신의칙에 반하지 않는다.

( )

**2-1** ★ 선행 경매절차에서 피고의 유치권이 존재하지 않는다는 전소 유치권부존재확인 판결 확정 이후 피고가 스스로 선행 경매절차를 취하하고 근저당권자가 신청한 후행 경매절차에서 유치권이 있다고 주장하는 것은 전소 유치권부존재확인 판결의 기판력에 반하지 않고, 비록 이와 같은 피고의 유치권 행사가 부동산담보거래에 부담을 주는 것이기는 하지만, 이를 유치권제도 남용으로서 신의성실의 원칙에 반하는 정도에 이르렀다고 평가할 수는 없다.

( )

**2-2** 강제경매 또는 담보권실행을 위한 경매개시결정이 이루어진 부동산에 대하여 다른 채권자로부터 또 다시 경매신청이 있어 이중경매개시결정을 하는 경우에 먼저 개시결정한 경매신청이 취하되거나 그 절차가 취소 또는 정지되지 아니하는 이상 뒤의 경매개시결정에 의하여 경매절차를 진행할 수는 없는 것이지만, 선행한 경매신청이 취하되거나 그 절차가 취소 또는 정지된 경우에는 후행의 경매신청인을 위하여 그때까지 진행되어 온 선행의 경매절차를 인계하여 당연하게 경매절차를 속

행하여야 하는 것이고, 이 경우에 선행한 경매절차의 결과는 후행한 경매절차에서 유효한 범위에서 그대로 승계되어 이용된다. 다만, 그 경우 후행 경매절차에서 압류에 대항할 수 있는 권리의 범위는 이중경매개시결정에 의한 압류의 효력 발생 시를 기준으로 정한다.                                          (    )

**2-3** 위의 경우 집행법원으로서는 취하된 선행 경매절차를 승계하여 속행된 후행 경매절차에서 매수인에게 대항할 수 있는 유치권이 생겼으므로 이를 포함하여 달라진 부분에 대하여 다시 현황조사를 명하여 매각물건명세서 기재를 정정하는 등 경매절차가 적정하게 진행될 수 있도록 적절한 조치를 취할 필요가 있다.                                          (    )

> **[판결요지]**

> ※ 1. 선행 경매절차에서 이 사건 건물에 관한 피고의 유치권이 존재하지 않는다는 전소 유치권부존재확인 판결 확정 이후 피고가 스스로 선행 경매절차를 취하하고 근저당권자가 신청한 후행 경매절차에서 유치권이 있다고 주장하는 것이 전소 유치권부존재확인 판결의 기판력에 반하는지(소극)
> "1. 전소 판결이 확정됨에 따라 그 주문에 기재된 대로 이 사건 건물에 관한 피고의 유치권이 존재하지 아니한다는 점에 대하여 기판력이 생겼으나 선행 경매절차의 경매신청이 취하됨에 따라 피고가 유치권으로 대항할 수 있게 되었고 이는 전소 변론종결 후 발생한 새로운 사유에 해당하므로 피고가 이 사건에서 유치권을 주장하는 것이 전소 확정 판결의 기판력에 저촉되지 않는다고 판단한 원심은 정당하다. 민사집행법 제91조 제3항이 "지상권·지역권·전세권 및 등기된 임차권은 저당권·압류채권·가압류채권에 대항할 수 없는 경우에는 매각으로 소멸된다." 라고 규정하고 있는 것과는 달리, 같은 조 제5항은 "매수인은 유치권자에게 그 유치권으로 담보하는 채권을 변제할 책임이 있다."라고 규정하고 있으므로, 유치권은 특별한 사정이 없는 한 그 성립시기에 관계없이 경매절차에서의 매각으로 인하여 소멸하지 않고, 그 성립시기가 저당권 설정 후라고 하여 달리 볼 것이 아니다(대판 2014.3.20. 전합2009다60336). 따라서 이 사건 건물에 관한 중소기업은행의 근저당권이 설정된 이후에 피고가 이 사건 건물을 점유하여 유치권을 취득하였다고 하더라도 그 유치권을 주장할 수 있다고 판단하였고, 피고의 점유가 인정되지 않거나 불법행위로 인한 점유라는 원고의 주장을 배척한 원심판결은 정당하다.

> **2. 위와 같은 피고의 유치권 행사는 부동산담보거래에 부담을 주는 것인지(적극), 그 부담에도 불구하고 피고의 유치권 행사가 유치권제도 남용으로서 신의성실의 원칙에 반하는 정도에 이르렀다고 평가할 수 있는지(소극)**
> 2. 가. 강제경매 또는 담보권실행을 위한 경매개시결정이 이루어진 부동산에 대하여 다른 채권자로부터 또 다시 경매신청이 있어 이중경매개시결정을 하는 경우에 먼저 개시결정한 경매신청이 취하되거나 그 절차가 취소 또는 정지되지 아니하는 이상 뒤의 경매개시결정에 의하여 경매절차를 진행할 수는 없는 것이지만, 선행한 경매신청이 취하되거나 그 절차가 취소 또는 정지된 경우에는 후행의 경매신청인을 위하여 그때까지 진행되어 온 선행의 경매절차를 인계하여 당연하게 경매절차를 속행하여야 하는 것이고, 이 경우에 선행한 경매절차의 결과는 후행한 경매절차에서 유효한 범위에서 그대로 승계되어 이용된다. 다만, 그 경우 후행 경매절차에서 압류에 대항할 수 있는 권리의 범위는 이중경매개시결정에 의한 압류의 효력 발생 시를 기준으로 정한다.
> 유치권자는 저당권자에 대하여도 그 성립의 선후를 불문하여 우선적으로 자기 채권의 만족을 얻을 수 있으므로 유치권의 성립 전에 저당권을 취득한 사람 입장에서는 목적물의 담보가치가 자신이 애초 예상·계산하였던 것과는 달리 현저히 하락하는 경우가 발생할 수 있다. 유치권제도에는 거래당사자가 자신의 이익을 위하여 유치권을 만들어냄으로써 유치권 인수주의에 따른 사실상 최우선순위담보권으로서의 지위를 부당하게 이용하고 전체 담보권질서를 왜곡할 위험이 내재한다.
> 나. 앞서 본 사실관계를 위 법리에 비추어 살펴본다.

피고는 선행 경매절차에서 유치권으로 대항할 수 없었으나 이 사건 이중경매개시결정 기입등기가 마쳐지기 전에 점유를 개시하여 유치권을 취득하였으므로 취하된 선행 경매절차를 인계하여 속행된 후행 경매절차의 매수인에 대하여는 신의성실의 원칙에 반한다고 평가된다는 등의 특별한 사정이 없는 한 유치권을 행사할 수 있다.

피고의 신청에 의해 개시된 선행 경매절차에서 작성된 이 사건 건물에 관한 평가서 및 현황조사서에는 피고의 점유에 관한 내용이 기재되어 있지 않았다. 중소기업은행은 선행 경매절차 진행 중 피고가 유치권을 취득한 이후인 2015. 7. 1. 후행 경매를 신청하였는데, 피고는 중소기업은행의 유치권부존재확인청구를 인용하는 전소 판결이 확정된 이후인 2017. 4. 19.에서야 선행 경매신청을 취하하고 후행 경매절차에서 유치권 신고를 마쳤다. 이로써 이 사건 건물을 신속하고 적정하게 환가하기가 어렵게 되었고 경매절차가 상당히 지연되는 등 경매절차의 이해관계인에 대하여 부정적인 영향을 미쳤음은 분명하다. 다만 피고는 유치권 발생의 원인이 된 이 사건 건물에 관한 공사를 통해 이 사건 건물의 객관적 가치를 상승시키면서 공사대금채권을 취득하였고 유치권을 고의로 만들어 낸 것은 아니다. 유치권이 부동산담보거래에 주는 일정 부분의 부담은 감수할 수밖에 없으므로, 위와 같은 부담에도 불구하고 피고의 유치권 행사가 이해관계인들의 이익을 부당하게 침해하거나 경매절차의 적정한 진행을 위법하게 방해하여 신의성실의 원칙에 반하는 정도에 이르렀다고 평가하기는 어렵다.

**3. 취하된 선행 경매절차를 승계하여 속행된 후행 경매절차에서 매수인에게 대항할 수 있는 유치권이 새로 생긴 경우 집행법원이 취하여야 할 조치**

다. 원심은 판시와 같은 이유로 피고의 유치권 행사가 신의성실의 원칙에 반한다는 원고의 주장을 받아들이지 아니하였다. 이러한 원심의 판단에 상고이유 주장과 같이 유치권과 신의성실의 원칙에 관한 법리를 오해한 잘못이 없다. 다만, 집행법원으로서는 취하된 선행 경매절차를 승계하여 속행된 후행 경매절차에서 매수인에게 대항할 수 있는 유치권이 생겼으므로 이를 포함하여 달라진 부분에 대하여 다시 현황조사를 명하여 매각물건명세서 기재를 정정하는 등 경매절차가 적정하게 진행될 수 있도록 적절한 조치를 취할 필요가 있음을 덧붙여 둔다"(대판 2022.7.14. 2019다271685).

**정답** ○

유제 모두

**정답** ○

---

**3** ★ 동시이행의 판결의 기판력은 동시이행관계에 있는 반대채권의 존부나 그 수액에 대하여 미치지 않는다.  16년 변호 (   )

**3-1** ★ 제3자가 채권자를 대위하여 채무자를 상대로 제기한 소송과 이미 확정판결이 되어 있는 채권자와 채무자 간의 기존소송이 청구취지 및 원인을 같이하는 내용의 소송인 경우, 위 확정판결의 효력은 채권자대위권 행사에 의한 소송에도 미친다.  (   )

판결요지

※ 확정판결에서 동시이행을 명한 반대채권의 존부나 수액에 대하여 기판력이 미치는지 여부, 채권자와 채무자간의 확정판결의 효력이 제3자와 채무자간의 채권자 대위소송에 미치는지 여부

"확정판결은 주문에 포함된 것에 한하여 기판력을 가진다(민사소송법 제216조 제1항). 소장에는 청구의 취지와 원인을 적어야 하고(민사소송법 제249조 제1항), 법원은 당사자의 청구에 대하여 판결하여야 한다(민사소송법 제203조). 확정판결의 기판력은 소송물로 주장된 법률관계의 존부에 관한 판단에 미치는 것이므로 동일한 당사자 사이에서 전소의 소송물과 동일한 소송물에 대한 후소를 제기하는 것은 전소 확정판결의 기판력에 저촉되어 허용될 수 없다(대판 2014.3.27. 2011다49981 판결 등 참조).

동시이행 판결의 집행은 채권자가 반대의무의 이행 또는 이행의 제공을 하였다는 것을 증명하여야만 개시할 수

있으나(민사집행법 제41조 제1항), 동시이행의 판결에 있어 기판력은 소송물인 당해 소송 피고의 채무에 미칠 뿐 그와 동시이행관계에 있는 반대채권의 존부나 그 수액에 대하여는 미치지 않는다(대판 2007.2.22. 2005다17082(본소),2005다17099(반소) 판결 등 참조).

한편, 제3자가 채권자를 대위하여 채무자를 상대로 제기한 소송과 이미 확정판결이 되어 있는 채권자와 채무자간의 기존소송이 청구취지 및 원인을 같이하는 내용의 소송이라면 위 확정판결의 효력은 채권자대위권행사에 의한 소송에도 미친다(대판 1981.7.7. 80다2751 판결 등 참조)"(대판 2021.8.12. 2021다215497).　**정답** ○

**유제**　**정답** ○

[사실관계] '피고는, A가 원고에게 일정 금원을 지급함과 동시에, A에게 이 사건 아파트에 관한 소유권이전등기절차를 이행하라'는 판결이 확정된 후, 원고가 A를 대위하여 피고를 상대로 'A에게 이 사건 아파트에 관한 소유권이전등기절차를 이행하라'는 소를 제기하자, 원심은 피고의 기판력 항변에 대해 전소와 후소는 그 주장하는 등기원인, 동시이행, 채권자대위 여부가 달라 기판력이 미친다고 볼 수 없다고 판단하였으나, 대법원은 그 주장 등기원인은 사실상 동일하거나 포함된 것으로 볼 수 있고, 이 사건에 있어 전소와 후소에 동시이행에 의한 반대의무의 기재나 채권자대위에 의한 것이라는 차이가 있더라도 기판력이 미치는 점에는 영향이 없다고 보아 파기환송한 사례

**4**　★ 별소로 계속 중인 채권을 자동채권으로 하는 소송상 상계의 주장은 허용되고, 먼저 제기된 소송에서 상계 항변을 제출한 다음 소송계속 중에 자동채권과 동일한 채권에 기한 소송을 별도의 소나 반소로 제기하는 것도 중복된 소제기에 해당하지 않는다.　23년 2차모의 (　　)

**4-1**　★★ 소의 취하와 달리 소송상 방어방법으로서의 상계 항변은 상대방의 동의 없이 철회할 수 있고, 먼저 제기된 소송의 제1심에서 상계 항변을 제출하여 제1심판결로 본안에 관한 판단을 받았다가 <u>항소심에서 상계 항변을 철회한 경우</u>에도, 자동채권과 동일한 채권에 기한 소송을 별도로 제기할 수 있다.　23년 변호사시험 사례형, 16년·24년 변호(　　)

**4-2**　★ 도급인 A는 수급인 B가 A를 상대로 제기한 공사대금 청구소송(선행소송)의 제1심에서 공사 하자에 관한 손해배상채권을 자동채권으로 하여 상계 항변을 하였다가, 선행소송 항소심 계속 중 위 상계 항변의 자동채권과 동일한 채권에 기하여 공사의 하자보수에 갈음한 손해배상을 청구하는 소(별소)를 제기한 다음 위 상계 항변을 철회하였고, 선행소송은 B의 승소로 확정되었다. 이처럼 A가 선행소송에서 상계 항변을 철회하였더라도 별소는 적법하다.　(　　)

**판결요지**

※ 1. 선행소송에서 상계 항변을 제출한 다음 그 소송계속 중에 자동채권과 동일한 채권에 기한 소송을 별도의 소 또는 반소로 제기하는 것이 중복제소에 해당하는지 여부(소극), 2. 선행소송의 제1심에서 상계 항변을 제출하여 제1심판결로 본안에 관한 판단을 받았다가 항소심에서 상계 항변을 철회한 경우, 그 자동채권과 동일한 채권에 기하여 별도로 제기한 소가 재소금지 원칙에 반하는지 여부(소극)

"상계의 항변을 제출할 당시 이미 자동채권과 동일한 채권에 기한 소송을 별도로 제기하여 계속 중인 경우, 사실심의 담당재판부로서는 전소와 후소를 같은 기회에 심리·판단하기 위하여 이부, 이송 또는 변론병합 등을 시도함으로써 기판력의 저촉모순을 방지함과 아울러 소송경제를 도모함이 바람직하나 그렇다고 하여 특별한 사정이 없는 한 <u>별소로 계속 중인 채권을 자동채권으로 하는 소송상 상계의 주장이 허용되지 않는다고 볼 수는 없다</u>(대판 2001.4.27. 2000다4050 판결 등 참조). 마찬가지로 <u>먼저 제기된 소송에서 상계 항변을 제출한 다음 그 소송계속 중에 자동채권과 동일한 채권에 기한 소송을 별도의 소나 반소로 제기하는 것도 가능하다.</u>

한편 민사소송법 제267조 제2항은 "본안에 대한 종국판결이 있은 뒤에 소를 취하한 사람은 같은 소를 제기하지

못한다."라고 정하고 있다. 이는 소취하로 그동안 판결에 들인 법원의 노력이 무용해지고 다시 동일한 분쟁을 문제 삼아 소송제도를 남용하는 부당한 사태를 방지할 목적에서 나온 제재적 취지의 규정이다(대판 2021.5.7. 2018다259213 판결 등 참조). 그런데 상대방이 본안에 관하여 준비서면을 제출하거나 변론준비기일에서 진술 또는 변론을 한 뒤에는 상대방의 동의를 받아야 효력을 가지는 소의 취하와 달리 소송상 방어방법으로서의 상계 항변은 그 수동채권의 존재가 확정되는 것을 전제로 하여 행하여지는 일종의 예비적 항변으로서 상대방의 동의 없이 이를 철회할 수 있고, 그 경우 법원은 처분권주의의 원칙상 이에 대하여 심판할 수 없다(대판 2011.7.14. 2011다23323 판결 등 참조). 따라서 먼저 제기된 소송의 제1심에서 상계 항변을 제출하여 제1심판결로 본안에 관한 판단을 받았다가 항소심에서 상계 항변을 철회하였더라도 이는 소송상 방어방법의 철회에 불과하여 민사소송법 제267조 제2항의 재소금지 원칙이 적용되지 않으므로, 그 자동채권과 동일한 채권에 기한 소송을 별도로 제기할 수 있다"(대판 2022.2.17. 2021다275741).

정답 ○

**유제 전부**

정답 ○

[사실관계] 원고(도급인)는 피고(수급인)가 원고를 상대로 제기한 공사대금 청구소송(선행소송)의 제1심에서 공사 하자에 관한 손해배상채권을 자동채권으로 하여 상계 항변을 하였다가, 선행소송 항소심 계속 중 위 상계 항변의 자동채권과 동일한 채권에 기하여 공사의 하자보수에 갈음한 손해배상을 청구하는 이 사건 소를 제기한 다음 위 상계 항변을 철회하였고, 선행소송은 피고 승소로 확정되었다.
대법원은, 이미 선행소송에서 하자보수에 갈음한 손해배상채권을 자동채권으로 하는 상계 항변을 하였더라도 그 자동채권과 같은 채권에 기하여 이 사건 소를 별도로 제기하는 것도 허용되고, 원고가 선행소송 제1심에서 상계 항변에 관한 본안판단을 받은 다음 그 항소심에서 상계 항변을 철회하였더라도 이로 인하여 하자보수에 갈음한 손해배상채권을 소구할 수 없게 되는 것도 아니라고 판단하여 상고기각하였다.

## 쟁점정리 ※ 상계항변과 중복소송금지

[민사소송법의 맥 B-29]

### 1. 중복소송 금지의 요건 [당, 소, 계]

중복소제기에 해당하려면, ⅰ) 전·후소 당사자의 동일, ⅱ) 소송물의 동일, ⅲ) 전소계속 중 별소제기 라는 요건을 갖추어야 한다(제259조).

### 2. 항변으로 제출된 권리의 별소제기

#### (1) 문제점

소송물이 아닌 공격방어방법을 이루는 선결적 법률관계나 항변으로 주장한 권리에까지 소송계속이 발생하지 아니하므로, 이에 대해 별소를 제기하여도 중복소송의 문제는 발생하지 않는다. 하지만 **상계항변**은 기판력이 발생하는 점(제216조 2항)에서 중복소송으로 볼 수 있는지 문제된다. 이러한 문제는 상계항변으로 주장한 채권을 별소로 제기한 경우나 그 반대로서 자동채권에 대한 이행의 소 이후에 그 자동채권에 기하여 상계항변을 하는 경우에도 발생한다.

#### (2) 판례

① 별소로 청구한 반대채권을 가지고 상계항변을 한 사건에서(별소선행형) "사실심 재판부로서는 전소와 후소를 같은 기회에 심리·판단하기 위하여 이부, 이송 또는 변론병합 등을 시도함으로써 기판력의 저촉·모순을 방지함과 아울러 소송경제를 도모함이 바람직하였다고 할 것이나, 그렇다고 하여 특별한 사정이 없는 한 별소로 계속 중인 채권을 자동채권으로 하는 소송상 상계의 주장이 허용되지 않는다고 볼 수

는 없다"(대판 2001.4.27. 2000다4050)(1회, 3회, 4회, 5회, 8회, 11회 선택형)고 하여, 중복소제기가 아니라는 입장이다. ② 상계항변으로 제출한 자동채권과 동일한 채권으로 별소를 제기(상계항변선행형)한 경우에 대해서는 판시한 바기 없었으나, 최근판례는 별소선행형 사안과 마찬가지로 중복소제기에 해당하지 않는다고 판시하였다(대판 2022.2.17. 2021다275741).

## (3) 검 토

상계항변이 판결에서 판단되어 기판력이 발생할 것인지 분명하지도 않은데 전면적으로 반대채권의 별소를 배척하는 것은 피고의 권리보호를 외면하는 것이므로 원칙적으로 중복소제기 유추를 부정하되, 판결의 모순을 막기 위해 별소 제기시에 이송·이부·변론의 병합으로 병합심리하는 것이 바람직하다.

▸ [쟁점정리]

**5**    ★★ 소유권에 기한 가등기말소등기청구 소송에서 패소한 원고측으로부터 변론종결 후 저당권을 이전받은 제3자는 민사소송법 제218조 제1항에서 정한 확정판결의 기판력이 미치는 '변론을 종결한 뒤의 승계인'에 해당하지 않는다.                                              (   )

[판결요지]

※ 소유권에 기한 말소등기청구 소송에서 패소한 원고측으로부터 변론종결 후 소유권 등을 이전받은 제3자가 민사소송법 제218조 제1항에서 정한 확정판결의 기판력이 미치는 '변론을 종결한 뒤의 승계인'에 해당하는지 여부(소극)

"확정판결의 기판력은 확정판결의 주문에 포함된 법률적 판단과 동일한 사항이 소송상 문제가 되었을 때 당사자는 이에 저촉되는 주장을 할 수 없고 법원도 이에 저촉되는 판단을 할 수 없는 기속력을 의미하고(대판 1987.6.9. 86다카2756), 확정판결의 내용대로 실체적 권리관계를 변경하는 실체법적 효력을 갖는 것은 아니다.

토지 소유권에 기한 물권적 청구권을 원인으로 하는 가등기말소청구소송의 소송물은 가등기말소청구권이므로 그 소송에서 청구기각된 확정판결의 기판력은 가등기말소청구권의 부존재 그 자체에만 미치고, 소송물이 되지 않은 토지 소유권의 존부에 관하여는 미치지 않는다. 나아가 위 청구기각된 확정판결로 인하여 토지 소유자가 갖는 토지 소유권의 내용이나 토지 소유권에 기초한 물권적 청구권의 실체적인 내용이 변경, 소멸되는 것은 아니다.

위 가등기말소청구소송의 사실심 변론종결 후에 토지 소유자로부터 근저당권을 취득한 제3자는 적법하게 취득한 근저당권의 일반적 효력으로서 물권적 청구권을 갖게 되고, 위 가등기말소청구소송의 소송물인 패소자의 가등기말소청구권을 승계하여 갖는 것이 아니며, 자신이 적법하게 취득한 근저당권에 기한 물권적 청구권을 원인으로 소송상 청구를 하는 것이므로, 위 제3자는 민사소송법 제218조 제1항에서 정한 확정판결의 기판력이 미치는 '변론을 종결한 뒤의 승계인'에 해당하지 않는다. 따라서 토지 소유권에 기한 가등기말소청구소송에서 청구기각된 확정판결의 기판력은 위 소송의 변론종결 후 토지 소유자로부터 근저당권을 취득한 제3자가 근저당권에 기하여 같은 가등기에 대한 말소청구를 하는 경우에는 미치지 않는다"(대판 2020.5.14. 2019다261381).          **정답** ◯

[사실관계] A가 자기 소유 토지에 설정된 가등기권리자인 B를 상대로 (A의 소유권에 기하여) 가등기말소청구의 소를 제기했다가 패소하고 그 판결이 확정된 후에, A로부터 근저당권을 설정 받은 C가 B를 상대로 가등기말소의 소를 제기한 것은 기판력에 저촉되지 않는다.

## |판례정리|

> ### ※ 물권적 청구권에 기한 판결의 변론 종결 후 승계인
>
> 피고로부터 승계한 경우에는 패소나 승소를 막론하고 변론종결 후의 승계인이 된다는 것이 판례의 일반적인 태도이다. 그러나 원고로부터 승계한 경우에는 승소의 경우 위 피고로부터 승계한 경우와 마찬가지로 승계인이 되나, 패소의 경우 이를 부정하고 있다. 즉 소유권에 기한 건물인도청구 패소한 원고로부터 건물을 매수한 제3자나(대판 1999.10.22. 98다6855 판결), 소유권에 기한 토지인도청구 패소한 원고로부터 토지를 매수한 제3자는(대판 1984.9.25. 84다카148 판결) 변론종결 후의 승계인에 해당하지 않는다고 하였다. 판례의 논거는 위 패소확정된 전소송의 소송물은 소유권이 아니라 인도청구권으로 소유권의 존부에 대해 미치지 않고, 신소유자는 위 패소한 인도청구권을 승계한 것이 아니라 소유권의 일반적 효력으로서 인도청구권이 발생한 것이라고 한다. 위 판례들은 원고로부터 소유권을 취득한 제3자가 다시 피고를 상대로 소유권에 기하여 인도 청구하는 새로운 후소를 제기한 경우이다.[1] 위 판결들은 새로운 물권자를 최대한 보호하려는 태도라고 하겠다.

**6** ★ 부동산 공유자인 甲 주식회사가 다른 공유자인 乙 등을 상대로 제기한 공유물분할청구의 소의 원심판결 선고 이후 '위 부동산 중 丙의 지분을 乙의 단독 소유로 분할한다'는 내용의 상속재산분할심판이 확정된 경우, 이는 변론종결 후에 발생한 사유에 해당하므로, 乙은 변론종결 후 승계인으로서 원심판결문에 승계집행문을 부여받아 집행할 수 있다.　　　　　　　　　　　　( 　 )

> [판결요지]
>
> "사실심 변론종결 후에 상속재산분할협의가 이루어지거나 상속재산분할심판이 확정되었다면, 비록 상속재산분할의 효력이 상속이 개시된 때로 소급한다(민법 제1015조 본문) 하더라도 상속재산분할협의나 상속재산분할심판에 의한 소유권의 취득은 변론종결 후에 발생한 사유에 해당한다"(대판 2020.7.23. 2017다249295)　　　정답 ○

**7** ★ 매도인이 악의인 계약명의신탁에서 명의수탁자로부터 명의신탁의 목적물인 주택을 임차하여 주택 인도와 주민등록을 마침으로써 주택임대차보호법 제3조 제1항에 의한 대항요건을 갖춘 임차인은 부동산실명법 제4조 제3항의 규정에 따라 명의신탁약정 및 그에 따른 물권변동의 무효를 대항할 수 없는 제3자에 해당하므로, 명의수탁자의 소유권이전등기가 말소됨으로써 등기명의를 회복하게 된 매도인 및 매도인으로부터 다시 소유권이전등기를 마친 명의신탁자에 대해 자신의 임차권을 대항할 수 있고, 위의 방법으로 소유권이전등기를 마친 명의신탁자는 주택임대차보호법 제3조 제4항에 따라 임대인의 지위를 승계한다.　　　　　　　　　　　　　( 　 )

**7-1** ★ 임차인이 임대인을 상대로 보증금반환의 승소확정판결을 받았으나 이후 주택 양수인을 상대로 이를 반환받고자 할 경우 승계가 명확하지 않거나 임대인 지위의 승계를 증명할 수 없는 때에는 임차인이 양수인을 상대로 승계집행문 부여의 소를 제기하여 승계집행문을 부여받음이 원칙이나, 이미 임차인이 양수인을 상대로 임대차보증금의 반환을 구하는 소를 제기하여 양수인과 사이에 임대인 지위의 승계 여부에 대해 상당한 정도의 공격방어 및 법원의 심리가 진행됨으로써 사실상 승계집행문 부여의 소가 제기되었을 때와 큰 차이가 없다면, 소의 이익이 없다고 섣불리 단정하여서는 안 된다.　　　　　　　　　　　　　　　( 　 )

---

1) [판례평석] 패소 원고로부터의 변론 종결 후 승계인과 전소 판결의 기판력, 장재형, 평석, 대한변협신문 제830호, 2021. 7. 12

판결요지

※ 1. 계약명의신탁이 무효임을 이유로 명의수탁자로부터 그 소유권이전등기를 회복하게 된 매도인으로부터 다시 소유권이전등기를 마친 명의신탁자가 주택임대차보호법상 임대인의 지위를 승계하는지 여부

"[1] 매도인이 악의인 계약명의신탁에서 명의수탁자로부터 명의신탁의 목적물인 주택을 임차하여 주택 인도와 주민등록을 마침으로써 주택임대차보호법 제3조 제1항에 의한 대항요건을 갖춘 임차인은 「부동산 실권리자명의 등기에 관한 법률」(이하 '부동산실명법'이라 한다) 제4조 제3항의 규정에 따라 명의신탁약정 및 그에 따른 물권변동의 무효를 대항할 수 없는 제3자에 해당하므로 명의수탁자의 소유권이전등기가 말소됨으로써 등기명의를 회복하게 된 매도인 및 매도인으로부터 다시 소유권이전등기를 마친 명의신탁자에 대해 자신의 임차권을 대항할 수 있고, 이 경우 임차인 보호를 위한 주택임대차보호법의 입법 목적 및 임차인이 보증금반환청구권을 행사하는 때의 임차주택 소유자로 하여금 임차보증금반환채무를 부담하게 함으로써 임차인을 두텁게 보호하고자 하는 주택임대차보호법 제3조 제4항의 개정 취지 등을 종합하면 위의 방법으로 소유권이전등기를 마친 명의신탁자는 주택임대차보호법 제3조 제4항에 따라 임대인의 지위를 승계한다.

2. 피고(명의신탁자)가 변론종결 후의 승계인에 해당하여 기존 임대인에 대한 확정판결의 기판력이 미친다는 이유로 권리보호의 이익이 없다고 본 원심의 가정적 판단의 당부(부당)

[2] 주택임대차보호법 제3조 제4항에 따라 임차주택의 양수인은 임대인의 지위를 승계한 것으로 보므로 임대차보증금 반환채무도 부동산의 소유권과 결합하여 일체로서 임대인의 지위를 승계한 양수인에게 이전되고 양도인의 보증금반환채무는 소멸하는 것으로 해석되므로, 변론종결 후 임대부동산을 양수한 자는 민사소송법 제218조 제1항의 변론종결 후의 승계인에 해당한다. 승계집행문은 그 승계가 법원에 명백한 사실이거나 증명서로 승계를 증명한 때에 한하여 내어 줄 수 있고(민사집행법 제31조 제1항), 승계를 증명할 수 없는 때에는 채권자가 승계집행문 부여의 소를 제기할 수 있다(제33조). 따라서 임차인이 임대인을 상대로 보증금반환의 승소확정판결을 받았으나 이후 주택 양수인을 상대로 이를 반환받고자 할 경우 승계가 명확하지 않거나 임대인 지위의 승계를 증명할 수 없는 때에는 임차인이 양수인을 상대로 승계집행문 부여의 소를 제기하여 승계집행문을 부여받음이 원칙이나, 이미 임차인이 양수인을 상대로 임대차보증금의 반환을 구하는 소를 제기하여 양수인과 사이에 임대인 지위의 승계 여부에 대해 상당한 정도의 공격방어 및 법원의 심리가 진행됨으로써 사실상 승계집행문 부여의 소가 제기되었을 때와 큰 차이가 없다면, 그럼에도 법원이 소의 이익이 없다는 이유로 후소를 각하하고 임차인으로 하여금 다시 승계집행문 부여의 소를 제기하도록 하는 것은 당사자들로 하여금 그동안의 노력과 시간을 무위로 돌리고 사실상 동일한 소송행위를 반복하도록 하는 것이어서 당사자들에게 가혹할 뿐만 아니라 신속한 분쟁해결이나 소송경제의 측면에서 타당하다고 보기 어려우므로 이와 같은 경우 소의 이익이 없다고 섣불리 단정하여서는 안 된다"(대판 2022. 3. 17. 2021다210720)    정답 ○                                              유제    정답 ○

[사실관계] 명의수탁자로부터 주택을 임차하고 주택임대차보호법 제3조 제1항에 의한 대항요건을 갖춘 원고가, 명의신탁이 무효임을 이유로 명의수탁자로부터 매도인을 거쳐 그 소유권이전등기를 회복한 명의신탁자인 피고를 상대로 임대차보증금반환을 청구한 사안에서, 대법원은 이러한 방법으로 소유권이전등기를 마친 명의신탁자자 주택임대차보호법 제3조 제4항에 따라 임대인의 지위를 승계하고, 원고가 피고를 상대로 임대인 지위의 승계를 주장하면서 임대차보증금의 반환을 구할 권리보호의 이익이 없다고 단정하기 어렵다고 보아 원심판결을 파기환송하였다.

**8**  ★ 전 소유자가 신 소유자에게 부동산 소유권을 이전함과 동시에 그 부동산의 무단점유자에 대한 장래의 부당이득반환채권(판결금채권)을 양도할 수 없다.  (   )

**8-1**  ★ X 토지의 전 소유자 A가 그 상공에 송전선을 설치하여 소유하는 한국전력공사 B를 상대로 부당이득반환을 구하는 소를 제기하여 송전선 철거완료일까지 정기금의 지급을 명하는 전소판결을 받은 후 C에게 X 토지의 소유권을 이전한 경우, C는 A의 B에 대한 전소판결의 기판력이 미치는 변론 종결 뒤의 승계인에 해당하지 않으며, 전 소유자 A는 신 소유자 C에게 X 토지의 무단점유자 B에 대한 장래의 부당이득반환채권을 양도할 수 없으므로, 이후 C가 B를 상대로 X 토지의 소유권취득일 이후의 기간에 대한 부당이득반환을 구한 경우, 법원은 C의 청구를 인용해야 한다. (   )

판결요지

※ 전 소유자가 신 소유자에게 부동산 소유권을 이전함과 동시에 그 부동산의 무단점유자에 대한 장래의 부당이득반환채권(판결금채권)을 양도할 수 있는지 여부(소극)

"전소판결의 소송물은 채권적 청구권인 부당이득반환청구권이므로 원고가 전소판결 소송 변론종결 뒤에 이 사건 토지의 소유권을 취득하였다는 사정만으로는 전소판결의 기판력이 미치는 변론을 종결한 뒤의 승계인에 해당할 수 없다. 나아가 전소판결의 소송물인 부당이득반환청구권은 함은수의 이 사건 토지 소유를 요건으로 하므로 이 사건 토지 소유권이 함은수에서 다른 사람으로 이전된 이후에는 더 이상 발생하지 않고, 그에 대한 양도도 있을 수 없다. 따라서 이 사건 소에서 자신이 이 사건 토지의 소유권을 취득한 이후의 부당이득반환을 구하는 원고로서는 전소판결 소송의 소송물을 양수한 변론을 종결한 뒤의 승계인에도 해당하지 않는다"(대판 2023.6.29. 2021다206349)

정답  ○

유제

정답  ○

[사실관계] 이 사건 토지의 전 소유자가 그 상공에 송전선을 설치하여 소유하는 피고(한국전력공사)를 상대로 부당이득반환을 구하는 소를 제기하여 송전선 철거완료일까지 정기금의 지급을 명하는 전소판결을 받은 후 원고에게 위 토지의 소유권을 이전하였고, 이후 원고가 피고를 상대로 토지의 소유권취득일 이후의 기간에 대한 부당이득반환을 구한 사안에서, 대법원은 전 소유자는 신 소유자에게 그 토지의 무단점유자에 대한 장래의 부당이득반환채권을 양도할 수 없다고 판단하여, 그와 같은 장래의 부당이득반환채권의 양도가 가능하다고 판단한 원심을 파기·환송하였다. 즉, 원심은 기판력이 미친다고 보아 '각하'하였으나 대법원은 위와 같은 이유로 원고의 소유권취득일 이후의 기간에 대한 부당이득반환청구는 가능하다는 입장이다.

**9**  ★ 대금분할을 명한 공유물분할 확정판결의 당사자인 공유자가 신청하여 진행된 공유물분할을 위한 경매절차에서 매수인이 매각대금을 완납한 경우, 위 판결의 변론이 종결된 뒤(또는 변론 없이 한 판결의 경우에는 판결을 선고한 뒤) 해당 공유자의 공유지분에 마쳐진 소유권이전청구권의 순위보전을 위한 가등기상 권리는 소멸한다.  (   )

판결요지

"대금분할을 명한 공유물분할 확정판결의 당사자인 공유자가 공유물분할을 위한 경매를 신청하여 진행된 경매절차에서 공유물 전부에 관하여 매수인에 대한 매각허가결정이 확정되고 매각대금이 완납된 경우, 매수인은 공유물 전부에 대한 소유권을 취득하게 되고, 이에 따라 각 공유지분을 가지고 있던 공유자들은 지분소유권을 상실하게 된다. 그리고 대금분할을 명한 공유물분할판결의 변론이 종결된 뒤(변론 없이 한 판결의 경우에는 판결을 선고한 뒤) 해당 공유자의 공유지분에 관하여 소유권이전청구권의 순위보전을 위한 가등기가 마쳐진 경우, 대금분할을 명한 공유물분할 확정판결의 효력은 민사소송법 제218조 제1항이 정한 변론종결 후의 승계인에 해당하는 가등기권자에게 미치므로, 특별한 사정이 없는 한 위 가등기상의 권리는 매수인이 매각대금을 완납함으로써 소멸한다"(대판 2021.3.11. 2020다253836).    정답 ○

**[사실관계]** 대금분할을 명한 공유물분할판결이 무변론으로 선고된 뒤에 공유물분할판결의 당사자인 A가 피고에게 이 사건 토지 중 자신의 2/8 지분과 이 사건 건물 중 자신의 1/3 지분에 관하여 이 사건 가등기를 마쳐준 다음, 위 공유물분할판결의 당사자인 A가 공유물분할을 위한 경매를 신청하여 진행된 경매절차에서 이 사건 토지와 이 사건 건물에 관한 최고가매수신고인인 원고에 대한 매각허가결정이 확정되고 매각대금이 완납된 사안에서, 원고가 매각대금을 완납함으로써 이 사건 가등기상의 권리는 소멸하므로, 이 사건 토지와 건물에 관하여 원고로부터 환매약특약부 매매를 원인으로 한 소유권이전등기를 마친 원고 승계참가인은 소유자로서 소유권에 기한 방해배제청구권 행사의 일환으로 피고를 상대로 이 사건 가등기의 말소를 구할 수 있다고 본 사례

**10** ★★ 채권양수인이 제218조 1항에 따라 확정판결의 효력이 미치는 변론종결 후의 승계인에 해당하는지 판단하는 기준 시기는 채권양도의 대항요건이 갖추어진 때이다.    24년 변호 (    )

**10-1** ★★ 채권양수인이 소송계속 중의 승계인이라고 주장하며 참가신청을 한 경우에, 채권자로서의 지위의 승계가 소송계속 중에 이루어진 것인지 여부는 채권양도의 합의가 이루어진 때가 아니라 대항요건이 갖추어진 때를 기준으로 판단한다.    (    )

┌─ 판결요지 ─┐

※ 채권양수인이 민사소송법 제218조 제1항에 따라 확정판결의 효력이 미치는 변론종결 후의 승계인에 해당하는지 판단하는 기준 시기(=채권양도의 대항요건이 갖추어진 때)
"채권을 양수하기는 하였으나 아직 양도인에 의한 통지 또는 채무자의 승낙이라는 대항요건을 갖추지 못하였다면 채권양수인은 채무자와 사이에 아무런 법률관계가 없어 채무자에 대하여 아무런 권리주장을 할 수 없고, 양도인이 채무자에게 채권양도통지를 하거나 채무자가 이를 승낙하여야 채무자에게 채권양수를 주장할 수 있다. 이에 따라 채권양수인이 소송계속 중의 승계인이라고 주장하며 참가신청을 한 경우에, 채권자로서의 지위의 승계가 소송계속 중에 이루어진 것인지 여부는 채권양도의 합의가 이루어진 때가 아니라 대항요건이 갖추어진 때를 기준으로 판단하는 것과 마찬가지로, 채권양수인이 민사소송법 제218조 제1항에 따라 확정판결의 효력이 미치는 변론종결 후의 승계인에 해당하는지 여부 역시 채권양도의 합의가 이루어진 때가 아니라 대항요건이 갖추어진 때를 기준으로 판단하여야 한다"(대판 2020.9.3. 2020다210747).    정답 ○
**유제**    정답 ○

**11** ★ 원래 민사재판에 있어서는 형사재판의 사실인정에 구속을 받는 것이 아니라고 하더라도 동일한 사실관계에 관하여 이미 확정된 형사판결이 유죄로 인정한 사실은 유력한 증거자료가 된다고 할 것이므로 민사재판에서 제출된 다른 증거들에 비추어 형사재판의 사실판단을 채용하기 어렵다고 인정되는 특별한 사정이 없는 한 이와 반대되는 사실을 인정할 수 없다.    (    )

판결요지

> ※ 동일한 사실관계에 관하여 이미 확정된 형사판결에서 유죄로 인정된 사실이 민사재판에서 갖는 증명력(권리자의 동의 없이 위임장 등을 위조하여 근저당권설정등기 및 말소등기가 말소되었다는 이유로 회복등기절차의 이행을 구한 사건)
>
> "[1] 원래 민사재판에 있어서는 형사재판의 사실인정에 구속을 받는 것이 아니라고 하더라도 동일한 사실관계에 관하여 이미 확정된 형사판결이 유죄로 인정한 사실은 유력한 증거자료가 된다고 할 것이므로 민사재판에서 제출된 다른 증거들에 비추어 형사재판의 사실판단을 채용하기 어렵다고 인정되는 특별한 사정이 없는 한 이와 반대되는 사실을 인정할 수 없다.
>
> [2] 통상 대부중개업자가 전주를 위하여 금전소비대차계약과 그 담보를 위한 담보권설정계약을 체결할 대리권을 수여받은 것으로 인정되는 경우라 하더라도 특별한 사정이 없는 한 일단 금전소비대차계약과 그 담보를 위한 담보권설정계약이 체결된 후에 이를 해제할 권한까지 당연히 가지고 있다고 볼 수는 없다"(대판 2021.10.14. 2021다243430).
>
> **정답** ○

**12** 우리나라 법제에 외국재판에서 적용된 법령과 동일한 내용을 규정하는 법령이 없다는 이유만으로 외국재판의 승인을 거부할 수는 없다. ( )

**12-1** 미국 하와이주 판결이 인정한 성문법상 3배의 배상 부분을 승인하는 것이 대한민국의 법률이나 사회질서 또는 대한민국이 체결한 국제조약의 기본질서에 현저히 반하는 결과를 초래한다고 볼 수는 없다. ( )

판결요지

> "**가.** 외국법원의 확정재판 등에 대한 집행판결을 허가하기 위해서는 이를 승인할 수 있는 요건을 갖추어야 한다. 민사소송법 제217조 제1항 제3호는 외국법원의 확정재판 등의 승인이 대한민국의 선량한 풍속이나 그 밖의 사회질서에 어긋나지 아니할 것을 외국재판 승인요건의 하나로 규정하고 있다. 여기서 그 확정재판 등을 승인한 결과가 대한민국의 선량한 풍속이나 그 밖의 사회질서에 어긋나는지 여부는 그 승인 여부를 판단하는 시점에서 그 확정재판 등의 승인이 우리나라의 국내법 질서가 보호하려는 기본적인 도덕적 신념과 사회질서에 미치는 영향을 그 확정재판 등이 다룬 사안과 우리나라와의 관련성의 정도에 비추어 판단하여야 한다(대판 2012.5.24. 2009다22549 판결 참조).
>
> 민사소송법 제217조의2 제1항은 "법원은 손해배상에 관한 확정재판 등이 대한민국의 법률 또는 대한민국이 체결한 국제조약의 기본질서에 현저히 반하는 결과를 초래할 경우에는 해당 확정재판 등의 전부 또는 일부를 승인할 수 없다."라고 규정하고 있다. 이는 민사소송법 제217조 제1항 제3호와 관련하여 손해전보의 범위를 초과하는 손해배상을 명한 외국재판의 내용이 대한민국의 법률 또는 대한민국이 체결한 국제조약에서 인정되는 손해배상제도의 근본원칙이나 이념, 체계 등에 비추어 도저히 허용할 수 없는 정도에 이른 경우 그 외국재판의 승인을 적정범위로 제한하기 위하여 마련된 규정이다.
>
> 또한 이러한 승인요건을 판단할 때에는 국내적인 사정뿐만 아니라 국제적 거래질서의 안정이나 예측가능성의 측면도 함께 고려하여야 하고, 우리나라 법제에 외국재판에서 적용된 법령과 동일한 내용을 규정하는 법령이 없다는 이유만으로 바로 그 외국재판의 승인을 거부할 것은 아니다.
>
> **나.** 1) 우리나라 손해배상제도의 근본이념은 피해자 등이 실제 입은 손해를 전보함으로써 손해가 발생하기 전 상태로 회복시키는 것이었다(대판 2003.9.5. 2001다58528 판결 등 참조). 그러다가 2011년 처음으로 「하도급거래 공정화에

관한 법률」에서 원사업자의 부당한 행위로 발생한 손해의 배상과 관련하여 실제 손해의 3배를 한도로 하여 손해전보의 범위를 초과하는 손해배상을 도입하였다(제35조). 이어서 「독점규제 및 공정거래에 관한 법률」(이하 '공정거래법'이라 한다)에서도 사업자의 부당한 공동행위 등에 대하여 실제 손해의 3배를 한도로 하여 손해전보의 범위를 초과하는 손해배상 규정을 도입하였고, 계속해서 개인정보, 근로관계, 지적재산권, 소비자보호 등의 분야에서 개별 법률의 개정을 통해 일정한 행위 유형에 대하여 3배 내지 5배를 한도로 하여 손해전보의 범위를 초과하는 손해배상을 허용하는 규정을 도입하였다.

이처럼 개별 법률에서 손해전보의 범위를 초과하는 손해배상을 허용하는 것은 그러한 배상을 통해 불법행위의 발생을 억제하고 피해자가 입은 손해를 실질적으로 배상하려는 것이다.

2) 이와 같이 우리나라 손해배상제도가 손해전보를 원칙으로 하면서도 개별 법률을 통해 특정 영역에서 그에 해당하는 특수한 사정에 맞게 손해전보의 범위를 초과하는 손해배상을 허용하고 있는 점에 비추어 보면, 손해전보의 범위를 초과하는 손해배상을 명하는 외국재판이 손해배상의 원인으로 삼은 행위가 적어도 우리나라에서 손해전보의 범위를 초과하는 손해배상을 허용하는 개별 법률의 규율 영역에 속하는 경우에는 그 외국재판을 승인하는 것이 손해배상 관련 법률의 기본질서에 현저히 위배되어 허용될 수 없는 정도라고 보기 어렵다. 이때 외국재판에 적용된 외국 법률이 실제 손해액의 일정 배수를 자동적으로 최종 손해배상액으로 정하는 내용이라고 하더라도 그것만으로 그 외국재판의 승인을 거부할 수는 없고, 우리나라의 관련 법률에서 정한 손해배상액의 상한 등을 고려하여 외국재판의 승인 여부를 결정할 수 있다.

요컨대, 손해전보의 범위를 초과하는 손해배상을 명한 외국재판의 전부 또는 일부를 승인할 것인지는, 우리나라 손해배상제도의 근본원칙이나 이념, 체계를 전제로 하여 해당 외국재판과 그와 관련된 우리나라 법률과의 관계, 그 외국재판이 손해배상의 원인으로 삼은 행위가 우리나라에서 손해전보의 범위를 초과하는 손해배상을 허용하는 개별 법률의 영역에 속하는 것인지, 만일 속한다면 그 외국재판에서 인정된 손해배상이 그 법률에서 규정하는 내용, 특히 손해배상액의 상한 등과 비교하여 어느 정도 차이가 있는지 등을 종합적으로 고려하여 개별적으로 판단하여야 한다"(대판 2022.3.11. 2018다231550 : 대법원은, 이 사건 하와이주 판결에서 손해배상의 대상으로 삼은 행위는 우리나라 공정거래법의 규율 대상에 해당할 수 있는데, 공정거래법에서도 실제 손해액의 3배 내에서 손해배상을 허용하는 법조항을 두고 있으므로, 위와 같은 법리에 비추어 실제 손해액의 3배에 해당하는 손해배상을 명한 이 사건 하와이주 판결을 승인하는 것이 우리나라 손해배상제도의 원칙이나 이념, 체계 등에 비추어 도저히 허용할 수 없는 정도라고 할 수 없다고 보아, 이와 반대되는 결론의 원심판결을 파기하였다).

　**정답** ○　　　　　　　　　　　　　　　　　　　　　**유 제**　　**정답** ○

---

**13** ★ 부당이득반환청구에서 계약의 불성립, 취소, 무효, 해제 등의 사유 중 어느 사유를 주장하여 패소한 경우, 다른 사유를 주장하여 청구하는 것은 기판력에 저촉된다.　　　　　　　　　( 　 )

**13-1** ★ 판결의 기판력은 그 소송의 변론종결 전에 당사자가 알 수 있었거나 또는 알고서 이를 주장하지 않았던 사항에 한해서만 미치는 것은 아니다.　　　　　　　　　　　　　　( 　 )

---

**판결요지**

[2] 부당이득반환청구에서 계약의 불성립, 취소, 무효, 해제 등의 사유 중 어느 사유를 주장하여 패소한 경우, 다른 사유를 주장하여 청구하는 것이 기판력에 저촉되는지 여부(적극) / 판결의 기판력이 그 소송의 변론종결 전에 당사자가 알 수 있었거나 또는 알고서 이를 주장하지 않았던 사항에 한해서만 미치는지 여부(소극)

"[2] 부당이득반환청구에서 법률상의 원인 없는 사유를 계약의 불성립, 취소, 무효, 해제 등으로 주장하는 것은 공격방법에 지나지 않으므로, 그중 어느 사유를 주장하여 패소한 경우에 다른 사유를 주장하여 청구하는 것은 기판력에 저촉되어 허용할 수 없다. 또한 판결의 기판력은 그 소송의 변론종결 전에 주장할 수 있었던 모든 공격방어방법에 미치는 것이므로, 그 당시 당사자가 알 수 있었거나 또는 알고서 이를 주장하지 않았던 사항에 한해서만 기판력이 미친다고 볼 수 없다"(대판 2022.7.28. 2020다231928).   **정답** ○

**유제**   **정답** ○

**[사실관계]** 매수인 甲은 매도인 乙에 대해 매매계약이 무효임을 이유로 계약금에 대한 부당이득 반환청구의 소를 제기하였고, 공동 매수인 丙이 독립당사자 자격으로 편면적 참가를 한 사안에서, 제1심은 매매계약을 무효로 볼 수 없다는 이유로 甲과 丙의 청구를 모두 기각하자, 甲만이 항소하였고, 항소심은 甲과 乙의 계약이 무효라고 인정하여 甲의 청구를 기각한 제1심판결을 취소하고 甲의 청구를 인용하였다. 위 판결이 확정된 후 丙이 乙을 상대로 부당이득반환청구를 하였는데, 甲만이 항소한 항소심에서 甲의 乙에 대한 청구와 丙의 乙에 대한 청구는 합일확정이 필요한 관계에 있으므로, 丙이 제1심판결에 대하여 항소하지 않았더라도 丙의 청구는 항소심의 심판대상이 되지만, 항소심이 甲의 청구를 인용하더라도 丙의 청구는 제1심판결에서 기각되었으므로 판결 결론이 모순되지 않고, 이러한 경우 항소심은 제1심판결을 변경하여 丙의 청구부분에 대한 주문을 선고할 필요가 없으며, 丙의 부당이득반환청구를 기각한 제1심판결은 확정됨에 따라 기판력이 발생하게 되고 이후 丙이 乙에 대해 부당이득반환청구의 소를 제기하는 경우 선행사건에서 丙의 부당이득반환청구와 후소에서 丙의 부당이득반환 청구는 동일한 소송물을 대상으로 한 것이므로 丙의 후소는 선행사건 확정판결의 기판력에 저촉된다고 본 사례

**14** 판결에 잘못된 계산이나 기재 그 밖에 이와 비슷한 잘못이 있음이 분명한 경우에 하는 판결의 경정은, 일단 선고된 판결에 대하여 내용을 실질적으로 변경하지 않는 범위 내에서 판결의 표현상의 기재 잘못이나 계산의 착오 또는 이와 유사한 오류를 법원 스스로가 결정으로써 정정 또는 보충하여 강제집행이나 가족관계등록부의 정정 또는 등기의 기재 등 이른바 광의의 집행에 지장이 없도록 하자는 데 취지가 있다. 이러한 법리는 이행권고결정에 오류가 있는 경우에도 마찬가지로 적용된다. ( )

**14-1** 이행권고결정에 주민등록번호를 기재하지 않은 것은 부적법한 조치에 해당하지 않고 그로 인해 집행 과정에서 지장을 받을 우려도 없으므로 판결경정의 대상이 되지 않는다. ( )

**판결요지**

**[1] 판결경정 제도의 취지 및 이러한 법리는 이행권고결정에 오류가 있는 경우에도 마찬가지로 적용되는지 여부(적극)**
"[1] 판결에 잘못된 계산이나 기재 그 밖에 이와 비슷한 잘못이 있음이 분명한 경우에 하는 판결의 경정은, 일단 선고된 판결에 대하여 내용을 실질적으로 변경하지 않는 범위 내에서 판결의 표현상의 기재 잘못이나 계산의 착오 또는 이와 유사한 오류를 법원 스스로가 결정으로써 정정 또는 보충하여 강제집행이나 가족관계등록부의 정정 또는 등기의 기재 등 이른바 광의의 집행에 지장이 없도록 하자는 데 취지가 있다. 이러한 법리는 이행권고결정에 오류가 있는 경우에도 마찬가지로 적용된다.
**[2] 이행권고결정에 주민등록번호를 기재하지 않은 것이 부적법한 조치인지 여부(소극) 및 그로 인해 집행 과정에서 지장을 받을 우려가 있는지 여부(소극)**
[2] 이행권고결정의 경우 재판서 양식에 관한 예규에 따르면 종전처럼 당사자의 주민등록번호를 기재하여야 하는 재판서로 볼 수도 있다. 그러나 이행권고결정에 주민등록번호를 기재하지 않았다고 하더라도 그와 같은 조치는 내부적 업무처리지침에 불과한 재판서 양식에 관한 예규에 어긋날 뿐이고, 개인정보 보호법의 취지에는 합치되는 것이므로 부적법하다고 할 수 없다. 나아가 당사자는 민사소송규칙 제76조의2에서 정한 절차에 따라 재판사무시

스템에 소송관계인의 주민등록번호를 추가하거나 수정할 수 있기 때문에 집행 과정에서 어떠한 지장을 받을 우려도 없다"(대결 2022.12.1. 2022그18)　　　　　정답 ○

유 제　　　　　정답 ○

**15** 채권자가 여러 명의 다른 채권자를 상대로 배당이의의 소를 제기하고 피고 중 일부에 대하여 승소판결이 확정되었으나 그 판결이 민사집행법 제157조 후문에 따라 배당법원으로 하여금 배당표를 다시 만들도록 했을 뿐 채권자인 원고의 구체적 배당액을 정하지 않은 경우, 나머지 채권자를 상대로 한 소는 여전히 권리보호의 이익이 인정된다.　　　　　(　)

**15-1** 당사자가 주장한 사항에 대한 구체적·직접적인 판단이 표시되어 있지 않지만 판결 이유의 전반적인 취지에 비추어 주장의 인용 여부를 알 수 있는 경우 또는 판결에서 실제로 판단을 하지 않았지만 주장이 배척될 것임이 분명한 경우, 판단누락의 잘못이 있다고 할 수 없다.　　　　　(　)

판결요지

[1] 채권자가 여러 명의 다른 채권자를 상대로 배당이의의 소를 제기하고 피고 중 일부에 대하여 승소판결이 확정되었으나 그 판결이 민사집행법 제157조 후문에 따라 배당법원으로 하여금 배당표를 다시 만들도록 했을 뿐 채권자인 원고의 구체적 배당액을 정하지 않은 경우, 나머지 채권자를 상대로 한 소가 여전히 권리보호의 이익이 인정되는지 여부(적극)

"[1] 채권자가 배당이의의 소를 제기하여 승소판결이 확정되면 그가 이의한 부분에 대한 배당표가 확정되고, 특별한 사정이 없는 한 그의 채권은 배당액으로 충당되는 범위에서 배당표의 확정 시에 소멸한다. 그러나 배당이의의 소 수소법원이 피고에 대한 배당액을 삭제하면서 채권자인 원고가 배당받을 금액을 정하지 않고 배당표를 다시 만들고 다른 배당절차를 밟도록 명한 경우에는(민사집행법 제157조 후문), 그 판결에 따라 배당법원이 실시한 재배당절차에서 재조제한 배당표가 확정되어야 원고의 채권이 소멸한다. 그러므로 채권자가 여러 명의 다른 채권자를 상대로 배당이의의 소를 제기하고 피고 중 일부에 대하여 승소판결이 확정되었으나 그 판결이 민사집행법 제157조 후문에 따라 배당법원으로 하여금 배당표를 다시 만들도록 했을 뿐 채권자인 원고의 구체적 배당액을 정하지 않은 경우에는 아직 배당이의의 소를 통하여 달성하려는 목적이 전부 실현되었다고 할 수 없으므로, 나머지 채권자를 상대로 한 소는 여전히 권리보호의 이익이 인정된다.

[2] 당사자가 주장한 사항에 대한 구체적·직접적인 판단이 표시되어 있지 않지만 판결 이유의 전반적인 취지에 비추어 주장의 인용 여부를 알 수 있는 경우 또는 판결에서 실제로 판단을 하지 않았지만 주장이 배척될 것임이 분명한 경우, 판단누락의 잘못이 있다고 할 수 있는지 여부(소극)

[2] 법원의 판결에 당사자가 주장한 사항에 대한 구체적·직접적인 판단이 표시되어 있지 않더라도 판결 이유의 전반적인 취지에 비추어 그 주장을 인용하거나 배척하였음을 알 수 있는 정도라면 판단누락이라고 할 수 없다. 설령 판결에서 실제로 판단을 하지 않았더라도 그 주장이 배척될 것이 분명하다면 판결 결과에 영향이 없어 판단누락의 잘못이 있다고 할 수 없다"(대판 2022.11.30. 2021다287171)　　　　　정답 ○

유 제　　　　　정답 ○

**16** ★ 당사자가 주장한 사항에 대한 구체적·직접적인 판단이 판결 이유에 표시되어 있지 아니하더라도 판결 이유의 전반적인 취지에 비추어 그 주장을 인용하거나 배척하였음을 알 수 있는 정도라면 판단누락이라고 할 수 없고, 설령 실제로 판단을 하지 아니하였더라도 판결 결과에 영향이 없다면 판단누락의 위법이 있다고 할 수 없다. 18년 변호유사 ( )

판결요지

※ 판결서의 이유에 당사자의 모든 주장이나 공격·방어방법에 관한 판단이 표시되어야 하는지 여부(소극) 및 당사자가 주장한 사항에 대한 구체적·직접적인 판단이 표시되어 있지 않지만 판결 이유의 전반적인 취지에 비추어 주장의 인용 여부를 알 수 있는 경우 또는 실제로 판단을 하지 않았지만 판결 결과에 영향이 없는 경우, 판단누락의 위법이 있다고 할 수 있는지 여부(소극)

"판결서의 이유에는 주문이 정당하다는 것을 인정할 수 있을 정도로 당사자의 주장, 그 밖의 공격·방어방법에 관한 판단을 표시하면 되므로(민사소송법 제208조 제2항) 당사자의 모든 주장이나 공격·방어방법을 판단할 필요는 없다. 당사자가 주장한 사항에 대한 구체적·직접적인 판단이 판결 이유에 표시되어 있지 아니하더라도 판결 이유의 전반적인 취지에 비추어 그 주장을 인용하거나 배척하였음을 알 수 있는 정도라면 판단누락이라고 할 수 없고, 설령 실제로 판단을 하지 아니하였더라도 판결 결과에 영향이 없다면 판단누락의 위법이 있다고 할 수 없다"(대판 2016.1.14. 2015다231894, 2017.12.5. 2017다9657, 대판 2021.5.7. 2020다292411).  **정답 ○**

**17** ★ 청구이의의 소는 집행권원이 가지는 집행력의 배제를 목적으로 하는 것으로서 그 판결이 확정되더라도 당해 집행권원의 원인이 된 실체법상 권리관계에 기판력이 미치지 않는다. ( )

**17-1** 형성소송의 판결과 같은 내용으로 재판상 화해와 동일한 효력이 있는 조정을 갈음하는 결정이 확정되더라도 판결을 받은 것과 같은 효력은 생기지 않는다. ( )

**17-2** 재판상 화해는 확정판결과 같은 효력이 있어 기판력이 생기지만, 그 기판력은 재판상 화해의 당사자가 아닌 제3자에 대하여까지 미친다고 할 수 없다. ( )

판결요지

※ 1. 배당이의의 소에서 원고가 승소하려면 피고의 채권이 존재하지 않는다는 점 외에 자신이 피고에게 배당된 돈을 배당받을 권리가 있다는 점까지 주장·증명하여야 하는지 여부(적극) 및 배당이의의 소에서 배당기일에 이의를 제기하지 않았던 피고가 원고 채권 자체의 존재를 부인할 수 있는지 여부(적극) 2. 형성소송의 판결과 같은 내용으로 재판상 화해와 동일한 효력이 있는 조정을 갈음하는 결정이 확정된 경우, 판결을 받은 것과 같은 효력이 생기는지 여부(소극) 3. 재판상 화해의 기판력이 화해의 당사자가 아닌 제3자에게 미치는지 여부(소극)

"[1] 배당이의의 소는 배당표에 배당받는 것으로 기재된 자의 배당액을 줄여 자신에게 배당되도록 하기 위하여 배당표의 변경 또는 새로운 배당표의 작성을 구하는 것이므로, 원고가 배당이의의 소에서 승소하기 위해서는 피고의 채권이 존재하지 아니함을 주장·증명하는 것만으로 충분하지 않고 자신이 피고에게 배당된 금원을 배당받을 권리가 있다는 점까지 주장·증명하여야 하며, 피고는 배당기일에서 원고에 대하여 이의를 하지 아니하였다 하더라도 원고의 청구를 배척할 수 있는 사유로서 원고의 채권 자체의 존재를 부인할 수 있다.

[2] 법률관계의 변경·형성을 목적으로 하는 형성소송인 청구이의의 소는 집행권원이 가지는 집행력의 배제를 목적으로 하는 것으로서 그 판결이 확정되더라도 당해 집행권원의 원인이 된 실체법상 권리관계에 기판력이 미치지

않고, 형성판결의 효력을 개인 사이의 합의로 창설할 수는 없으므로, 형성소송의 판결과 같은 내용으로 재판상 화해와 동일한 효력이 있는 조정을 갈음하는 결정이 확정되더라도 판결을 받은 것과 같은 효력은 생기지 않는다. [3] 재판상 화해는 확정판결과 같은 효력이 있어 기판력이 생기지만, 그 기판력은 재판상 화해의 당사자가 아닌 제3자에 대하여까지 미친다고 할 수 없다"(대판 2023.11.9. 2023다256577).　　　　　　　정답 ○

**유제 전부**　　　　　　　정답 ○

**[사실관계]** 지역주택조합('이 사건 조합')의 신탁회사에 대한 신탁계약 종료에 따른 정산금 반환채권에 관하여 채권압류 및 추심명령을 받은 원고가 위 정산금 반환채권에 관하여 채권압류 및 추심명령을 받은 피고들을 상대로 신탁회사의 집행공탁금에 대한 배당절차에서 작성된 배당표 중 피고들에 대한 배당금을 삭제하고 이를 원고에게 배당하는 내용으로 경정을 구하는 배당이의소송('이 사건 소송')을 제기하였다. 원고의 이 사건 조합에 대한 집행권원은 '1,695,949,806원 및 이에 대한 지연손해금 등을 지급해야 한다'는 내용의 지급명령('이 사건 지급명령')이다. 이 사건 소송 진행 중 이 사건 조합이 원고를 상대로 이 사건 지급명령에 대한 청구이의의 소를 제기하였고, 위 청구이의의 소에서 '원고의 이 사건 조합에 대한 이 사건 지급명령정본에 기한 강제집행은 1,238,273,336원을 넘는 범위에 한하여 이를 불허한다'는 내용의 조정을 갈음하는 결정(이하 '이 사건 조정'이라 한다)이 확정되었다.

원심은, 확정된 이 사건 조정에 기판력이 발생한다는 전제하에, 확정된 이 사건 지급명령은 이에 관하여 확정된 청구이의 판결에 따라 기판력을 가지게 되는 셈이고, 피고들이 이 사건 소송에서 채무자인 이 사건 조합을 대위하여 원고의 이 사건 조합에 대한 채권의 존재 및 효력 등을 다투는 것과 실질적으로 다를 바가 없으므로, 이 사건 조정의 법률적 효력이 피고들에게 미친다고 판단하였다.

이에 대해 대법원은, 위와 같은 법리에 따라 이 사건 조정에 기판력이 발생하지 아니하고, 설령 기판력이 발생한다고 하더라도 이 사건 조정의 당사자가 아닌 피고들에게 기판력이 미친다고 볼 수 없다는 이유로, 이와 달리 피고들이 원고의 이 사건 조합에 대한 채권의 존부 및 범위에 관하여 다툴 수 없다는 취지로 판단한 원심판결을 파기·환송한 사례

**18**　★ 확정판결과 달리 지급명령에는 기판력이 인정되지 않으므로 실체적 권리관계와 다른 내용으로 지급명령이 확정되고 그 지급명령에 기한 이행으로 금전 등이 교부되었다면 그에 관하여 부당이득이 성립할 수 있다.　　　　　　　（　）

**판결요지**

※ 실체적 권리관계와 다른 내용으로 지급명령이 확정되고 그 지급명령에 기한 이행으로 금전 등이 교부된 경우 그에 관하여 부당이득이 성립할 수 있는지 여부(적극)

"확정판결에는 기판력이 인정되므로 그 내용이 실체적 권리관계와 다르다고 하더라도 판결이 재심의 소 등으로 취소되지 않는 한 그 판결에 기한 이행으로 교부받은 금전 등을 법률상 원인 없는 이득이라 할 수 없지만(대판 2001.11.13. 99다32905 등 참조), 지급명령에는 기판력이 인정되지 않으므로 실체적 권리관계와 다른 내용으로 지급명령이 확정되고 그 지급명령에 기한 이행으로 금전 등이 교부되었다면 그에 관하여 부당이득이 성립할 수 있다"(대판 2024.4.12. 2023다307741).　　　　　　　정답 ○

| 제5편 | 병합소송 |
|---|---|

## 병합청구소송(청구의 복수)

**1** ★ 선택적으로 병합된 수개의 청구를 모두 기각한 항소심판결에 대하여 원고가 상고한 경우에 상고법원이 선택적 청구 중 어느 하나의 청구에 관한 상고가 이유 있다고 인정할 때에는 원심판결을 전부 파기하여야 한다. 19년 1차 ( )

판결요지

"[3] 청구의 선택적 병합은, 양립할 수 있는 여러 개의 청구권에 의하여 동일한 취지의 급부를 구하거나 양립할 수 있는 여러 개의 형성권에 기하여 동일한 형성적 효과를 구하는 경우에, 그 어느 한 청구가 인용될 것을 해제조건으로 하여 여러 개의 청구에 관한 심판을 구하는 병합 형태이다. 이와 같은 <u>선택적 병합의 경우에는 여러 개의 청구가 하나의 소송절차에 불가분적으로 결합되어 있기 때문에, 선택적 청구 중 하나만을 기각하고 다른 선택적 청구에 대하여 아무런 판단을 하지 아니한 것은 위법하다.</u>
[4] 선택적으로 병합된 수개의 청구를 모두 기각한 항소심판결에 대하여 원고가 상고한 경우에 상고법원이 선택적 청구 중 어느 하나의 청구에 관한 상고가 이유 있다고 인정할 때에는 원심판결을 전부 파기하여야 한다"(대판 2017. 10. 26. 2015다42599, 2018. 6. 15. 2016다229478, 2020. 1. 30. 2017다227516, 2023. 4. 27. 2021다262905) **정답 ○**

**1-1** ★ 그리고 이러한 법리는 성질상 선택적 관계에 있는 청구를 당사자가 심판의 순위를 붙여 청구한다는 취지에서 예비적으로 병합한 경우에도 마찬가지로 적용된다. ( )

판결요지

**※ 선택적으로 병합된 청구를 모두 기각한 항소심판결에 대하여 상고심법원이 선택적 청구 중 어느 하나의 청구에 관한 상고가 이유 있다고 인정하는 경우, 이를 전부 파기하여야 하는지 여부(적극) 및 이러한 법리는 성질상 선택적 관계에 있는 청구를 당사자가 심판의 순위를 붙여 청구한다는 취지에서 예비적으로 병합한 경우에도 마찬가지로 적용되는지 여부(적극)**
"선택적으로 병합된 청구를 모두 기각한 항소심판결에 대하여 상고심법원이 선택적 청구 중 어느 하나의 청구에 관한 상고가 이유 있다고 인정할 때에는 이를 전부 파기하여야 한다. 그리고 이러한 법리는 성질상 선택적 관계에 있는 청구를 당사자가 심판의 순위를 붙여 청구한다는 취지에서 예비적으로 병합한 경우에도 마찬가지로 적용된다"(대판 2022. 3. 31. 2017다247145). **유제** **정답 ○**

**1-2** 병합의 형태가 선택적 병합인지 예비적 병합인지 여부는 당사자의 의사가 아닌 병합청구의 성질을 기준으로 판단하여야 하고, 항소심에서의 심판 범위도 그러한 병합청구의 성질을 기준으로 결정하여야 한다. 22년 법원직 ( )

**1-3** ★ 실질적으로 선택적 병합 관계에 있는 두 청구에 관하여 당사자가 주위적·예비적으로 순위를 붙여 청구하였고, 그에 대하여 제1심법원이 주위적 청구를 기각하고 예비적 청구만을 인용하는 판결을 선고하여 피고만이 항소를 제기한 경우에도 항소심으로서는 두 청구 모두를 심판의 대상으로 삼아 판단하여야 한다. 23년 변호, 17년 법원직 ( )

판결요지

"병합의 형태가 선택적 병합인지 예비적 병합인지 여부는 당사자의 의사가 아닌 병합청구의 성질을 기준으로 판단하여야 하고, 항소심에서의 심판 범위도 그러한 병합청구의 성질을 기준으로 결정하여야 한다. 따라서 실질적으로 선택적 병합 관계에 있는 두 청구에 관하여 당사자가 주위적·예비적으로 순위를 붙여 청구하였고, 그에 대하여 제1심법원이 주위적 청구를 기각하고 예비적 청구만을 인용하는 판결을 선고하여 피고만이 항소를 제기한 경우에도 항소심으로서는 두 청구 모두를 심판의 대상으로 삼아 판단하여야 한다(대판 2014.5.29. 2013다96868 판결, 대판 2018.2.28. 2013다26425 판결 참조)"(대판 2021.6.24. 2016두61877).   유제 모두      정답 ○

**2** ★ 원고가 제1심에서 선택적으로 구한 두 개의 청구 중 1개의 청구가 인용되었는데, 원고가 항소심에서 병합의 형태를 변경하여 제1심에서 심판되지 않은 청구부분을 주위적 청구로, 제1심에서 인용된 위 청구 부분을 예비적 청구로 구하였고 항소심이 주위적 청구가 이유 있다고 인정하는 경우, 결론이 제1심판결의 주문과 동일하더라도 새로이 청구를 인용하는 주문을 선고하여야 한다.   ( )

판결요지

"원고가 제1심에서 선택적으로 구한 두 개의 청구 중 1개의 청구가 인용되고 피고가 항소한 후, 원고가 항소심에서 병합의 형태를 변경하여 제1심에서 심판되지 않은 청구 부분을 주위적 청구로, 제1심에서 인용된 위 청구 부분을 예비적 청구로 구함에 따라 항소심이 주위적 청구 부분을 먼저 심리하여 그 청구가 이유 있다고 인정하는 경우에는, 비록 결론이 제1심판결의 주문과 동일하더라도 피고의 항소를 기각하여서는 아니 되고 새로이 청구를 인용하는 주문을 선고하여야 한다"(대판 2020.10.15. 2018다229625).   정답 ○

## |관련쟁점|

※ **선택적 병합에서 상소의 효력**

**(1) 문제점**

선택적 병합의 경우도 상소불가분의 원칙에 따라 항소심에 전 청구가 이심되므로 항소심은 1심에서 판단되지 않은 청구라도 선택하여 심판할 수 있다. 다만 1심에서 판단한 청구는 이유가 없고, 오히려 판단하지 않은 청구가 이유 있다고 판단한 경우 항소심이 어떤 판결을 하여야 하는지 문제된다.

**(2) 판 례(항소인용설)**[2]

대법원은 "수개의 청구가 제1심에서 처음부터 선택적으로 병합되고 그중 어느 한 개의 청구에 대한 인용판결이 선고되어 피고가 항소를 제기한 경우는 물론, 원고의 청구를 인용한 판결에 대하여 피고가 항소를 제기하여 항소심에 이심된 후 청구가 선택적으로 병합된 경우에 있어서도 항소심은 제1심에서 인용된 청구를 먼저 심리하여 판단할 필요는 없고, 선택적으로 병합된 수개의 청구 중 제1심에서 심판되지 아니한 청구를 임의로 선택하여 심판할 수 있다고 할 것이나, 심리한 결과 그 청구가 이유 있다고 인정되고 그 결론이 제1심판결의 주문과 동일한 경우에도 피고의 항소를 기각하여서는 안되며 **제1심판결을 취소한 다음 새로이 청구를 인용하**는 주문을 선고하여야 할 것이다"(대판 1992.9.14. 92다7023)고 하여 **항소인용설(취소자판설)**의 입장이다(제416조). 인용되는 권리를 명확하게 밝혀 준다는 의미에서 항소인용설(취소자판설)이 타당하다.

---

2) [학설] ① 항소기각설(신이론)은 원고로서는 소송 목적을 달성하였다는 점에서 1심의 판결과 다를 바 없으므로 항소를 기각하고 1심 판결을 유지해야 한다는 견해이며(제414조 2항), ② 항소인용설(취소자판설, 구이론)은 1심 판결을 취소하고 청구인용의 자판을 하여야 한다는 견해이다(제416조).

**3** ★ 원고 패소의 제1심판결에 대하여 원고가 항소한 후 항소심에서 예비적 청구를 추가한 경우, 항소심이 주위적 청구에 대한 항소가 이유 없다고 판단한 때에는 예비적 청구에 대하여 제1심으로서 판단한다. 21년 1차모의 ( )

**3-1** 위의 경우 항소심은 추가된 예비적 청구부분에 관해서는 별도로 인용 또는 기각 주문을 내어야 한다. 따라서 제1심이 기존의 청구를 기각한 데 대하여 원고가 항소하였고 항소심이 기존의 청구와 항소심에서 추가된 청구를 모두 배척할 경우 단순히 "원고의 항소를 기각한다."라는 주문 표시만 해서는 안 되고, 이와 함께 항소심에서 추가된 청구에 대하여 "원고의 청구를 기각한다."라는 주문 표시를 해야 한다. ( )

**3-2** ★ 주위적 청구를 배척하면서 예비적 청구에 대하여 판단하지 아니한 경우 상소가 제기되면 판단이 누락된 예비적 청구 부분도 상소심으로 이심된다. 그리고 이러한 법리는 부진정 예비적병합의 경우에도 마찬가지 이다. 16년 변호, 23년 3차모의 ( )

**3-3** ★ 원고가 제1심에서 재산상 손해배상 청구만을 하다가 청구가 기각되자, 항소심에서 재산상 손해배상이 인정되지 않을 경우 예비적으로 동액의 정신적 손해배상을 구한다고 청구를 추가하였는데, 항소심에서 주문 항소기각을 하고 예비적 청구에 대하여 이유에서 배척만 하고 주문 청구기각을 하지 않은 채 상고가 된 경우, 이와 같은 형태의 부진정 예비적 병합 청구도 인정되고, 이 경우 상소가 제기되면 누락된 예비적 청구도 상소심으로 이심된다. ( )

---

**판결요지**

"원고 패소의 제1심판결에 대하여 원고가 항소한 후 항소심에서 예비적 청구를 추가하면 항소심이 종래의 주위적 청구에 대한 항소가 이유 없다고 판단한 경우에는 예비적 청구에 대하여 제1심으로 판단하여야 한다"(대판 2017.3.30. 2016다253297) **정답** ○

"항소심에 이르러 새로운 청구가 추가된 경우 항소심은 추가된 청구에 대해서는 실질상 제1심으로서 재판하여야 한다. 제1심이 기존의 청구를 기각한 데 대하여 원고가 항소하였고 항소심이 기존의 청구와 항소심에서 추가된 청구를 모두 배척할 경우 단순히 '원고의 항소를 기각한다.'라는 주문 표시만 해서는 안 되고, 이와 함께 항소심에서 추가된 청구에 대하여 '원고의 청구를 기각한다.'라는 주문 표시를 해야 한다"(대판 2021.5.7. 2020다292411).

**[관련판례]** "원고의 청구가 제1심에서 기각된 후 원고가 항소하면서 예비적 청구를 추가한 사실은 앞서 본 바와 같은바, 원심이 추가된 예비적 청구의 일부를 인용하는 경우에는 제1심판결 중 인용하는 금액에 해당하는 원고 패소 부분을 취소하고 그 인용금액의 지급을 명할 것이 아니라, 원고의 항소를 기각하고 새로이 추가된 예비적 청구에 따라 인용금액의 지급을 명하였어야 한다"(대판 2017.3.30. 2016다253297). **유제-1** **정답** ○

"예비적 병합의 경우에는 수 개의 청구가 하나의 소송절차에 불가분적으로 결합되어 있기 때문에 주위적 청구를 먼저 판단하지 않고 예비적 청구만을 인용하거나 주위적 청구만을 배척하고 예비적 청구에 대하여 판단하지 않는 등의 일부판결은 예비적 병합의 성질에 반하는 것으로서 법률상 허용되지 않는다. 그런데도 주위적 청구를 배척하면서 예비적 청구에 대하여 판단하지 않은 판결을 한 경우에는 그 판결에 대한 상소가 제기되면 판단이 누락된 예비적 청구 부분도 상소심으로 이심이 되고 그 부분이 재판의 누락에 해당하여 원심에 계속 중이라고 볼 것은 아니다. 이러한 법리는 부진정 예비적 병합의 경우에도 달리 볼 이유가 없다"(대판 2021.5.7. 2020다292411).

**[관련판례]** "예비적 병합의 경우에는 수개의 청구가 하나의 소송절차에 불가분적으로 결합되어 있기 때문에 주위적 청구를 배척하면서 예비적 청구에 대하여 판단하지 아니한 경우 그 판결에 대한 상소가 제기되면 판단이 누락된 예비적 청구 부분도 상소심으로 이심이 되고 그 부분이 재판의 탈루에 해당하여 원심에 계속 중이라고 볼 것은 아니다"(대판 2017.3.30. 2016다253297).

**유제-2** **정답** ○

"청구의 예비적 병합은 논리적으로 양립할 수 없는 수 개의 청구에 관하여 주위적 청구의 인용을 해제조건으로 예비적 청구에 대하여 심판을 구하는 형태의 병합이다. 그러나 논리적으로 양립할 수 있는 수 개의 청구라고 하더라도, 주위적으로 재산상 손해배상을 청구하면서 그 손해가 인정되지 않을 경우에 예비적으로 같은 액수의 정신적 손해배상을 청구하는 것과 같이 수 개의 청구 사이에 논리적 관계가 밀접하고, 심판의 순위를 붙여 청구를 할 합리적 필요성이 있다고 인정되는 경우에는, 당사자가 붙인 순위에 따라서 당사자가 먼저 구하는 청구를 심리하여 이유가 없으면 다음 청구를 심리하는 이른바 부진정 예비적 병합 청구의 소도 허용된다"(대판 2021.5.7. 2020다292411).

**[사실관계]** 원고가 제1심에서 재산상 손해배상 청구만을 하다가 청구가 기각되자, 항소심에서 재산상 손해배상이 인정되지 않을 경우 예비적으로 동액의 정신적 손해배상을 구한다고 청구를 추가하였는데, 항소심에서 주문 항소기각을 하고 예비적 청구에 대하여 이유에서 배척만 하고 주문 청구기각을 하지 않은 채 상고 된 사건에서, 위와 같은 형태의 부진정 예비적 병합 청구도 인정되고, 이 경우 상소가 제기되면 누락된 예비적 청구도 상소심으로 이심된다고 본 사례 〔유제-3〕                                    정답 ○

**4** ★ 제1심에서 원고들이 소외 1에 대한 피보전채권을 근거로 사해행위취소 및 원상회복청구를 하였다가 항소심에서 동일한 채권을 근거로 소외 1을 대위하여 이 사건 가등기 및 소유권이전등기의 말소등기청구를 하는 것으로 청구를 변경한 것은 동일한 생활사실이나 경제이익에 관한 것으로서 분쟁의 해결방법만 달리하는 것에 불과하여 청구의 기초에 관한 동일성이 인정된다.                    (   )

〔판결요지〕

대판 2023.9.27. 2018다260565                                              정답 ○

# 다수당사자소송

**1** 집합건물법 제48조 제4항에서 정한 매도청구권은 위 규정에서 정하고 있는 매도청구권자 각자에게 귀속되고, 각 매도청구권자들은 이를 단독으로 행사하거나 여러 명 또는 전원이 함께 행사할 수도 있다고 보아야 한다.                                        (   )

**1-1** 매도청구권자 모두가 재건축에 참가하지 않는 구분소유자의 구분소유권 등에 관하여 공동으로 매도청구권을 행사하여야 하는 것은 아니고, 그에 따른 소유권이전등기절차의 이행 등을 구하는 소도 매도청구권자 전원이 소를 제기하여야 하는 고유필수적 공동소송이 아니다                    (   )

〔판결요지〕

※ 집합건물의 소유 및 관리에 관한 법률 제48조 제4항에서 정한 매도청구권은 반드시 매도청구권자 전원이 공동으로 행사하여야 하는지 여부(소극) 및 그에 따른 소유권이전등기절차의 이행 등을 구하는 소가 고유필수적 공동소송인지 여부(소극)

"집합건물의 소유 및 관리에 관한 법률(이하 '집합건물법'이라 한다) 제48조 제4항 전문은 "제2항의 기간이 지나면 재건축 결의에 찬성한 각 구분소유자, 재건축 결의 내용에 따른 재건축에 참가할 뜻을 회답한 각 구분소유자(그의 승계인을 포함한다) 또는 이들 전원의 합의에 따라 구분소유권과 대지사용권을 매수하도록 지정된 자(이하 '매수지정자'라 한다)는 제2항의 기간 만료일부터 2개월 이내에 재건축에 참가하지 아니하겠다는 뜻을 회답한 구분소유자(그의 승계인을 포함한다)에게 구분소유권과 대지사용권을 시가로 매도할 것을 청구할 수 있다."라고 정하여 재건축에 참가하는 각 구분소유자와 매수지정자의 매도청구권을 인정하고 있다.

이 규정의 취지는 재건축에 참가하지 않는 구분소유자를 구분소유관계로부터 배제함으로써 구분소유자 전원이 재건축에 참가하는 상태를 형성할 수 있도록 하기 위하여 재건축에 참가하는 구분소유자는 재건축에 참가하지 않는 구분소유자의 구분소유권과 대지사용권에 대한 매도청구를 할 수 있게 하고, 구분소유자의 자금 부담이 곤란한 경우 등을 고려하여 자금력을 가진 구분소유자 이외의 제3자도 재건축 참가자 전원의 합의에 따라 매수 지정을 받은 경우에는 매도청구권을 행사할 수 있도록 한 데에 있다.

이러한 집합건물법 제48조 제4항의 문언과 매도청구권의 취지 등에 비추어 보면, 집합건물법 제48조 제4항에서 정한 매도청구권은 위 규정에서 정하고 있는 매도청구권자 각자에게 귀속되고, 각 매도청구권자들은 이를 단독으로 행사하거나 여러 명 또는 전원이 함께 행사할 수도 있다고 보아야 한다. 따라서 반드시 매도청구권자 모두가 재건축에 참가하지 않는 구분소유자의 구분소유권 등에 관하여 공동으로 매도청구권을 행사하여야 하는 것은 아니고, 그에 따른 소유권이전등기절차의 이행 등을 구하는 소도 매도청구권자 전원이 소를 제기하여야 하는 고유필수적 공동소송이 아니다"(대판 2023.7.27. 2020ek263857)  정답 ○

**유 제**  정답 ○

[사실관계] 9세대로 구성된 집합건물에 관하여 피고를 제외한 나머지 구분소유자들인 원고들이 재건축에 반대하는 피고를 상대로 피고 소유 구분건물 중 각 1/9 지분에 관하여 이 사건 소장 부본 송달로써 집합건물법 제48조 제4항의 매도청구권을 행사하였다. 소 계속 중 원고들 중 1명 소외인에게 자신의 구분소유권을 이전하고 소를 취하하였고, 소외인은 이 사건 소송에 승계참가 신청을 하였다가 취하하였다. 대법원은 위 법리에 따라, 소를 취하한 원고 지분을 반영하여 확장된 청구(각 1/8 지분에 관한 소유권이전등기 청구)를 인용한 원심을 수긍하여 상고를 기각하였다.

**2** 조합원이 조합재산을 횡령하는 행위로 인하여 손해를 입은 주체는 조합재산을 상실한 조합이므로, 이로 인하여 조합원이 조합재산에 대한 합유지분을 상실하였다고 하더라도 이는 조합원의 지위에서 입은 손해에 지나지 않는다. 따라서 조합원으로서는 조합관계를 벗어난 개인의 지위에서 손해배상을 구할 수는 없고, 그 손해배상채권은 조합원 전원의 준합유에 속하므로 원칙적으로 전 조합원이 고유필수적 공동소송에 의하여만 구할 수 있다.  ( )

**판결요지**

※ 1. 조합원이 조합재산을 횡령하는 행위로 인해 손해를 입은 주체(=조합), 2. 조합원을 상대로 조합재산 횡령행위로 인한 손해배상을 구하는 경우 소송의 형태(=전 조합원의 고유필수적 공동소송)
"조합원이 조합재산을 횡령하는 행위로 인하여 손해를 입은 주체는 조합재산을 상실한 조합이므로, 이로 인하여 조합원이 조합재산에 대한 합유지분을 상실하였다고 하더라도 이는 조합원의 지위에서 입은 손해에 지나지 않는다. 따라서 조합원으로서는 조합관계를 벗어난 개인의 지위에서 손해배상을 구할 수는 없고, 그 손해배상채권은 조합원 전원의 준합유에 속하므로 원칙적으로 전 조합원이 고유필수적 공동소송에 의하여만 구할 수 있다"(대판 2022.12.29. 2022다263448).  정답 ○

**3**    ★ 공유물분할청구의 소에서 공동소송인 중 일부가 상소를 제기한 경우 다른 공동소송인에게도 그 효력이 미친다. 이 경우 공동소송인 전원에 대한 관계에서 판결의 확정이 차단되고 그 소송은 전체로서 상소심에 이심되며, 상소심 판결의 효력은 상소를 하지 않은 공동소송인에게 미치므로 상소심으로서는 공동소송인 전원에 대하여 심리·판단해야 하고, 본안판결을 할 때에는 공동소송인 전원에 대한 하나의 종국판결을 선고해야 하는 것이지 공동소송인 일부에 대해서만 판결하거나 남은 공동소송인에 대해 추가판결을 하는 것은 모두 허용되지 않는다.

17 · 18 · 21 · 23년 변호, 16 · 19 법원직 (    )

판결요지

※ 1. 공유물분할청구의 소의 소송형태(= 고유필수적 공동소송), 2. 고유필수적 공동소송에서 공동소송인 중 일부가 상소를 제기한 경우 상소심의 심판범위

"공유물분할청구 소송은 분할을 청구하는 공유자가 원고가 되어 다른 공유자 전부를 공동피고로 해야 하는 고유필수적 공동소송이다. 공동소송인과 상대방 사이에 판결의 합일확정을 필요로 하는 고유필수적 공동소송에서 공동소송인 중 일부가 제기한 상소는 다른 공동소송인에게도 그 효력이 미친다. 이 경우 공동소송인 전원에 대한 관계에서 판결의 확정이 차단되고 그 소송은 전체로서 상소심에 이심되며, 상소심 판결의 효력은 상소를 하지 않은 공동소송인에게 미치므로 상소심으로서는 공동소송인 전원에 대하여 심리·판단해야 한다.

고유필수적 공동소송에 대하여 본안판결을 할 때에는 공동소송인 전원에 대한 하나의 종국판결을 선고해야 하는 것이지 공동소송인 일부에 대해서만 판결하거나 남은 공동소송인에 대해 추가판결을 하는 것은 모두 허용되지 않는다"(대판 2022.6.30. 2022다217506).

정답 ○

**4**    ★★ 편면적 대세효 있는 회사관계소송인 주주총회결의 취소·무효·부존재 확인의소(상법 제376조, 제380조)도 (유사) 필수적 공동소송에 해당한다.    23년 3차모의, 24년 변호 (    )

판결요지

"이 사건 소는 주주총회결의의 부존재 또는 무효 확인을 구하는 소로서, 상법 제380조에 의해 준용되는 상법 제190조 본문에 따라 청구를 인용하는 판결은 제3자에 대하여도 효력이 있다. 이러한 소를 여러 사람이 공동으로 제기한 경우 당사자 1인이 받은 승소 판결의 효력이 다른 공동소송인에게 미치므로 공동소송인 사이에 소송법상 합일확정의 필요성이 인정되고, 상법상 회사관계소송에 관한 전속관할이나 병합심리 규정(상법 제186조, 제188조)도 당사자 간 합일확정을 전제로 하는 점 및 당사자의 의사와 소송경제 등을 함께 고려하면, 이는 민사소송법 제67조가 적용되는 필수적 공동소송에 해당한다"(대판 2021.7.22. 전합2020다284977).

정답 ○

[사실관계] 주식회사인 피고의 주주인 원고들 2명이 공동으로 주주총회결의의 부존재 또는 무효 확인을 구하는 소를 제기한 사안에서, 원심은 원고들이 공동으로 제기한 이 사건 소가 필수적 공동소송임을 전제로 소송절차를 진행하고 주주총회결의에 하자가 없다고 보아 원고들의 청구를 받아들이지 않았고, 대법원도 이러한 원심의 절차 진행과 판단이 정당하다고 보아 상고를 기각한 사례

[판례해설] 종래 '편면적 대세효' 있는 회사관계소송을 여러 사람이 공동으로 제기한 경우 '유사필수적 공동소송'이라는 견해가 학계의 통설이고 재판 실무였던바, 대법원의 다수의견은 편면적 대세효 있는 회사관계소송의 경우에도 공동소송인간 '합일확정의 필요성'이 있다고 보아 기존의 실무 입장(필수적 공동소송)을 지지하고 있다(대법원 공보연구관실 해당사건 보도자료).

**5** 주위적 공동소송인과 예비적 공동소송인 중 어느 한 사람에 대하여 상소가 제기되면 다른 공동소송인에 대한 청구 부분도 상소심에 <u>이심</u>되어 상소심의 <u>심판대상</u>이 되고, 이러한 경우 상소심의 심판대상은 주위적·예비적 공동소송인들 및 그 상대방 당사자 사이의 결론의 합일확정의 필요성을 고려하여 그 심판의 범위를 판단하여야 한다. (   )

**5-1** ★ 예비적·선택적 공동소송에서 일부 공동소송인에 관한 청구에 대하여만 판결을 하는 경우 이는 일부판결이 아닌 흠이 있는 <u>전부판결</u>에 해당하여 상소로써 이를 다투어야 하고, 그 판결에서 누락된 공동소송인은 이를 시정하기 위하여 추가판결이 아닌 상소를 제기할 이익이 있다.
18·23년 변호, 23년 1차모의 (   )

> **판결요지**

> "주관적·예비적 공동소송은 동일한 법률관계에 관하여 모든 공동소송인이 서로 간의 다툼을 하나의 소송절차로 한꺼번에 모순 없이 해결하는 소송형태로서 모든 공동소송인에 대한 청구에 관하여 판결을 하여야 하고(민사소송법 제70조 제2항), 그중 일부 공동소송인에 대하여만 판결을 하거나, 남겨진 자를 위하여 추가판결을 하는 것은 허용되지 않는다. 그리고 주관적·예비적 공동소송에서 공동소송인 가운데 한 사람에 대한 상대방의 소송행위는 공동소송인 모두에게 효력이 미치므로, <u>주위적 공동소송인과 예비적 공동소송인 중 어느 한 사람에 대하여 상소가 제기되면 다른 공동소송인에 대한 청구 부분도 상소심에 이심되어 상소심의 심판대상이 되고, 이러한 경우 상소심의 심판대상은 주위적·예비적 공동소송인들 및 그 상대방 당사자 사이의 결론의 합일확정의 필요성을 고려하여 그 심판의 범위를 판단하여야 한다</u>(대판 2018.11.9. 2018다251851 판결 등 참조).
> 한편, 민사소송법 제70조 제2항은 같은 조 제1항의 예비적·선택적 공동소송에서는 모든 공동소송인에 관한 청구에 대하여 판결을 하도록 규정하고 있으므로, <u>이러한 공동소송에서 일부 공동소송인에 관한 청구에 대하여만 판결을 하는 경우 이는 일부판결이 아닌 흠이 있는 전부판결에 해당하여 상소로써 이를 다투어야 하고, 그 판결에서 누락된 공동소송인은 이를 시정하기 위하여 상소를 제기할 이익이 있다</u>(대판 2008.3.27. 2005다49430 판결 등 참조)."(대판 2021.7.8. 2020다292756).

> **정답** ○

> **정답** ○

> **유제**

> [사실관계] 원고는 피고 甲에 대해서 乙의 대리에 의한 부동산매매계약의 성립을 주장하면서 소유권이전등기청구를, 피고 乙에 대해서 무권대리일 경우 손해배상청구를 하였는데, <u>제1심에서 피고 甲에 대한 청구는 기각되었으나 피고 乙에 대한 청구는 자백간주로 인용되었고, 이에 대해 원고가 피고 甲에 대한 부분에 관하여만 항소하여 원심은 피고 甲에 대하여만 판단하여 항소를 기각하고 피고 乙에 대한 부분은 아예 당사자로 보지도 않고 그에 대한 판단도 하지 않았다.</u> 이에 대법원은 피고 甲과 乙에 대한 청구는 주관적·예비적 공동소송에 해당하므로 하나의 판결을 선고하여야 함에도 원심이 피고 乙에 대한 청구는 심판대상에서 제외되었다고 보아 판단하지 않은 것이 위법하다고 판단하여 원심판결을 전부 파기환송하였다.

**6** ★ 주관적·예비적 공동소송에서 화해권고결정에 대하여 일부 공동소송인이 이의하지 않았다면 원칙적으로 그 공동소송인에 대한 관계에서는 위 결정이 확정될 수 있다. 다만, 분리 확정을 허용할 경우 형평에 반하고 또한 이해관계가 상반된 공동소송인들 사이에서의 소송 진행 통일을 목적으로 하는 민사소송법 제70조 제1항 본문의 입법 취지에 반하는 결과가 초래되는 경우에는 분리 확정이 허용되지 않는다. 이는 주관적·예비적 공동소송에서 화해권고결정에 대하여 일부 공동소송인만이 이의신청을 한 후 그 공동소송인 전원이 분리 확정에 대하여는 이의가 없다는 취지로 진술하였더라도 마찬가지이다.
23년 변호 (   )

판결요지

1. 주위적 피고에 대한 화해권고결정으로 주위적 예비적 청구의 분리 확정 가능 여부(원칙적 적극)

"1. 민사소송법 제70조에서 정한 주관적·예비적 공동소송에서 화해권고결정에 대하여 일부 공동소송인이 이의하지 않았다면 원칙적으로 그 공동소송인에 대한 관계에서는 위 결정이 확정될 수 있다. 다만 화해권고결정에서 분리 확정을 불허하고 있거나 그렇지 않더라도 그 결정에서 정한 사항이 공동소송인들에게 공통되는 법률관계를 형성함을 전제로 하여 이해관계를 조절하는 경우 등과 같이 결정 사항의 취지에 비추어 볼 때 분리 확정을 허용할 경우 형평에 반하고 또한 이해관계가 상반된 공동소송인들 사이에서의 소송 진행 통일을 목적으로 하는 민사소송법 제70조 제1항 본문의 입법 취지에 반하는 결과가 초래되는 경우에는 분리 확정이 허용되지 않는다.

이는 주관적·예비적 공동소송에서 화해권고결정에 대하여 일부 공동소송인만이 이의신청을 한 후 그 공동소송인 전원이 분리 확정에 대하여는 이의가 없다는 취지로 진술하였더라도 마찬가지이다. 주위적·예비적 피고 사이의 권리의무관계가 상호 관련되어 있고 분리 확정을 허용할 경우 형평에 반할 뿐만 아니라 이해관계가 상반된 공동소송인들 사이에서의 소송 진행 통일을 목적으로 하는 민사소송법 제70조 제1항 본문의 입법 취지에 반하는 결과가 초래될 수 있는 화해권고결정에 대해서는 당사자들의 의사에 관계없이 분리 확정이 허용되지 않는다.

2. 예비적 피고에 대한 판단을 누락한 제1심판결에 대한 항소심의 적법한 조치

2. 원심은 수분양권의 포괄적 양수인에게 부당이득금반환의무가 인정되는 사업시행자가 예비적 피고라고 판단하였으므로 예비적 피고에 대한 청구에 관한 판단을 누락한 위법이 있는 제1심판결을 직권으로 취소하고 주위적 피고에 대한 청구를 기각하며 예비적 피고에 대한 청구를 인용하였어야 한다"(대판 2022.4.14. 2020다224975).

정답  ○

[사실관계] 원심은 화해권고결정에 따라 주위적 피고에 대한 청구 부분이 분리되어 확정되었다고 본 다음 제1심판결에서 예비적 피고에 대한 청구에 대한 판단이 누락되어 있음에도 예비적 피고에 대한 청구를 판단하지 아니하고 예비적 피고의 항소를 기각하였다. 그러나 대법원은 이 사건에서 주위적 예비적 청구가 분리 확정될 수 없는 예외에 해당한다고 보고 원심의 화해권고결정에 대한 예비적 피고의 이의로 인해 주위적 피고에 대한 화해권고결정도 분리 확정되지 않았으므로 항소심으로서는 예비적 피고에 대한 청구에 관한 판단을 누락한 위법이 있는 제1심판결을 직권으로 취소하고 주위적 피고에 대한 청구를 기각하며 예비적 피고에 대한 청구를 인용하였어야 한다고 판단하였다. 위 법리에 따라 대법원은 원심을 직권으로 파기하고 자판하였다.

**7**    ★ 보조참가인이 피참가인을 보조하여 공동으로 소송을 수행하였으나 피참가인이 소송에서 패소한 경우에는 형평의 원칙상 보조참가인이 피참가인에게 패소판결이 부당하다고 주장할 수 없도록 구속력을 미치게 하는 참가적 효력이 인정된다.                                        22년 변호 (   )

**7-1**    ★ 전소 확정판결의 참가적 효력은 전소 확정판결의 결론의 기초가 된 사실상·법률상 판단으로서 보조참가인이 피참가인과 공동이익으로 주장하거나 다툴 수 있었던 사항에 미친다.  22년 변호(   )

판결요지

※ [1] 보조참가인에 대한 전소 확정판결의 참가적 효력이 미치는 범위 및 소송고지를 받은 사람에게도 위와 같은 효력이 미치는지 여부(적극)

"보조참가인이 피참가인을 보조하여 공동으로 소송을 수행하였으나 피참가인이 소송에서 패소한 경우에는 형평의 원칙상 보조참가인이 피참가인에게 패소판결이 부당하다고 주장할 수 없도록 구속력을 미치게 하는 참가적 효력이 인정된다. 전소 확정판결의 참가적 효력은 전소 확정판결의 결론의 기초가 된 사실상·법률상 판단으로서 보조

참가인이 피참가인과 공동이익으로 주장하거나 다툴 수 있었던 사항에 미친다(대판 1997.9.5. 95다42133 판결 등 참조). 소송고지를 받은 사람이 참가하지 않은 경우라도 참가할 수 있었을 때에 참가한 것으로 보기 때문에(민사소송법 제86조, 제77조) 소송고지를 받은 사람에게도 위와 같은 효력이 미친다"(대판 2020.1.30. 2019다268252)　　정답 ○

　유제　　　　　　　　　　　　　　　　　　　　　　　　　　　　　　　　　　　　정답 ○

**8**　★ 상고하지 않은 공동소송적 보조참가인이 적법하게 제출된 피참가인의 상고이유서에서 주장되지 않은 내용을 피참가인의 상고이유서 제출기간이 지난 후 제출한 서면에서 주장하였더라도 이는 적법한 기간 내에 제출된 상고이유의 주장이라고 할 수 없다.　　　　　　　　24년 변호 (　)

**8-1**　★ 피참가인만이 불복한 부분에 대하여, 피참가인이 상고이유서에서 주장하지 않은 새로운 내용을 공동소송적 참가인이 피참가인의 상고이유서 제출기간이 지난 후에 주장한다면 이는 적법한 기간 내에 제출된 상고이유의 주장이라고 할 수 없다.　　　　　　　　　　　　　　(　)

┌─ 판결요지 ─────────────────────────────────────────────

※ **공동소송적 보조참가인의 상고이유 주장 제출기간**

"공동소송적 보조참가를 한 참가인은 상고를 제기하지 않은 채 피참가인이 상고를 제기한 부분에 대한 상고이유서를 제출할 수 있지만 이 경우 상고이유서 제출기간을 준수하였는지는 피참가인을 기준으로 판단하여야 한다. 따라서 상고하지 않은 참가인이 피참가인의 상고이유서 제출기간이 지난 후 상고이유서를 제출하였다면 적법한 기간 내에 제출한 것으로 볼 수 없다. 이러한 법리는 상고이유의 주장에 대해서도 마찬가지여서, 상고하지 않은 참가인이 적법하게 제출된 피참가인의 상고이유서에서 주장되지 않은 내용을 피참가인의 상고이유서 제출기간이 지난 후 제출한 서면에서 주장하였더라도 이는 적법한 기간 내에 제출된 상고이유의 주장이라고 할 수 없다.

정답 ○

공동소송적 보조참가를 한 참가인과 피참가인이 서로 원심에 대해 불복하는 부분을 달리하여 각각 상고하는 경우, '피참가인만이 불복한 부분'에 대하여 참가인은 '상고하지 않은 참가인'의 지위에 있게 된다. 따라서 '피참가인만이 불복한 부분'에 대하여, 피참가인이 상고이유서에서 주장하지 않은 새로운 내용을 참가인이 피참가인의 상고이유서 제출기간이 지난 후에 주장한다면 이는 적법한 기간 내에 제출된 상고이유의 주장이라고 할 수 없다"(대판 2020.10.15. 2019두40611).　유제　　　　　　　　　　　　　　　　　　정답 ○

──────────────────────────────────────────────────────

**9**　권리주장참가를 하기 위해서는, 독립당사자참가인은 우선 참가하려는 소송의 당사자 양쪽 또는 한쪽을 상대방으로 하여 원고의 본소 청구와 양립할 수 없는 청구를 하여야 하고 그 청구는 소의 이익을 갖추는 외에 그 주장 자체에 의하여 성립할 수 있음을 요한다.　　　　　　　　　(　)

**9-1**　사해방지참가는 본소의 원고와 피고가 당해 소송을 통하여 독립당사자참가인을 해할 의사를 가지고 있다고 객관적으로 인정되고 그 소송의 결과 독립당사자참가인의 권리 또는 법률상 지위가 침해될 우려가 있다고 인정되는 경우에 허용된다.　　　　　　　　　　　　　　　(　)

**9-2**　★ 독립당사자참가인이 수 개의 청구를 병합하여 독립당사자참가를 하는 경우에는 각 청구별로 독립당사자참가의 요건을 갖추어야 하고, 편면적 독립당사자참가가 허용된다고 하여, 참가인이 독립당사자참가의 요건을 갖추지 못한 청구를 추가하는 것을 허용하는 것은 아니다.　　　　　　(　)

**9-3**  ★ 원고 B가 피고 C를 상대로 주위적으로 약속어음금 지급을 구하고, 예비적으로 피고 C와 체결한 사업양수도계약의 해제에 따른 원상회복의무 불능에 의한 가액배상을 구함에 대하여, 독립당사자참가인 A가 원고 B의 피고 C에 대한 위 양수도계약에 따른 채권이 독립당사자참가인 A에게 양도되었다고 주장하면서 피고 C를 상대로는 양수금의 지급을, 원고 B를 상대로는 원고 B가 피고 C의 양수금 채무를 연대보증하였다고 주장하면서 연대보증채무의 이행을 구하면서 두 개의 청구를 병합하여 독립당사자참가 신청을 한 경우, <u>독립당사자참가인 A가 피고 C에 대하여 구하는 20억 원의 지급 청구와 달리 원고 B에 대하여 구하는 연대보증채무 이행 청구는 원고 B의 본안 소송과 양립할 수 없다고 볼 수 없으므로, 독립당사자참가 중 권리주장참가의 요건을 갖추지 못하였고, 달리 사해방지참가의 요건을 갖추었다고 볼 만한 자료도 없으므로, 법원은 A의 참가신청을 각하하여야 한다.</u>                                                  (     )

[판결요지]

※ **민사소송법 제79조 제1항에서 정한 독립당사자참가의 요건 / 독립당사자참가인이 수 개의 청구를 병합하여 독립당사자참가를 하는 경우, 각 청구별로 독립당사자참가의 요건을 갖추어야 하는지 여부(적극)**

"독립당사자참가 중 민사소송법 제79조 제1항 전단의 <u>권리주장참가</u>를 하기 위해서는, 독립당사자참가인은 우선 참가하려는 소송의 당사자 양쪽 또는 한쪽을 상대방으로 하여 원고의 본소 청구와 양립할 수 없는 청구를 하여야 하고 그 청구는 소의 이익을 갖추는 외에 그 주장 자체에 의하여 성립할 수 있음을 요하며, 민사소송법 제79조 제1항 후단의 사해방지참가는 본소의 원고와 피고가 당해 소송을 통하여 독립당사자참가인을 해할 의사를 가지고 있다고 객관적으로 인정되고 그 소송의 결과 독립당사자참가인의 권리 또는 법률상 지위가 침해될 우려가 있다고 인정되는 경우에 허용된다. 독립당사자참가인이 수 개의 청구를 병합하여 독립당사자참가를 하는 경우에는 각 청구별로 독립당사자참가의 요건을 갖추어야 하고, 편면적 독립당사자참가가 허용된다고 하여, 참가인이 독립당사자참가의 요건을 갖추지 못한 청구를 추가하는 것을 허용하는 것은 아니다.

기록에 의하면, 독립당사자참가인은 원고가 이 사건 양수도계약에 따라 지급받기로 한 20억 원과 관련하여 주위적으로 그 지급보증을 위해 발행된 액면금 20억 원의 약속어음금의 지급을 구하고, 예비적으로 이 사건 양수도계약을 해제하면서 그 원상회복 불능에 따른 가액배상으로 20억 원의 지급을 구하는 본안 소송 계속 중에 피고에 대하여 이 사건 양수도계약에 따라 지급하기로 한 20억 원의 채권이 독립당사자참가인에게 양도되었음을 전제로 그 20억 원의 지급을 구하고, 원고에 대하여는 피고의 독립당사자참가인에 대한 위 20억 원의 채무를 연대보증하였다는 이유로 그 연대보증채무의 이행을 구하면서 두 개의 청구를 병합하여 독립당사자참가 신청을 한 사실을 알 수 있다. 그런데 독립당사자참가인이 피고에 대하여 구하는 20억 원의 지급 청구와 달리 원고에 대하여 구하는 연대보증채무 이행 청구는 원고의 본안 소송과 양립할 수 없다고 볼 수 없으므로, 독립당사자참가 중 권리주장참가의 요건을 갖추지 못하였고, 달리 사해방지참가의 요건을 갖추었다고 볼 만한 자료도 없으므로 어느 모로 보나 부적법하다. 그럼에도 원심은 독립당사자참가인이 원고에 대하여 위와 같은 청구를 추가할 수 있다고 보고 본안 판단까지 함으로써 독립당사자참가에 있어서 청구 추가의 요건에 관한 법리를 오해하여 판결에 영향을 미친 잘못이 있다"(대판 2022.10.14. 2022다241608,241615).

**정답** ○

[유제 모두]

**정답** ○

[**사실관계**]  원고 B가 피고 C를 상대로 주위적으로 약속어음금 지급을 구하고, 예비적으로 피고 C와 체결한 사업양수도계약의 해제에 따른 원상회복의무 불능에 의한 가액배상을 구함에 대하여, 독립당사자참가인 A가 원고 B의 피고 C에 대한 위 양수도계약에 따른 채권이 독립당사자참가인 A에게 양도되었다고 주장하면서 피고 C를 상대로는 양수금의 지급을, 원고 B를 상대로는 원고 B가 피고 C의 양수금 채무를 연대보증하였다고 주장하면서 연대보증채무의 이행을 구한 사안에서, 대법원은 위와 같은 법리에 따라, 독립당사자참가신청 중 원고 B에 대한 참가신

청 부분(연대보증채무의 이행청구 부분)은 독립당사자참가의 요건을 갖추지 못하였다고 판단하고, 이와 달리 이 부분의 참가신청도 적법 요건을 갖추었다는 전제에서 이를 인용한 원심판결 부분을 파기하고 이 부분의 참가신청을 각하(자판)한 사례

**10** ★ 민사소송법 제79조에 따른 독립당사자참가소송의 본안판결에 대하여 일방이 항소한 경우, 세 당사자 사이의 결론의 합일확정을 위하여 필요한 한도에서 항소 또는 부대항소를 제기하지 않은 당사자에게 제1심판결보다 유리한 내용으로 판결이 변경될 수 있다. ( )

**10-1** ★ 항소 또는 부대항소를 제기하지 않은 당사자의 청구에 관하여 항소심에서 판결 주문이 선고되지 않고 독립당사자참가소송이 그대로 확정된 경우, 취소되거나 변경되지 않은 제1심판결의 주문에 대하여 기판력이 발생한다. ( )

[판결요지]

"[1] 민사소송법 제79조에 따른 독립당사자참가소송은 동일한 권리관계에 관하여 원고, 피고와 독립당사자참가인이 서로 간의 다툼을 하나의 소송절차로 한꺼번에 모순 없이 해결하는 소송형태이다. 독립당사자참가가 적법하다고 인정되어 원고, 피고와 독립당사자참가인 간의 소송에 대하여 본안판결을 할 때에는 세 당사자를 판결의 명의인으로 하는 하나의 종국판결을 선고함으로써 세 당사자들 사이에서 합일확정적인 결론을 내려야 한다. 이러한 본안판결에 대하여 일방이 항소한 경우에는 제1심판결 전체의 확정이 차단되고 사건 전부에 관하여 이심의 효력이 생긴다. 그리고 이러한 경우 항소심의 심판대상은 실제 항소를 제기한 자의 항소 취지에 나타난 불복범위에 한정하되 세 당사자 사이의 결론의 합일확정 필요성을 고려하여 그 심판 범위를 판단해야 한다. 이에 따라 항소심에서 심리·판단을 거쳐 결론을 내릴 때 세 당사자 사이의 결론의 합일확정을 위하여 필요한 경우에는 그 한도에서 항소 또는 부대항소를 제기하지 않은 당사자에게 결과적으로 제1심판결보다 유리한 내용으로 판결이 변경되는 것도 배제할 수는 없다. 그러나 판결 결론의 합일확정을 위하여 항소 또는 부대항소를 제기한 적이 없는 당사자의 청구에 대한 제1심판결을 취소하거나 변경할 필요가 없다면, 항소 또는 부대항소를 제기한 적이 없는 당사자의 청구가 항소심의 심판대상이 되어 항소심이 그 청구에 관하여 심리·판단해야 하더라도 그 청구에 대한 당부를 반드시 판결 주문에서 선고할 필요가 있는 것은 아니다. 그리고 이와 같이 항소 또는 부대항소를 제기하지 않은 당사자의 청구에 관하여 항소심에서 판결 주문이 선고되지 않고 독립당사자참가소송이 그대로 확정된다면, 취소되거나 변경되지 않은 제1심판결의 주문에 대하여 기판력이 발생한다"(대판 2022.7.28. 2020다231928) 정답 ○

유제 정답 ○

[사실관계] 매수인 甲은 매도인 乙에 대해 매매계약이 무효임을 이유로 계약금에 대한 부당이득 반환청구의 소를 제기하였고, 공동 매수인 丙이 독립당사자 자격으로 편면적 참가를 한 사안에서, 제1심은 매매계약을 무효로 볼 수 없다는 이유로 甲과 丙의 청구를 모두 기각하자, 甲만이 항소하였고, 항소심은 甲과 乙의 계약이 무효라고 인정하여 甲의 청구를 기각한 제1심판결을 취소하고 甲의 청구를 인용하였다. 위 판결이 확정된 후 丙이 乙을 상대로 부당이득반환청구를 하였는데, 甲만이 항소한 항소심에서 甲의 乙에 대한 청구와 丙의 乙에 대한 청구는 합일확정이 필요한 관계에 있으므로, 丙이 제1심판결에 대하여 항소하지 않았더라도 丙의 청구는 항소심의 심판대상이 되지만, 항소심이 甲의 청구를 인용하더라도 丙의 청구는 제1심판결에서 기각되었으므로 판결 결론이 모순되지 않고, 이러한 경우 항소심은 제1심판결을 변경하여 丙의 청구부분에 대한 주문을 선고할 필요가 없으며, 丙의 부당이득반환청구를 기각한 제1심판결은 확정됨에 따라 기판력이 발생하게 되고 이후 丙이 乙에 대해 부당이득반환청구의 소를 제기하는 경우 선행사건에서 丙의 부당이득반환청구와 후소에서 丙의 부당이득반환 청구는 동일한 소송물을 대상으로 한 것이므로 丙의 후소는 선행사건 확정판결의 기판력에 저촉된다고 본 사례

| 제6편 | 상소 및 재심절차 |
|---|---|

**1** ★ 원고의 소를 각하한 원심판결에 대하여 원심에서 소가 각하되어야 한다고 주장하였던 피고에게는 상고를 제기할 이익이 인정되지 않는다.                                              (    )

판결요지

※ 원고의 소를 각하한 원심판결에 대하여 원심에서 소가 각하되어야 한다고 주장하였던 피고가 상고를 제기할 이익이 있는지 여부(소극)

"상소는 자기에게 불리한 재판에 대해서만 제기할 수 있다. 여기서 재판이 상소인에게 불리한지 여부는 상소의 대상이 되는 재판의 주문을 기준으로 판단해야 하므로, 상소인이 전부 승소한 판결에 대하여 제기한 상소는 그 이익이 없어 부적법하다(대판 2012.11.15. 2012다65621 판결 등 참조)"(대판 2022.6.30. 2018두289).   **정답** ○

**2** 원래의 가압류결정에 기한 가압류등기가 이미 말소되었더라도, 가압류취소결정을 취소하는 항고법원의 결정을 집행하는 것이 불가능한 경우가 아니라면 항고의 이익이 있다.                    (    )

판결요지

※ 가압류취소결정에 따라 가압류등기가 말소된 경우 가압류취소결정에 대한 항고의 이익이 인정되는지 여부(원칙적 적극)

"상소는 자기에게 불이익한 재판에 대하여 유리하도록 그 취소·변경을 구하는 것이므로(대판 1997.12.26. 97다22676), 채권자는 제1심결정의 내용이 불이익하다면 항고를 통해 그 취소를 구할 수 있다. 이때 원래의 가압류결정에 기한 가압류등기가 이미 말소되었더라도, 가압류취소결정을 취소하는 항고법원의 결정을 집행하는 것이 불가능한 경우가 아니라면 항고의 이익이 있다고 보아야 한다. 그 이유는 다음과 같다.

1. 민사집행법 제298조 제1항은 "가압류의 취소결정을 상소법원이 취소한 경우로서 법원이 그 가압류의 집행기관이 되는 때에는 그 취소의 재판을 한 상소법원이 직권으로 가압류를 집행한다."라고 정하고 있다. 이는 항고법원의 결정에 따라 새로운 집행이 필요할 때 별도로 채권자의 신청이나 담보제공 등이 없이도 직권으로 원래의 보전처분을 집행하도록 한 것으로서, 가압류취소결정에 따른 집행취소에 의해 가압류등기가 말소되었으나 항고법원이 가압류의 취소결정을 취소하고 원래의 가압류결정을 인가한 때의 집행방법을 정한 것으로 보아야 한다.

2. 가압류 결정 절차와 가압류 집행 절차는 명백히 구별되는 것으로서, 가압류 취소결정에 따른 집행취소로 가압류등기가 말소되고 이를 회복할 수 없는 것이라 하더라도 이는 집행절차의 문제에 불과하다. 가압류결정에 대한 이의사건에서 항고심의 심판대상은 가압류이의대상의 존부이므로, 항고법원은 이를 심리하여 가압류결정에 대한 인가결정을 할 수 있고, 민사집행법 제298조 제1항에 따라 직권으로 가압류를 집행할 수 있다. 채권자는 이러한 범위 내에서 항고를 통해 보전처분의 이익을 달성할 수 있고, 이는 원래의 가압류등기가 회복되지 않는다고 하여 달리 볼 것은 아니다"(대결 2022.4.24. 2021마7088).   **정답** ○

**3** 항소장에 항소의 범위나 이유를 기재하여야한다. ( )

**3-1** ★ 항소장이 피항소인에게 송달되어 항소심법원과 당사자들 사이의 소송관계가 성립하면 항소심재판장은 더 이상 단독으로 <u>항소장 각하명령</u>을 할 수 없다. ( )

**3-2** ★ 독립당사자참가소송의 제1심 본안판결에 대해 일방이 항소하고 피항소인 중 1명에게 항소장이 적법하게 송달되어 항소심법원과 당사자들 사이의 소송관계가 일부라도 성립한 것으로 볼 수 있는 경우, 항소심재판장이 단독으로 항소장 각하명령을 할 수 있다. 15·21년 법원직 ( )

---

**판결요지**

※ 항소심재판장이 항소장 각하명령을 할 수 있는 시기(=항소장 송달 전까지) 및 독립당사자참가소송의 제1심 본안판결에 대해 일방이 항소하고 피항소인 중 1명에게 항소장이 적법하게 송달되어 항소심법원과 당사자들 사이의 소송관계가 일부라도 성립한 것으로 볼 수 있는 경우, 항소심재판장이 단독으로 항소장 각하명령을 할 수 있는지 여부(소극)

"민사소송법 제397조 제2항은 항소장에 당사자와 법정대리인, 제1심판결의 표시와 그 판결에 대한 항소의 취지를 적도록 하고 있을 뿐이므로, 항소장에는 제1심판결의 변경을 구한다는 항소인의 의사가 나타나면 충분하고 항소의 범위나 이유까지 기재되어야 하는 것은 아니다. 따라서 항소의 객관적, 주관적 범위는 항소장에 기재된 항소취지만을 기준으로 판단할 것은 아니고, 항소취지와 함께 항소장에 기재된 사건명이나 사건번호, 당사자의 표시, 항소인이 취소를 구하는 제1심판결의 주문 내용 등을 종합적으로 고려해서 판단해야 한다. 따라서 <u>항소장이 피항소인에게 송달되어 항소심법원과 당사자들 사이의 소송관계가 성립하면 항소심재판장은 더 이상 단독으로 항소장 각하명령을 할 수 없다</u>"(대결 2020.1.30. 2019마5599,5600).  정답 ✕

**유제-1**  정답 ○

"나아가 민사소송법 제79조에 의한 독립당사자참가소송은 동일한 권리관계에 관하여 원고, 피고, 참가인 사이의 다툼을 하나의 소송절차로 한꺼번에 모순 없이 해결하는 소송형태이므로, 위 세 당사자들에 대해서는 하나의 종국판결을 선고하여 합일적으로 확정될 결론을 내려야 하고, 이러한 본안판결에 대해 일방이 항소한 경우 제1심판결 전체의 확정이 차단되고 사건 전부에 관하여 이심의 효력이 생긴다. 이처럼 항소심재판장이 단독으로 하는 항소장 각하명령에는 시기적 한계가 있고 독립당사자참가소송의 세 당사자들에 대하여는 합일적으로 확정될 결론을 내려야 하므로, 독립당사자참가소송의 제1심 본안판결에 대해 일방이 항소하고 피항소인 중 1명에게 항소장이 적법하게 송달되어 항소심법원과 당사자들 사이의 소송관계가 일부라도 성립한 것으로 볼 수 있다면, 항소심재판장은 더 이상 단독으로 항소장 각하명령을 할 수 없다"(대결 2020.1.30. 2019마5599,5600). **유제-2**  정답 ✕

---

## |관련판례|

※ **소장각하명령의 행사시기(소장부본송달시설)**

원고가 보정명령을 받았음에도 소장을 보정하지 않는 경우 재판장은 명령으로 소장을 각하한다(제254조 2항). 判例는 "항소심 재판장이 독자의 권한으로 항소장각하명령을 할 수 있는 것은 **항소장의 송달 전,** 즉 항소장의 송달이 불능하여 그 보정을 명하였는데도 보정에 응하지 않은 경우에 한하고, 항소심의 변론이 개시된 후에는 재판장은 명령으로 항소장을 각하할 수 없다"(대결 1981.11.26. 81마275)고 하여 **소장부본송달시설(소송계속시설)**의 입장이다.

**4** ★ 항소장 부본이 송달불능된 경우 항소심재판장은 상당한 기간을 정하여 주소보정명령을 하여야 하고 항소인이 이를 이행하지 아니한 때 항소심재판장이 항소장각하명령을 하여야 한다.    (    )

판결요지

※ 항소심에서 항소장 부본을 송달할 수 없는 경우, 항소심재판장은 민사소송법 제402조 제1항, 제2항에 따라 항소인에게 상당한 기간을 정하여 그 기간 이내에 피항소인의 주소를 보정하도록 명하여야 하는지 여부(적극) 및 항소인이 그 기간 이내에 피항소인의 주소를 보정하지 아니한 때에는 명령으로 항소장을 각하하여야 하는지 여부(적극) / 위와 같은 대법원 판례의 법리가 그대로 유지되어야 하는지 여부(적극)
**[다수의견]** 대법원은 항소심에서 항소장 부본을 송달할 수 없는 경우 항소심재판장은 민사소송법 제402조 제1항, 제2항에 따라 항소인에게 상당한 기간을 정하여 그 기간 이내에 피항소인의 주소를 보정하도록 명하여야 하고, 항소인이 그 기간 이내에 피항소인의 주소를 보정하지 아니한 때에는 명령으로 항소장을 각하하여야 한다는 법리를 선언하여 왔고, 항소장의 송달불능과 관련한 법원의 실무도 이러한 법리를 기초로 운용되어 왔다. 위와 같은 대법원 판례는 타당하므로 그대로 유지되어야 한다.
**[대법관 박상옥, 대법관 이기택, 대법관 이동원의 반대의견]** 소송절차의 연속성을 고려할 때 항소장 부본의 송달불능은 소송계속 중 소송서류가 송달불능된 것에 불과한 점, 항소인이 항소장 부본의 송달불능을 초래한 것이 아닌데도 그 송달불능으로 인한 불이익을 오로지 항소인에게만 돌리는 것은 부당한 점, 소장각하명령과 항소장각하명령은 본질적으로 다른 재판인 점 등을 종합하여 고려할 때, 항소장 부본이 송달불능된 경우 민사소송법 제402조 제1항, 제2항에 근거하여 항소인에게 주소보정명령을 하거나 그 불이행 시 항소장각하명령을 하는 것은 허용될 수 없다고 보아야 한다. 또한 관련 법 조항의 문언해석상으로도 그러하다"(대결 2021.4.22. 전합2017마6438).    정답 ○

**5** ★ 피고가 항소심에서 변제 항변을 한 것은 제1심판결에서 지급을 명한 손해배상금이 변제되어 소멸되었다는 취지이므로, 이는 제1심판결에 대해 부대항소를 한 취지라고 볼 여지가 많다.    (    )

판결요지

대판 2021.10.28. 2021다253376판시내용    정답 ○

**6** ★ 피항소인이 항소기간이 지난 뒤에 단순히 항소기각을 구하는 방어적 신청에 그치지 아니하고 제1심판결보다 자신에게 유리한 판결을 구하는 적극적·공격적 신청의 의미가 객관적으로 명백히 기재된 서면을 제출하고, 이에 대하여 상대방인 항소인에게 공격방어의 기회 등 절차적 권리가 보장된 경우, 그 서면에 '부대항소장'이나 '부대항소취지'라는 표현이 사용되지 않았더라도 부대항소로 볼 수 있고, 이는 피항소인이 항소기간이 지난 뒤에 실질적으로 제1심판결 중 자신이 패소한 부분에 대하여 불복하는 취지의 내용이 담긴 항소장을 제출한 경우에도 마찬가지이다.    23년 법원직 (    )

판결요지

"부대항소란 피항소인이 제기한 불복신청으로 항소심의 심판 범위가 항소인의 불복 범위에 한정되지 않도록 함으로써 자기에게 유리하게 제1심판결을 변경하기 위한 것이므로, 피항소인은 항소권이 소멸된 뒤에도 변론이 종결

될 때까지 부대항소를 제기할 수 있으나(민사소송법 제403조), 항소에 관한 규정이 준용됨에 따라 민사소송법 제397조 제2항에서 정한대로 부대항소 취지가 기재된 '부대항소장'을 제출하는 방식으로 하여야 함이 원칙이다(민사소송법 제405조). 그러나 피항소인이 항소기간이 지난 뒤에 단순히 항소기각을 구하는 방어적 신청에 그치지 아니하고 제1심판결보다 자신에게 유리한 판결을 구하는 적극적·공격적 신청의 의미가 객관적으로 명백히 기재된 서면을 제출하고, 이에 대하여 상대방인 항소인에게 공격방어의 기회 등 절차적 권리가 보장된 경우에는 비록 그 서면에 '부대항소장'이나 '부대항소취지'라는 표현이 사용되지 않았더라도 이를 부대항소로 볼 수 있다. 이는 피항소인이 항소기간이 지난 뒤에 실질적으로 제1심판결 중 자신이 패소한 부분에 대하여 불복하는 취지의 내용이 담긴 항소장을 제출한 경우라고 하여 달리 볼 것은 아니다"(대판 2022.10.14. 2022다252387).  **정답** ○

**[사실관계]** 1심에서 일부 인용된 원고가 적법한 항소를 제기하였고 피고는 항소기간이 도과된 후에 '항소장'을 제출하면서 '피고 패소부분의 취소'를 구하자, 원심은 피고에 대해 '부대항소인'이라는 표현을 사용하지 않으면서도 부대항소인으로 취급하여 원고의 항소를 기각하되 피고의 주장을 상당 부분 인정하여 원고의 승소 부분을 감축하였는바, 이러한 원심의 판단에 항소기간·부대항소에 관한 법리오해 등의 잘못이 없다고 보아 상고를 기각한 사례

**7** ★ 제1심이 甲의 乙에 대한 5억 원의 손해배상청구에 관하여 2억 5,000만 원 및 지연손해금을 인용하자 乙만 항소하였다면 甲이 항소하지 않은 2억 5,000만 원 부분은 항소심판결 선고와 동시에 확정되어 소송이 종료된다.  ( )

**7-1** 위 사건에서 항소심이 乙의 항소 중 5,000만 원 및 지연손해금에 대한 항소를 받아들이면서 "제1심판결 중 피고(乙)에 대하여 2억 원 및 지연손해금을 초과하여 지급을 명한 피고(乙) 패소 부분을 취소하고 그 취소 부분에 해당하는 원고(甲)의 청구를 기각한다. 피고(乙)의 나머지 항소를 기각한다."라고 판결하자, 甲은 항소심에서 패소한 위 5,000만 원 및 지연손해금에 대하여 상고하지 않았으나, 乙은 항소심에서 패소한 부분에 불복하여 상고하였다. 이에 대법원은 피고 乙의 상고를 받아들여 항소심판결 중 피고 패소 부분을 파기·환송하였다. 이 경우 환송 후 원심으로서는 甲이 상고하지 않은 5,000만 원이에 대하여 심리할 수 없다.  ( )

> **판결요지**

[1] 1개의 청구 일부를 기각하는 제1심판결에 대하여 일방 당사자만이 항소한 경우, 항소심의 심판범위 및 이때 항소심의 심판대상이 되지 아니한 부분은 항소심판결 선고와 동시에 확정되어 소송이 종료되는지 여부(적극)

[2] 원고의 청구가 일부 인용된 환송 전 원심판결에 대하여 피고만이 상고하여 상고심에서 피고 패소 부분을 파기·환송한 경우, 환송 후 원심의 심판범위 및 환송 전 원심판결 중 원고 패소 부분에 대하여 환송 후 원심이 심리할 수 있는지 여부(소극)

"[1] 1개의 청구 일부를 기각하는 제1심판결에 대하여 일방 당사자만이 항소한 경우 제1심판결의 심판대상이었던 청구 전부가 불가분적으로 항소심에 이심되나, 항소심의 심판범위는 이심된 부분 가운데 항소인이 불복한 한도로 제한되고, 항소심의 심판대상이 되지 아니한 부분은 항소심판결 선고와 동시에 확정되어 소송이 종료된다.

[2] 원고의 청구가 일부 인용된 환송 전 원심판결에 대하여 피고만이 상고하고 상고심이 상고를 받아들여 원심판결 중 피고 패소 부분을 파기·환송하였다면 피고 패소 부분만이 상고되었으므로 위의 상고심에서의 심리대상은 이 부분에 국한되었으며, 환송되는 사건의 범위, 다시 말하자면 환송 후 원심의 심판범위도 환송 전 원심에서 피고가 패소한 부분에 한정되는 것이 원칙이고, 환송 전 원심판결 중 원고 패소 부분은 확정되었다 할 것이므로 환송 후 원심으로서는 이에 대하여 심리할 수 없다"(대판 2020.3.26. 2018다221867).  **정답** ○

유제

정답 ○

**[판결이유] 1. 소송종료선언 부분**

피고가 상고이유에서 지적하는 2억 5,000만 원 부분과 직권으로 5,000만 원 부분을 함께 판단한다.

**가. 사건의 경과**

1) 원고는 피고 등을 상대로 공동불법행위를 원인으로 하여 손해배상금 5억 원 및 지연손해금의 지급을 청구하였다

2) 제1심은 피고에 대하여 원고 청구의 일부인 2억 5,000만 원 및 지연손해금을 지급하라는 판결을 선고하고 나머지 청구를 기각하였다. 피고는 제1심판결 중 패소 부분에 불복하여 항소하였다. 원고는 그 패소 부분에 대하여 항소하지 않았다

3) 환송 전 원심은 피고의 항소 중 5,000만 원 및 지연손해금에 대한 항소를 받아들였다. 따라서 "제1심판결 중 피고에 대하여 2억 원 및 지연손해금을 초과하여 지급을 명한 피고 패소 부분을 취소하고 그 취소 부분에 해당하는 원고의 청구를 기각한다. 피고의 나머지 항소를 기각한다."라고 판결하였다. 원고는 항소심에서 패소한 위 5,000만 원 및 지연손해금에 대하여 상고하지 않았다. 피고는 환송 전 원심판결 중 패소 부분에 불복하여 상고하였다.

4) 대법원은 피고의 상고를 받아들여 환송 전 원심판결 중 피고 패소 부분을 파기·환송하였다.

**나. 원심의 판단**

원심(또는 '환송 후 원심'이라고 한다)은, 원고가 항소 후 원심에서 단지 선택적으로 예금채권의 청구원인을 추가하였을 뿐임에도, 예금채권 청구에 관하여 피고에 대하여 5억 원 및 이에 대하여 2018. 1. 6.부터 2018. 2. 22.까지는 연 6%, 그 다음 날부터 다 갚는 날까지는 연 15%의 각 비율에 의한 지연손해금을 지급하라는 판결을 선고하고 나머지 지연손해금 청구를 기각하였고, 손해배상채권 청구에 관하여는 별도로 판단하지 않았다.

**다. 원고가 항소하지 않은 2억 5,000만 원 부분**

1개의 청구 일부를 기각하는 제1심판결에 대하여 일방 당사자만이 항소한 경우 제1심판결의 심판대상이었던 청구 전부가 불가분적으로 항소심에 이심되나, 항소심의 심판범위는 이심된 부분 가운데 항소인이 불복한 한도로 제한되고, 항소심의 심판대상이 되지 아니한 부분은 항소심판결 선고와 동시에 확정되어 소송이 종료된다(대판 2013.7.11. 2011다18864 판결 등 참조).

위 법리에 비추어 살펴보면, 제1심이 원고의 손해배상청구에 관하여 2억 5,000만 원 및 지연손해금을 인용하고 피고만 항소하였으므로, 이를 초과하는 원고의 나머지 청구 부분은 환송 전 원심의 심판대상이 아니고, 2015. 8. 13. 환송 전 원심판결 선고와 동시에 확정되어 소송이 종료되었다

**라. 원고가 상고하지 않은 5,000만 원 부분**

원고의 청구가 일부 인용된 환송 전 원심판결에 대하여 피고만이 상고하고 상고심이 상고를 받아들여 원심판결 중 피고 패소 부분을 파기·환송하였다면 피고 패소 부분만이 상고되었으므로 위의 상고심에서의 심리대상은 이 부분에 국한되었으며, 환송되는 사건의 범위, 다시 말하자면 환송 후 원심의 심판범위도 환송 전 원심에서 피고가 패소한 부분에 한정되는 것이 원칙이고, 환송 전 원심판결 중 원고 패소 부분은 확정되었다 할 것이므로 환송 후 원심으로서는 이에 대하여 심리할 수 없다(대판 2013.2.28. 2011다31706 판결 등 참조).

위 법리에 비추어 살펴보면, 환송 전 원심은 제1심이 인용한 부분 중 2억 원 및 지연손해금을 초과하여 지급을 명한 피고 패소 부분을 취소하고 그 부분에 해당하는 원고의 청구를 기각하고 피고만 상고하였으므로, 환송 전 원심에서 추가로 청구가 기각된 부분 역시 대법원의 심판대상이 아니고, 2016. 5. 12. 대법원의 환송판결 선고와 동시에 확정되어 소송이 종료되었다.

**마. 소결론**

그러므로 환송 후 원심의 심판범위는 환송 전 원심판결의 피고 패소 부분에 한정될 뿐 위와 같이 이미 확정된 부분은 그 심판대상이 될 수 없다. 그럼에도 원심은 이미 확정되어 심판대상이 아닌 청구 부분까지 포함해서 심리·판단함으로써 피고에 대하여 5억 원 및 지연손해금의 지급을 명하였으니, 그중 심판범위를 초과하여 3억 원 및

지연손해금의 지급을 명한 원심의 조치는 이심의 범위, 심판대상, 환송 후 원심의 심판범위, 처분권주의, 불이익변경금지 원칙 등에 관한 법리를 오해하여 판결에 영향을 미친 잘못이 있다. 2억 5,000만 원 부분에 대하여는 이 점을 지적하는 취지의 피고의 상고이유는 이유 있다. 나머지 5,000만 원 부분은 직권으로 판단한다.

**8** ★ 소액사건에 관하여 상고이유로 할 수 있는 '대법원의 판례에 상반되는 판단을 한 때' [3]의 요건을 갖추지 않았어도 대법원이 실체법 해석적용의 잘못에 관하여 직권으로 판단할 수 있는 경우가 있다.

20년 법원직 (  )

[판결요지]

"소액사건에서 구체적 사건에 적용할 법령의 해석에 관한 대법원 판례가 아직 없는 상황에서 같은 법령의 해석이 쟁점으로 되어 있는 다수의 소액사건들이 하급심에 계속되어 있을 뿐 아니라 재판부에 따라 엇갈리는 판단을 하는 사례가 나타나고 있는 경우에는, 소액사건이라는 이유로 대법원이 법령의 해석에 관하여 판단하지 않고 사건을 종결한다면 국민생활의 법적 안전성을 해칠 것이 우려된다. 따라서 이와 같은 특별한 사정이 있는 경우에는 소액사건에 관하여 상고이유로 할 수 있는 '대법원의 판례에 상반되는 판단을 한 때'의 요건을 갖추지 않았더라도 법령해석의 통일이라는 대법원의 본질적 기능을 수행하는 차원에서 실체법 해석·적용의 잘못에 관하여 직권으로 판단할 수 있다고 보아야 한다"(대판 2019.5.16. 2017다226629, 2019.8.14. 2017다217151, 2019.12.27. 2018다37857 ; 대판 2021.4.29. 2016다224879 ; 대판 2022.1.13. 2019다220618).

정답 ○

**9** ★ 환송판결 선고 이후 헌법재판소가 환송판결의 기속적 판단의 기초가 된 법률 조항을 위헌으로 선언하여 그 법률 조항의 효력이 상실된 때에는 그 범위에서 환송판결의 기속력은 미치지 않고, 환송 후 원심이나 그에 대한 상고심에서 위헌결정으로 효력이 상실된 법률 조항을 적용할 수 없어 환송판결과 다른 결론에 이른다고 하더라도 환송판결의 기속력에 관한 법원조직법 제8조에 저촉되지 않는다. (  )

**9-1** 피고의 주장이 환송판결에서 받아들여진 적이 있을 정도였다면, 비록 환송 후 원심이 새로운 사정을 이유로 환송 전 원심판결과 같은 내용의 판결을 선고하게 되었더라도, 환송 후 원심판결이 선고되기 전까지는 피고가 이행의무의 존재 여부나 범위에 관하여 항쟁하는 것에는 타당한 근거가 있었다고 보아야한다. (  )

[판결요지]

※ 환송판결 선고 이후 헌법재판소가 환송판결의 기속적 판단의 기초가 된 법률 조항을 위헌으로 선언하여 그 법률 조항의 효력이 상실된 경우

"상고심법원이 환송 전 원심판결을 파기하는 이유로 삼은 사실상 및 법률상의 판단은 사건의 환송을 받은 원심은 물론 상고심법원도 기속한다. 그러나 환송판결 선고 이후 헌법재판소가 환송판결의 기속적 판단의 기초가 된 법률

---

3) **소액사건심판법 제3조 (상고 및 재항고)** 소액사건에 대한 지방법원 본원 합의부의 제2심판결이나 결정·명령에 대하여는 다음 각호의 1에 해당하는 경우에 한하여 대법원에 상고 또는 재항고를 할 수 있다.
1. 법률·명령·규칙 또는 처분의 헌법위반여부와 명령·규칙 또는 처분의 법률위반여부에 대한 판단이 부당한 때
2. 대법원의 판례에 상반되는 판단을 한 때

조항을 위헌으로 선언하여 그 법률 조항의 효력이 상실된 때에는 그 범위에서 환송판결의 기속력은 미치지 않고, 환송 후 원심이나 그에 대한 상고심에서 위헌결정으로 효력이 상실된 법률 조항을 적용할 수 없어 환송판결과 다른 결론에 이른다고 하더라도 환송판결의 기속력에 관한 법원조직법 제8조에 저촉되지 않는다.

「소송촉진 등에 관한 특례법」(이하 '소송촉진법'이라고 한다) 제3조 제2항에서 말하는 '채무자가 그 이행의무의 존재 여부나 범위에 관하여 항쟁하는 것이 타당하다고 인정되는 경우'란 그 이행의무의 존재 여부나 범위에 관하여 항쟁하는 채무자의 주장이 타당한 근거가 있는 것으로 인정되는 때를 가리킨다(대판 1997.5.9. 97다6988 판결 등 참조). 위와 같이 피고의 주장이 이 사건 환송판결에서 받아들여진 적이 있을 정도였다면, 비록 환송 후 원심이 새로운 사정을 이유로 환송 전 원심판결과 같은 내용의 판결을 선고하게 되었더라도, 환송 후 원심판결이 선고되기 전까지는 피고가 이행의무의 존재 여부나 범위에 관하여 항쟁하는 것에는 타당한 근거가 있었다고 보아야 한다"(대판 2020.11.26. 2019다2049). **정답** ○                                                              **유 제**    **정답** ○

**10** ★ 제1심법원이 피고의 답변서 제출을 간과한 채 무변론판결을 선고함으로써 제1심판결 절차가 법률에 어긋난 경우 항소법원은 제1심판결을 취소하여야 한다.                    22년 법원직 (   )

판결요지

> ※ 제1심법원의 위법한 무변론판결에 대한 항소심의 조치
>
> "제1심법원이 피고에게 소장의 부본을 송달하였을 때 피고가 원고의 청구를 다투는 경우에는 소장의 부본을 송달받은 날부터 30일 이내에 답변서를 제출하여야 하고(민사소송법 제256조 제1항), 법원은 피고가 답변서를 제출하지 아니한 때에는 청구의 원인이 된 사실을 자백한 것으로 보고 변론 없이 판결할 수 있으나(이하 '무변론판결'이라 한다), 판결이 선고되기까지 피고가 원고의 청구를 다투는 취지의 답변서를 제출한 경우에는 무변론판결을 할 수 없다(같은 법 제257조 제1항). 따라서 제1심법원이 피고의 답변서 제출을 간과한 채 민사소송법 제257조 제1항에 따라 무변론판결을 선고하였다면, 이러한 제1심판결의 절차는 법률에 어긋난 경우에 해당한다.
>
> 항소법원은 제1심판결의 절차가 법률에 어긋날 때에 제1심판결을 취소하여야 한다(같은 법 제417조). 따라서 제1심법원이 피고의 답변서 제출을 간과한 채 민사소송법 제257조 제1항에 따라 무변론판결을 선고함으로써 제1심판결 절차가 법률에 어긋난 경우 항소법원은 민사소송법 제417조에 의하여 제1심판결을 취소하여야 한다(대판 2003.4.25. 2002다72514 판결 등 참조). 다만 항소법원이 제1심판결을 취소하는 경우 반드시 사건을 제1심법원에 환송하여야 하는 것은 아니므로(대판 2013.8.23. 2013다28971 판결 등 참조), 사건을 환송하지 않고 직접 다시 판결할 수 있다"(대판 2020.12.10. 2020다255085).                                                              **정답** ○

**11** "2층 202호"인 주택의 인도를 명한 판결의 주문 중 주택의 표시가 "1층 202호"로 잘못 기재된 경우 실제 층수에 맞게 경정하더라도 경정대상 판결 주문에서 인도를 명한 이 사건 주택이 달라지는 등 판결의 내용을 실질적으로 변경하는 것으로 볼 수도 없으므로, 결국 판결은 경정되어야 한다.
(   )

판결요지

> ※ 판결경정신청을 기각한 결정에 대하여 헌법 위반을 이유로 민사소송법 제449조 제1항에 의한 특별항고를 할 수 있는 경우
>
> "민사소송법 제449조 제1항의 특별항고 사유인 '결정이나 명령에 대하여 재판에 영향을 미친 헌법 위반'은 결정이

나 명령 절차에 있어서 헌법 제27조 등에서 규정하고 있는 적법한 절차에 따라 공정한 재판을 받을 권리가 침해된 경우를 포함하고, 판결경정신청을 기각한 결정에 대하여 위와 같은 헌법 위반이 있다고 볼 수 있는 경우로는, 판결과 그 소송의 전 과정에 나타난 자료 및 판결 선고 후에 제출된 자료에 의하여 판결에 오류가 있음이 분명하여 판결이 경정되어야 하는 사안임이 명백함에도 불구하고 법원이 이를 간과함으로써 기각 결정을 한 경우 등이 이에 해당된다. 오류에는 법원의 과실로 인하여 생긴 경우뿐만 아니라 당사자의 청구에 잘못이 있어 생긴 경우도 포함되며, 경정대상인 판결 이후에 제출되어진 자료도 소송경제상 이를 참작하여 그 오류가 명백한지 여부를 판단할 수 있다"(대결 2023.6.15. 2023그590).  **정답 ○**

**[사실관계]** 경정대상 판결에서 인도를 명한 이 사건 주택은 다가구 주택의 1가구(202호)인데, 소송과정에서 제출된 이 사건 주택의 임료감정서에는 "202"라는 호실 번호 표지가 부착된 이 사건 주택의 현관문 사진이 있고 이 사건 주택을 '1층 202호'로 표시하고 있으며, 특별항고인이 경정신청을 하면서 제출한 '부동산인도고지 불능조서'에 의하면, 집행관이 경정대상 판결을 집행권원으로 집행하려했으나 집행대상 목적물은 판결 주문에 표시된 '2층 202호'가 아닌 '1층 202호'라는 사유로 집행을 하지 않은 사실을 인정할 수 있으므로, 경정대상 판결 주문에는 이 사건 주택의 층수를 1층이 아니라 2층으로 잘못 표시한 오류가 있고, 이는 경정대상 판결의 소송 과정에서 법원에 제출된 자료 및 이 사건에 제출된 자료에 의해 인정할 수 있다고 판단하였다. 나아가 <u>실제 층수에 맞게 경정하더라도 경정대상 판결 주문에서 인도를 명한 이 사건 주택이 달라지는 등 판결의 내용을 실질적으로 변경하는 것으로 볼 수도 없으므로</u>, 경정대상 판결은 경정되어야 하는 사안이라는 이유로 경정신청을 기각한 원심결정을 파기·환송하였다.

**12** ★ 특별항고인 A가 X부동산에 관하여 망인 B의 자녀 C를 상대로 그 상속지분에 관하여, 망인 B의 사망한 자녀 D의 배우자E와 자녀F를 상대로 그 대습상속지분에 관하여 각 소유권이전등기절차의 이행을 구하는 소를 제기하였는데, 상속인별 상속지분을 정리한 별지 목록에 망인의 자녀C 이름을 잘못 기재한 것이 명백하고, 한편 특별항고인이 제출한 자료에 의하면 사망한 자녀 D의 배우자E가 이미 망인 B의 사망 전에 제3자와 혼인하여 그 자녀 F만이 대습상속한 사실을 충분히 확인할 수 있었다면, C의 이름의 오기 및 대습상속인 E에 관한 오류를 정정하여 달라는 취지의 판결경정신청을 별다른 이유 없이 기각할 수는 없다.  16·21년 법원직 (   )

**판결요지**

> ※ **판결에 대한 경정결정 제도의 취지 / 판결경정이 가능한 잘못에는 당사자의 청구에 잘못이 있어 생긴 경우도 포함되는지 여부(적극) 및 위 잘못이 명백한지 판단할 때 참작할 수 있는 자료의 범위**
>
> "판결에 잘못된 계산이나 기재, 그 밖에 이와 비슷한 오류가 있음이 분명한 때에 하는 경정결정은, 일단 선고된 판결에 대하여 그 내용을 실질적으로 변경하지 않는 범위 내에서 그 표현상의 기재 잘못이나 계산 착오 또는 이와 유사한 오류를 법원 스스로가 결정으로 정정 또는 보충하여 강제집행이나 가족관계등록부의 정정 또는 등기의 기재 등 이른바 광의의 집행에 지장이 없도록 하자는 데 그 취지가 있는 것이고, <u>경정이 가능한 오류에는 그것이 법원의 과실로 인하여 생긴 경우뿐만 아니라 당사자의 청구에 잘못이 있어 생긴 경우도 포함되며, 경정결정을 함에 있어서는 그 소송 전 과정에 나타난 자료는 물론 경정대상인 판결 이후에 제출되어진 자료도 다른 당사자에게 아무런 불이익이 없는 경우나 이를 다툴 수 있는 기회가 있었던 경우에는 소송경제상 이를 참작하여 그 오류가 명백한지 여부를 판단할 수 있다</u>(대결 2000.5.24. 98마1839 등 참조)"(대결 2021.9.30. 2021그633).  **정답 ○**

**[사실관계]** 甲 등이 乙 등을 상대로 상속지분에 관하여 소유권이전등기절차의 이행을 구하는 소를 제기하면서 상속인별 상속지분을 정리한 자료에 이름의 오기 및 대습상속인에 관한 오기 등이 정정되지 않고 승소판결이 확정되자, 甲 등이 위 확정판결에 대한 경정신청을 한 사안에서, 위 확정판결에는 일부 피고 이름의 오기 및 대습상속인

에 관한 오류가 있고, 이는 제출된 자료에 의해 명백히 인정할 수 있는 것일 뿐 아니라, 나아가 이를 변경하는 것으로 경정하더라도 그것이 판결 내용을 실질적으로 변경하는 것이라고 볼 수 없으므로 위 판결이 경정되어야 하는데도, 경정신청을 기각한 원심결정에 재판에 영향을 미친 헌법 위반이 있다고 한 사례

**13** ★★ 불이익하게 변경된 것인지는 기판력의 범위를 기준으로 하나, 일방 당사자의 금전채권에 기한 동시이행 주장을 받아들인 판결의 경우 반대 당사자는 그 금전채권에 관한 이행을 제공하지 아니하고는 자신의 채권을 집행할 수 없으므로, 동시이행 주장을 한 당사자만 항소하였음에도 항소심이 제1심판결에서 인정된 금전채권에 기한 동시이행 주장을 공제 또는 상계 주장으로 바꾸어 인정하면서 그 금전채권의 내용을 항소인에게 불리하게 변경하는 것은 특별한 사정이 없는 한 불이익변경금지 원칙에 반한다.                                                   19년 법원직, 23년 2차모의 사례형 (   )

**13-1** ★ 부당이득으로 취득한 것이 금전상의 이득인 때에는 그 금전은 이를 취득한 자가 소비하였는지를 불문하고 현존하는 것으로 추정되므로, 채무자가 부인행위 상대방으로부터 취득한 반대급부가 금전상의 이득인 때에는, 특별한 사정이 없는 한 반대급부에 의하여 생긴 이익이 현존하는 것으로 추정된다.                                                                               (   )

---

**판결요지**

[1] 일방 당사자의 금전채권에 기한 동시이행 주장을 받아들인 판결에 대하여 동시이행 주장을 한 당사자만 항소한 경우, 항소심이 제1심판결에서 인정된 금전채권에 기한 동시이행 주장을 공제 또는 상계 주장으로 바꾸어 인정하면서 그 금전채권의 내용을 항소인에게 불리하게 변경하는 것이 불이익변경금지 원칙에 반하는지 여부(원칙적 적극)

"[1] 항소심은 당사자의 불복신청 범위 내에서 제1심판결의 당부를 판단할 수 있을 뿐이므로, 설령 제1심판결이 부당하다고 인정되는 경우라 하더라도 그 판결을 불복당사자의 불이익으로 변경하는 것은 당사자가 신청한 불복의 한도를 넘어 제1심판결의 당부를 판단하는 것이 되어 허용될 수 없고, 당사자 일방만이 항소한 경우에 항소심으로서는 제1심보다 항소인에게 불리한 판결을 할 수는 없다. <u>불이익하게 변경된 것인지는 기판력의 범위를 기준으로 하나, 일방 당사자의 금전채권에 기한 동시이행 주장을 받아들인 판결의 경우 반대 당사자는 그 금전채권에 관한 이행을 제공하지 아니하고는 자신의 채권을 집행할 수 없으므로, 동시이행 주장을 한 당사자만 항소하였음에도 항소심이 제1심판결에서 인정된 금전채권에 기한 동시이행 주장을 공제 또는 상계 주장으로 바꾸어 인정하면서 그 금전채권의 내용을 항소인에게 불리하게 변경하는 것은 특별한 사정이 없는 한 불이익변경금지 원칙에 반한다.</u>

[2] 채무자가 부인행위 상대방으로부터 취득한 반대급부가 금전상의 이득인 경우, 반대급부에 의하여 생긴 이익이 현존하는 것으로 추정되는지 여부(원칙적 적극)

[2] 채무자 회생 및 파산에 관한 법률 제108조 제3항에 의하면, 채무자의 행위가 부인된 경우 상대방은 채무자가 받은 반대급부에 의하여 생긴 이익의 전부가 채무자의 재산 중에 현존하는 때에는 공익채권자로서 현존이익의 반환을 청구할 수 있고(제2호), 채무자가 받은 반대급부에 의하여 생긴 이익의 일부가 채무자의 재산 중에 현존하는 때에는 공익채권자로서 그 현존이익의 반환을 청구할 수 있으며, 회생채권자로서 반대급부와 현존이익과의 차액의 상환을 청구할 수 있다(제4호). 한편 <u>부당이득으로 취득한 것이 금전상의 이득인 때에는 그 금전은 이를 취득한 자가 소비하였는지를 불문하고 현존하는 것으로 추정되므로, 채무자가 부인행위 상대방으로부터 취득한 반대급부가 금전상의 이득인 때에는, 특별한 사정이 없는 한 반대급부에 의하여 생긴 이익이 현존하는 것으로 추정된다</u>"(대판 2022.8.25. 2022다211928).                                     **정답** ○

**유제**                                                                               **정답** ○

**14** ★ 판결서에 이유의 기재가 누락되거나 불명확한 경우, 민사소송법 제424조 제1항 제6호의 상고이 유가 된다.                                                                                                              (   )

**14-1** 항소심에서 공시송달 판결을 하는 경우, 민사소송법 제208조 제3항 제3호에 따라 판결서의 이유 에 청구를 특정함에 필요한 사항과 같은 법 제216조 제2항의 판단에 관한 사항만을 간략하게 표 시할 수 있다.                                                                                              (   )

---

판결요지

[1] 판결서에 이유의 기재가 누락되거나 불명확한 경우, 민사소송법 제424조 제1항 제6호의 상고이유가 되는지 여부(적극)

"판결서에는 그 이유를 기재하여야 하고, 그 이유에는 주문이 정당하다는 것을 인정할 수 있을 정도로 당사자의 주장과 그 밖의 공격·방어방법에 관한 판단을 표시하여야 한다(민사소송법 제208조 제2항). 판결에 이유를 기재 하도록 하는 법률의 취지는 법원이 증거에 의하여 인정한 구체적 사실에 법규를 적용하여 결론을 도출하는 방식으 로 이루어진 판단과정이 불합리하거나 주관적이 아니라는 것을 보장하기 위하여 그 재판과정에서 이루어진 사실 인정과 법규의 선정, 적용 및 추론의 합리성과 객관성을 검증하려고 하는 것이므로, 판결의 이유는 그와 같은 과정 이 합리적·객관적이라는 것을 밝힐 수 있도록 그 결론에 이르게 된 과정에 필요한 판단을 기재하여야 하고, 그와 같은 기재가 누락되거나 불명확한 경우에는 민사소송법 제424조 제1항 제6호의 상고이유가 된다"(대판 2021.2.4. 2020 다259506).                                                                                            **정답** ○

[2] 항소심에서 공시송달 판결을 하는 경우, 민사소송법 제208조 제3항 제3호에 따라 판결서의 이유에 청구를 특정함에 필요한 사항과 같은 법 제216조 제2항의 판단에 관한 사항만을 간략하게 표시할 수 있는 지 여부(소극)

"민사소송법 제208조 제2항의 규정에도 불구하고 제1심판결로서 '피고가 민사소송법 제194조 내지 제196조의 규 정에 의한 공시송달로 기일통지를 받고 변론기일에 출석하지 아니한 경우의 판결'(이하 '공시송달 판결'이라 한다) 에 해당하는 경우에는 판결서의 이유에 청구를 특정함에 필요한 사항과 같은 법 제216조 제2항의 판단에 관한 사항만을 간략하게 표시할 수 있다(민사소송법 제208조 제3항 제3호). 한편 항소심의 소송절차에는 특별한 규정이 없으면 민사소송법 제2편 제1장 내지 제3장에서 정한 제1심의 소송절차에 관한 규정을 준용하지만(민사소송법 제 408조), 같은 법 제208조 제3항 제3호를 준용하는 규정은 별도로 두고 있지 않다. 오히려 항소심이 판결이유를 적을 때에는 제1심판결을 인용할 수 있지만, 제1심판결이 민사소송법 제208조 제3항 제3호에 따라 작성된 경우에 는 이를 인용할 수 없다(민사소송법 제420조). 위와 같은 규정들의 내용과 그 취지를 종합하면, 공시송달 판결을 하는 경우 제1심은 민사소송법 제208조 제3항 제3호에 따라 판결서의 이유에 청구를 특정함에 필요한 사항과 같 은 법 제216조 제2항의 판단에 관한 사항만을 간략하게 표시할 수 있지만, 당사자의 불복신청 범위에서 제1심판결 의 당부를 판단하는 항소심은 그와 같이 간략하게 표시할 수 없고, 같은 법 제208조 제2항에 따라 주문이 정당하 다는 것을 인정할 수 있을 정도로 당사자의 주장과 그 밖의 공격·방어방법에 관한 판단을 표시하여야 한다"(대판 2021.2.4. 2020다259506).  **유 제**                                                                        **정답** ✕

---

**15** ★ 민사소송법 제451조 제1항 제7호의 증인·감정인·통역인·당사자본인신문에 따른 당사자나 법 정대리인의 거짓 진술에 관한 것과 같이 사실인정 자체에 관한 사유는 직권조사사항에 관한 것이 아닌 한 사실심 판결에 대한 재심사유는 될지언정 상고심 판결에 대한 재심사유로 삼을 수 없다.
                                                                                                      (   )

판결요지

[1] 사실인정 자체에 관한 사유를 상고심 판결에 대한 재심사유로 삼을 수 있는지 여부(원칙적 소극)

"1. 상고심의 판결에 대하여 재심의 소를 제기하려면 상고심의 소송절차 또는 판결에 행정소송법 제8조 제2항, 민사소송법 제451조 제1항 각호에 정한 사유가 있어야 한다. 상고심은 직권조사사항이 아닌 이상 사실인정의 직책은 없고, 다만 사실심인 제2심법원이 한 증거의 판단과 사실인정의 적법 여부를 판단할 뿐이며, 사실심에서 적법하게 확정한 사실은 상고심을 기속한다. 따라서 행정소송법 제8조 제2항, 민사소송법 제451조 제1항 제7호의 증인·감정인·통역인·당사자본인신문에 따른 당사자나 법정대리인의 거짓 진술에 관한 것과 같이 사실인정 자체에 관한 사유는 직권조사사항에 관한 것이 아닌 한 사실심 판결에 대한 재심사유는 될지언정 상고심 판결에 대한 재심사유로 삼을 수 없다.

[2] 상고심절차에 관한 특례법 제4조 제1항 제1호, 제3호, 제5호에 해당하는 사건을 심리불속행으로 상고기각하였다는 사유가 적법한 재심사유가 되는지 여부(소극) 및 심리불속행 사유에 해당한다고 보아 심리를 하지 않고 상고를 기각한 경우, 판단을 누락하거나 종전 대법원판결에 위반된다고 할 수 있는지 여부(소극)

2. 다음으로, 원고는 재심대상판결의 원심판결에 대한 상고이유에 관한 주장이 「상고심절차에 관한 특례법」 제4조 제1항 제1호, 제3호, 제5호에 해당하여 심리불속행 사유에 해당하지 아니함에도 재심대상판결이 이를 심리불속행 사유에 해당한다고 보아 상고를 기각하였는바, 이는 상고이유에 대한 판단누락이나 종전의 대법원판결에 위반되는 것으로서 재심사유에 해당한다고 주장한다.

그러나 「상고심절차에 관한 특례법」 제4조 제1항 제1호, 제3호, 제5호에 해당하는 사건을 심리불속행으로 상고기각하였다는 사유는 적법한 재심사유가 되지 아니하고, 재심대상판결이 상고이유에 관한 주장이 「상고심절차에 관한 특례법」이 정하는 심리불속행 사유에 해당한다고 보아 더 나아가 심리를 하지 아니하고 상고를 기각한 이상, 재심대상판결이 상고이유에 대한 판단을 누락하였다거나 종전의 대법원판결에 위반된다고 할 여지가 없다"(대판 2021.5.7. 2020재두5145)

정답 ○

**16** 민사소송법 제446조에 따라 제1심법원이 항소장 각하명령에 관한 항고에 정당한 이유가 있다고 인정하여 재판을 경정한 경우, 그로 인해 불이익을 받는 상대방 당사자는 그 경정재판에 대하여 다시 즉시항고로 불복할 수 있다고 보아야 한다.                    (  )

판결요지

※ 민사소송법 제446조에 따라 제1심법원이 항소장 각하명령에 관한 항고에 정당한 이유가 있다고 인정하여 재판을 경정한 경우, 그로 인해 불이익을 받는 상대방 당사자는 그 경정재판에 대하여 다시 즉시항고로 불복할 수 있는지 여부(적극)

"민사소송법 제446조에 따라 제1심법원이 항소장 각하명령에 관한 항고에 정당한 이유가 있다고 인정하여 재판을 경정한 경우, 그로 인해 불이익을 받는 상대방 당사자는 그 경정재판에 대하여 다시 즉시항고로 불복할 수 있다고 보아야 한다. 그 이유는 다음과 같다.

① 민사소송법 제399조 제3항에서 보정명령에서 정한 기간 이내에 흠을 보정하지 아니하였음을 이유로 한 원심재판장의 항소장 각하명령에 대하여 즉시항고를 제기할 수 있는 것으로 규정하고 있고, 민사소송법 제446조는 "원심법원이 항고에 정당한 이유가 있다고 인정하는 때에는 그 재판을 경정하여야 한다."라고 규정하고 있다. 또한 민사소송법 제224조 제1항에서는 성질에 어긋나지 아니하는 한, 결정과 명령에는 판결에 관한 규정을 준용하고 있으

며, 민사소송법 제211조 제3항은 판결의 경정결정에 대하여는 즉시항고를 할 수 있는 것으로 규정하고 있다. 이러한 관련 규정의 체계와 문언에 비추어 살펴보면, 제1심법원이 항고에 정당한 이유가 있다고 인정하여 항고대상인 재판을 경정한 때에는 그로 인해 불이익을 받는 상대방 당사자도 민사소송법 제211조 제3항을 준용 또는 유추적용하여 즉시항고로 불복할 수 있다고 해석하는 것이 타당하다.

② 이와 달리 제1심법원의 명령 또는 결정에 대한 항고가 이유 있다고 보아 그 재판을 취소 또는 변경하는 경정결정을 한 경우 그로 인해 불이익을 받는 상대방 당사자에게 즉시항고를 허용하지 않고 특별항고로만 불복하도록 하는 것은, 특별항고가 민사소송법 제449조 제1항에 따라 재판에 영향을 미친 헌법 위반이 있는 경우 등에 한하여 허용되는 점에 비추어 그 상대방 당사자의 정당한 권원에 따른 불복 권한을 사실상 박탈하거나 심급의 이익을 해하는 것이어서 헌법상 재판청구권을 침해하는 결과가 된다. 또한 일방 당사자에게 법원의 명령 또는 결정에 대한 즉시항고를 제기할 권원이 인정된다면, 그 즉시항고가 정당하다고 보아 원래의 명령 또는 결정이 민사소송법 제446조에 따라 경정되는 경우 다른 당사자에게도 역시 즉시항고를 제기할 권원을 인정하여 그 경정재판에 관하여 동일한 형태의 불복방법을 인정하는 것이 공평의 관점에서도 타당하다"(대결 2023.7.14. 2023그585, 586). **정답** ○

**[사실관계]** 원심법원(제1심)의 경정 재판(항소장 각하명령 취소결정)에 관한 항고를 '특별항고'로 보아 대법원에 송부한 사안에서, 위 항고는 '즉시항고'로 보아야 한다고 판단하여 사건을 관할법원인 항고법원에 이송한 사례

---

**17** 원고가 주위적으로 공유물의 보존행위에 근거하여 피고로 하여금 소외인에 대하여 진정명의회복을 원인으로 한 소유권이전등기절차의 이행을 구하였고, 예비적으로 소외인에 대한 공유물분할청구권을 보전하기 위하여 소외인의 피고에 대한 진정명의회복을 원인으로 한 소유권이전등기청구권을 대위하여 청구하였고, 제1심은 주위적 청구를 인용함에 따라 예비적 청구에 대해서는 판단을 하지 않았고, 이에 대하여 피고만 항소한 경우, 원심은 제1심판결이 주위적 청구를 인용하여 전부판결을 한 이상, 이에 대하여 피고가 항소함에 따라 제1심에서 심판을 받지 않았던 예비적 청구까지 모두 이심되었다. 그렇다면 원심으로서는 주위적 청구를 배척하면서 이심된 예비적 청구에 관하여 심판을 하여야 한다. ( )

[판결요지]

> ※ 주위적 청구를 인용한 제1심판결에 대하여 피고가 항소한 경우, 예비적 청구도 모두 이심되는지 여부(적극) 및 항소심이 제1심에서 인용되었던 주위적 청구를 배척할 때에는 다음 순위의 예비적 청구에 관하여 심판하여야 하는지 여부(적극) / 청구의 예비적 병합에서 주위적 청구만을 배척하고 예비적 청구에 대하여 판단하지 않는 등의 일부판결이 법률상 허용되는지 여부(소극) 및 주위적 청구를 배척하면서 예비적 청구에 대하여 판단하지 않은 경우, 상소가 제기되면 판단이 누락된 예비적 청구 부분도 상소심으로 이심되는지 여부(적극)
>
> "청구의 예비적 병합이란 병합된 수 개의 청구 중 주위적 청구가 인용되지 않을 것에 대비하여 그 인용을 해제조건으로 예비적 청구에 관하여 심판을 구하는 병합 형태로서, 예비적 병합의 경우에는 원고가 붙인 순위에 따라 심판하여야 하며 주위적 청구를 배척할 때에는 예비적 청구에 대하여 심판하여야 하나, 주위적 청구를 인용할 때에는 다음 순위인 예비적 청구에 대하여 심판할 필요가 없으므로, 주위적 청구를 인용하는 판결은 전부판결로서 이러한 판결에 대하여 피고가 항소하면 제1심에서 심판을 받지 않은 다음 순위의 예비적 청구도 모두 이심되고 항소심이 제1심에서 인용되었던 주위적 청구를 배척할 때에는 다음 순위의 예비적 청구에 관하여 심판을 하여야 한다. 그리고 예비적 병합의 경우에는 수 개의 청구가 하나의 소송절차에 불가분적으로 결합되어 있기 때문에 주위적 청구만을 배척하고 예비적 청구에 대하여 판단하지 않는 등의 일부판결은 예비적 병합의 성질에 반하는 것으

로서 법률상 허용되지 아니하며, 그럼에도 불구하고 주위적 청구를 배척하면서 예비적 청구에 대하여 판단하지 아니하는 판결을 한 경우에는 그 판결에 대한 상소가 제기되면 판단이 누락된 예비적 청구 부분도 상소심으로 이심이 되고 그 부분이 재판의 탈루에 해당하여 원심에 계속 중이라고 볼 것은 아니다"(대판 2023.12.7. 2023다273206).   **정답 ○**

**[사실관계]** ① 원고는 주위적으로 공유물의 보존행위에 근거하여 피고로 하여금 소외인에 대하여 진정명의회복을 원인으로 한 소유권이전등기절차의 이행을 구하였고, 예비적으로 소외인에 대한 공유물분할청구권을 보전하기 위하여 소외인의 피고에 대한 진정명의회복을 원인으로 한 소유권이전등기청구권을 대위하여 청구한 사실, ② 제1심은 주위적 청구를 인용함에 따라 예비적 청구에 대해서는 판단을 하지 않았고, 이에 대하여 피고만 항소한 사실, ③ 원심은 제1심판결을 파기한 후 주위적 청구를 기각하였으나 예비적 청구에 대해서는 별다른 판단을 하지 않았고, 이에 대하여 원고가 상고를 제기하였다.

제1심판결이 주위적 청구를 인용하여 전부판결을 한 이상, 이에 대하여 피고가 항소함에 따라 제1심에서 심판을 받지 않았던 예비적 청구까지 모두 이심되었다. 그렇다면 원심으로서는 주위적 청구를 배척하면서 이심된 예비적 청구에 관하여 심판을 하였어야 한다.

**18** 상고법원은 상고이유에 따라 불복신청의 한도 안에서 심리한다(민사소송법 제431조). 따라서 상고이유서에는 상고이유를 특정하여 원심판결의 어떤 점이 법령에 어떻게 위반되었는지를 구체적이고도 명시적인 이유로 기재하여야 하고, 상고인이 제출한 상고이유서에 위와 같은 구체적이고도 명시적인 이유를 기재하지 않은 때에는 상고이유서를 제출하지 않은 것으로 취급할 수밖에 없다. (   )

**판결요지**

※ 상고이유서에 원심판결의 법령 위반에 관한 구체적이고 명시적인 이유를 기재하지 않은 경우, 상고이유서를 제출하지 않은 것으로 취급되는지 여부(적극)

"상고법원은 상고이유에 따라 불복신청의 한도 안에서 심리한다(민사소송법 제431조). 따라서 상고이유서에는 상고이유를 특정하여 원심판결의 어떤 점이 법령에 어떻게 위반되었는지를 구체적이고도 명시적인 이유로 기재하여야 하고, 상고인이 제출한 상고이유서에 위와 같은 구체적이고도 명시적인 이유를 기재하지 않은 때에는 상고이유서를 제출하지 않은 것으로 취급할 수밖에 없다"(대판 2024.1.25. 2023다283913).   **정답 ○**

**[사실관계]** 1심에서 일부 인용된 원고가 적법한 항소를 제기하였고 피고는 항소기간이 도과된 후에 '항소장'을 제출하면서 '피고 패소부분의 취소'를 구하자, 원심은 피고에 대해 '부대항소인'이라는 표현을 사용하지 않으면서도 부대항소인으로 취급하여 원고의 항소를 기각하되 피고의 주장을 상당 부분 인정하여 원고의 승소 부분을 감축하였는바, 이러한 원심의 판단에 항소기간·부대항소에 관한 법리오해 등의 잘못이 없다고 보아 상고를 기각한 사례

**19** 상고심으로부터 사건을 환송받은 법원은 그 사건을 재판함에 있어서 상고법원이 파기이유로 한 사실상 및 법률상의 판단에 관하여 환송 후의 심리과정에서 새로운 주장이나 입증이 제출되어 기속적 판단의 기초가 된 사실관계에 변동이 생기지 않는 한 이에 기속된다. (   )

판결요지

※ 상고심으로부터 사건을 환송받은 법원은 상고법원이 파기이유로 한 사실상 및 법률상의 판단에 기속
되는지 여부(원칙적 적극)

"상고심으로부터 사건을 환송받은 법원은 그 사건을 재판함에 있어서 상고법원이 파기이유로 한 사실상 및 법률상
의 판단에 관하여 환송 후의 심리과정에서 새로운 주장이나 입증이 제출되어 기속적 판단의 기초가 된 사실관계에
변동이 생기지 않는 한 이에 기속된다(대판 2001.3.15. 전합98두15597 판결, 대판 2017.2.21. 2016다261830 판결 등 참조)"(대판
2024.4.16. 2023다315391).

정답 ○

**20** ★ 재심은 확정된 종국판결에 대하여 판결의 효력을 인정할 수 없는 중대한 하자가 있는 경우 예외
적으로 판결의 확정에 따른 법적 안정성을 후퇴시켜 그 하자를 시정함으로써 구체적 정의를 실현하
고자 마련된 것이다. 20년 법원직 ( )

판결요지

대판 2020.1.22. 2016후2522

정답 ○

| 제7편 | 간이소송절차, 종국판결에 부수되는 재판 |

## 간이소송절차

**1** 소액사건에서 구체적 사건에 적용할 법령의 해석에 관한 대법원 판례가 아직 없는 상황에서 같은 법령의 해석이 쟁점으로 되어 있는 다수의 소액사건들이 하급심에 계속되어 있을 뿐 아니라 재판부에 따라 엇갈리는 판단을 하는 사례가 나타나고 있는 경우, 소액사건에 관하여 상고이유로 할 수 있는 '대법원의 판례에 상반되는 판단을 한 때'의 요건을 갖추지 않았다고 하더라도 법령해석의 통일이라는 대법원의 본질적 기능을 수행하는 차원에서 실체법 해석적용의 잘못에 관하여 판단할 수 있다. ( )

**판결요지**

※ 소액사건에 관하여 상고이유로 할 수 있는 '대법원의 판례에 상반되는 판단을 한 때'의 요건을 갖추지 않았더라도 대법원이 실체법 해석적용의 잘못에 관하여 판단할 수 있는 경우

"소액사건에서 구체적 사건에 적용할 법령의 해석에 관한 대법원 판례가 아직 없는 상황에서 같은 법령의 해석이 쟁점으로 되어 있는 다수의 소액사건들이 하급심에 계속되어 있을 뿐 아니라 재판부에 따라 엇갈리는 판단을 하는 사례가 나타나고 있는 경우, 소액사건이라는 이유로 대법원이 법령의 해석에 관하여 판단을 하지 않은 채 사건을 종결하고 만다면 국민생활의 법적 안정성을 해칠 우려가 있다. 이와 같은 특별한 사정이 있는 경우에는 소액사건에 관하여 상고이유로 할 수 있는 '대법원의 판례에 상반되는 판단을 한 때'의 요건을 갖추지 않았다고 하더라도 법령해석의 통일이라는 대법원의 본질적 기능을 수행하는 차원에서 실체법 해석적용의 잘못에 관하여 판단할 수 있다"(대판 2022.7.28. 2021다293831). **정답** ○

**[사실관계]** 甲이 乙 신용보증재단과의 신용보증약정에 따라 丙 은행으로부터 대출을 받았고, 丁은 신용보증약정에 따라 발생하는 甲의 乙 재단에 대한 모든 채무를 연대보증하였는데, 이후 신용보증사고가 발생하자 乙 재단이 甲을 대위하여 丙 은행에 원리금 채무를 변제하였고, 한편 乙 재단은 서민의 금융생활 지원에 관한 법률에 따라 설립된 신용회복위원회와 신용회복지원협약을 체결하였는데, 甲이 신용회복위원회에 채무조정 신청을 하여 甲과 乙 재단 사이에 채무 원리금 합계액을 감경하고 원리금을 분할상환하는 내용의 채무조정합의가 성립되었으며, 그 후 乙 재단이 丁을 상대로 구상금채무의 이행을 구한 사안에서, 乙 재단은 신용회복위원회로부터 甲의 채무조정 신청을 통지받은 이후부터 채무조정의 효력이 상실되기 전까지는 甲과 연대보증인 丁에 대하여 채권추심을 위한 소를 제기하지 않기로 하는 내용의 부제소합의를 하였다고 봄이 타당하다고 한 사례

## 종국판결에 부수되는 재판

**1** 소송당사자가 약정에 따라 부가가치세를 포함하여 변호사보수를 지출한 경우 부가가치세도 소송비용에 포함된다. ( )

판결요지

※ 1. 소송비용에 포함되는 변호사보수의 범위, 2. 소송당사자가 약정에 따라 부가가치세를 포함하여 변호사보수를 지출한 경우 부가가치세가 소송비용에 포함되는지 여부(원칙적 적극)

"[1] 당사자가 소송과 관련하여 변호사에게 지급하였거나 지급할 보수는 총액이 민사소송법 제109조 제1항 및 '변호사보수의 소송비용 산입에 관한 규칙'에서 정한 기준에 의하여 산정된 금액 범위 내에 있는 이상 명목 여하에 불구하고 모두 소송비용에 포함된다.

[2] 소송당사자가 약정에 따라 부가가치세를 포함하여 변호사보수를 지출하였다면, 그 금액이 '변호사보수의 소송비용 산입에 관한 규칙'에서 정한 금액 범위 안에 있는 이상 그 전부를 소송비용에 포함되는 변호사보수로 보아 소송비용부담의 재판에 따라 상환의무를 부담하는 상대방에게 상환을 구할 수 있다. 다만 위와 같이 지급한 부가가치세가 사업자인 소송당사자가 자기 사업을 위하여 공급받은 재화나 용역에 대한 것으로서 부가가치세법 제38조 제1항 제1호에 따른 매입세액에 해당하여 자기의 매출세액에서 공제하거나 환급받을 수 있다면 이는 실질적으로 소송당사자의 부담으로 돌아가지 않으므로 부가가치세 상당의 소송비용 상환을 구할 수 없다.

반면 변호사보수에 포함된 부가가치세가 부가가치세법 제39조 제1항 제7호에서 규정한 '면세사업에 관련된 매입세액' 등에 해당하여 이를 소송당사자의 매출세액에서 공제하거나 환급받을 수 없는 때에는 그 부가가치세는 실질적으로 해당 소송당사자의 부담이 되므로 상대방에게 부가가치세 상당의 소송비용 상환을 구할 수 있다"(대결 2022. 1. 27. 2021마6871).    정답 ○

2   청구감축을 간과한 본안판결이 확정된 사안에서 확정된 판결에 따른 소송목적의 값을 기준으로 변호사보수를 산정하는 것은 위법하다고 볼 수 없으나, 법원은 변호사보수의 소송비용 산입에 관한 규칙에 따라 산정한 변호사보수를 그대로 소송비용에 산입하는 것이 공정이나 형평의 이념에 반하여 감액할 필요는 없는지 여부를 심리하여야 한다.    (   )

2-1   소송비용액 확정절차에서는 상환할 소송비용의 액수를 정할 수 있을 뿐, 소송비용 부담에 관한 재판에서 확정한 상환의무 자체의 범위를 심리판단하거나 변경할 수 없다.    (   )

판결요지

※ 청구감축을 간과한 본안판결에 대한 소송비용액 확정 사건에서 변호사보수 산정의 기준이 되는 소송목적의 값 및 재량감액 여부 판단 시 심리대상

"「변호사보수의 소송비용 산입에 관한 규칙」(이하 '보수규칙'이라 한다) 제6조 제1항은 '보수규칙 제3조 및 제5조에 따라 산정한 변호사보수 전부를 소송비용에 산입하는 것이 현저히 부당하다고 인정되는 경우에는 법원은 상당한 정도까지 감액 산정할 수 있다'고 정한다. 여기서 '현저히 부당하다고 인정되는 경우'란 소송목적의 값, 보수규칙 제3조 및 제5조에 따라 산정한 보수액의 규모, 소송의 경과와 기간, 소송종결 사유, 사건의 성질과 난이도, 변호사가 들인 노력의 정도 등 여러 사정에 비추어 볼 때, 보수규칙 제3조 및 제5조에 따른 산정액 전부를 소송비용으로 인정하여 상대방에게 상환을 명하는 것이 공정이나 형평의 이념에 반하는 결과를 가져오는 경우를 말한다. 한편 소송비용액 확정절차에서는 상환할 소송비용의 액수를 정할 수 있을 뿐, 소송비용 부담에 관한 재판에서 확정한 상환의무 자체의 범위를 심리판단하거나 변경할 수 없다.

앞서 본 사실에 의하면, 본안사건 법원은 피신청인의 청구취지가 감축된 것으로 보지 않고 청구취지와 청구원인을 당초와 같이 신청인에 대하여 연대보증금 177억 1,000만 원을 구하는 것으로 파악하여, 신청인에게 그와 같은 의무가 없다고 판단하면서, 주문에서 피신청인의 청구를 기각하고 소송비용은 피신청인이 부담한다고 정하였다. 이

에 대하여 피신청인이 항소하지 않아 본안사건 제1심판결이 그대로 확정되었다. 따라서 본안사건의 소송비용 부담에 관한 재판에 대하여 민사소송법 제110조 제1항에 따라 소송비용의 액수를 정하는 절차인 이 사건에서는 본안사건의 판결에서 청구취지로 인정하여 판단하고 그에 따라 판결이 확정된 177억 1,000만 원이 소송목적의 값이 되고 그에 대하여 소송비용 부담의 재판이 있는 것으로 볼 수밖에 없으므로, 원심이 이를 기준으로 변호사보수를 산정한 것이 위법하다고 볼 수는 없다.

그러나 피신청인은 신청인이 지급명령에 대하여 이의신청을 하자 인지를 보정하기 전에 청구취지를 감축하는 내용을 명확히 밝히면서 그에 따른 인지를 납부하겠다는 보정서를 제출하였고, 지급명령을 발령한 법원도 피신청인이 감축한 청구금액을 기준으로 인지보정명령을 하였다.

이와 같이 비록 본안사건에서 지급명령신청서 외에 청구취지를 감축하는 취지의 보정서가 진술되지 않았다고 하더라도, 피신청인이 실제로 청구취지로써 구하였던 소송목적의 값은 적법하게 청구취지를 감축한 후의 금액이었으므로, 본안사건에서 신청인과 피신청인 사이에 공방이 이루어졌다고 하더라도 실질적인 공방은 감축된 청구취지의 범위 내에서 있었다고 봄이 상당하다. 또한 본안사건의 실질적 쟁점은 파산 전 회사와 신청인 사이의 연대보증계약이 해제되었는지 여부 한 가지였다.

본안사건 법원이 피신청인이 적법하게 청구취지를 감축한 대로 청구취지와 청구원인을 파악하여 청구취지를 기재하고 이에 기초하여 소송비용 부담의 재판을 하였다면 피신청인은 감축된 청구취지인 25억 2,954만 920원을 기준으로 산정된 변호사보수만을 소송비용으로 부담하였을 것인데, 본안사건 법원이 피신청인이 청구취지를 감축한 사정을 고려하지 않고 지급명령 신청 당시의 청구취지를 기준으로 판결을 선고하고 그 판결이 그대로 확정되면서 원래의 청구취지 금액인 177억 1,000만 원을 그대로 소송목적의 값으로 보아 소송비용에 산입되는 변호사보수를 산정하면 피신청인이 거액의 소송비용을 부담하게 된다. 본안사건 판결이 그대로 확정된 것은 피신청인이 항소를 하지 않았기 때문이라고 할 수 있으나, 파산관재인인 피신청인으로서는 실질적으로 본안사건 판결에 기재된 청구취지가 감축된 사실만을 다투기 위하여 항소를 하는 데에 파산관재인으로서의 현실적 어려움이 있거나 법률적 지식이 부족하였을 수 있다.

사정이 이러하다면 원심으로서는 본안사건에서 실질적인 공방이 이루어진 대상은 무엇인지, 신청인의 소송대리인이 이를 위해 수행한 소송행위는 무엇이고 어느 정도의 노력을 들였는지, 본안사건의 확정 경과나 신청인의 소송행위 내용 등에 비추어 피신청인이 부담하게 되는 소송비용이 지나치게 과다한 것은 아닌지 등의 여러 사정을 종합적으로 심리하여 보수규칙 제3조에 따라 산정한 변호사보수 전부를 그대로 소송비용에 산입하는 것이 공정이나 형평의 이념에 반하여 감액할 필요는 없는지를 결정하였어야 했다"(대결 2022.5.12. 2017마6274).    정답 ○

**유제**    정답 ○

[사실관계] 청구감축을 간과한 본안판결이 확정된 사안에서 확정된 판결에 따른 소송목적의 값을 기준으로 변호사보수를 산정한 것이 위법하다고 볼 수는 없으나 본안사건에서의 실질적 공방의 대상, 신청인의 소송대리인이 수행한 소송행위의 내용 및 정도, 본안사건의 확정경과 등을 종합적으로 고려할 때 변호사보수의 소송비용 산입에 관한 규칙에 따라 산정한 변호사보수를 그대로 소송비용에 산입하는 것이 공정이나 형평의 이념에 반하여 감액할 필요는 없는지 여부를 심리하였어야 한다고 보아 청구감축이 이루어지지 않은 소송목적의 값을 기준으로 변호사보수를 산정하여 그 전부를 소송비용액으로 확정한 원심결정을 파기한 사례

**3**    당사자 사이에 소송비용을 일정 비율로 분담하도록 재판이 된 경우로서 민사소송법 제111조 제2항에 따라 소송비용액확정을 신청한 당사자에 대해서만 소송비용액을 확정할 경우 법원은 신청인으로부터 제출된 비용계산서에 기초하여 지출한 비용총액을 산정한 다음, 그 비용총액에 대하여 소송비용 부담재판의 분담비율에 따라 상대방이 부담할 소송비용액을 정하여 그 금액의 지급을 명하는 방법으로 소송비용액을 확정해야 한다.    (   )

**3-1** 당사자 사이에 소송비용을 일정 비율로 분담하도록 재판이 된 경우, 소송비용액확정신청을 한 신청인에게 피신청인이 상환해야 할 변호사 보수를 확정할 때에는 신청인이 변호사에게 보수계약에 따라 지급하거나 지급할 금액과 구 보수규칙에 따라 산정한 금액을 비교하여 그중 작은 금액을 소송비용으로 결정한 다음, 그에 대하여 소송비용 부담재판의 분담비율을 적용하여 계산해야 한다. (　　)

판결요지

※ 당사자 쌍방이 소송비용을 일정 비율로 분담하도록 재판이 된 경우로서 민사소송법 제111조 제2항에 따라 소송비용액확정을 신청한 당사자에 대해서만 소송비용액을 확정할 경우 소송비용에 포함되는 변호사 보수의 산정방법

"당사자 사이에 소송비용을 일정 비율로 분담하도록 재판이 된 경우로서 민사소송법 제111조 제2항에 따라 소송비용액확정을 신청한 당사자에 대해서만 소송비용액을 확정할 경우 법원은 신청인으로부터 제출된 비용계산서에 기초하여 지출한 비용총액을 산정한 다음, 그 비용총액에 대하여 소송비용 부담재판의 분담비율에 따라 상대방이 부담할 소송비용액을 정하여 그 금액의 지급을 명하는 방법으로 소송비용액을 확정해야 한다(대결 2015.2.13. 2014마 2193 결정 참조). 한편 민사소송법 제109조 제1항은 "소송을 대리한 변호사에게 당사자가 지급하였거나 지급할 보수는 대법원규칙이 정하는 금액의 범위 안에서 소송비용으로 인정한다."라고 정하고 있고, 구「변호사 보수의 소송비용 산입에 관한 규칙」(2018. 3. 7. 대법원규칙 제2779호로 개정되기 전의 것, 이하 '구 보수규칙'이라 한다) 제3조 제1항은 "소송비용에 산입되는 변호사의 보수는 당사자가 보수계약에 의하여 지급한 또는 지급할 보수액의 범위 내에서 각 심급단위로 소송목적의 값에 따라 별표의 기준에 의하여 산정한다."라고 정하고 있다.

따라서 당사자 사이에 소송비용을 일정 비율로 분담하도록 재판이 된 경우로서 소송비용액확정신청을 한 신청인에게 피신청인이 상환해야 할 변호사 보수를 확정할 때에는 신청인이 변호사에게 보수계약에 따라 지급하거나 지급할 금액과 구 보수규칙에 따라 산정한 금액을 비교하여 그중 작은 금액을 소송비용으로 결정한 다음, 그에 대하여 소송비용 부담재판의 분담비율을 적용하여 계산해야 한다"(대결 2022.5.31. 2022마5141). 정답 ○

유제 정답 ○

[사실관계] 소송비용액확정신청인과 피신청인이 3:7로 소송비용을 부담해야 한다고 판단한 소송비용분담재판을 기초로 신청인이 피신청인에게 자신의 변호사보수 상당액에 관한 소송비용액확정신청을 한 사안에서, 원심은 변호사 보수의 소송비용 산입에 관한 규칙(보수규칙)에 따라 산정된 금액에 피신청인의 부담비율(70%)을 적용하여 산출한 변호사 보수액이 신청인이 보수계약에 따라 실제 지출한 변호사 보수액 보다 작다는 이유로 신청인이 지출한 변호사 보수 전액을 피신청인이 상환해야하는 소송비용으로 인정하였으나, 대법원은 보수규칙에 따라 산정된 변호사 보수액과 보수계약에 따라 지출한 변호사 보수액을 산정한 후, 그 중 작은 금액에 대하여 소송비용분담재판의 비율을 적용하여 피신청인이 상환할 소송비용액을 산정해야 한다는 이유로 이와 달리 판단한 원심 결정을 파기하였다.

**4** 피참가인이 전부 승소한 판결에서 소송비용의 부담에 관한 주문에 '보조참가로 인한 부분'을 특정하지 않은 채 패소한 당사자가 부담한다는 취지만 기재되어 있는 경우, 패소한 당사자가 보조참가로 인한 소송비용까지 부담하는 것으로 볼 수 있다. (　　)

**4-1** 피참가인이 일부 승소하였음에도, 주문에 '보조참가로 인한부분'이 특정되지 않은 채 피참가인과 상대방 당사자 사이의 소송비용 부담 비율만 기재되어 있는 경우, 보조참가로 인하여 생긴 부분에 관한 소송비용의 재판이 누락된 경우에 해당하므로, 당해 소송비용의 재판을 누락한 법원이 직권 또는 당사자의 신청에 따라 이에 대한 재판을 추가로 하여야 한다. (　　)

**판결요지**

"보조참가로 인하여 생긴 소송비용의 부담에 대하여도 민사소송법 제98조 내지 제102조에 따라 재판하여야 함이 원칙이고(민사소송법 제103조), 소송비용의 부담에 관한 주문에 '보조참가로 인한 부분'을 특정하지 않은 채 패소한 당사자가 부담한다는 취지만 기재되어 있더라도, 피참가인이 전부 승소한 경우에는 당연히 패소한 당사자가 보조참가로 인한 소송비용까지도 부담하는 것으로 볼 수 있다. 그러나 피참가인이 일부 승소하였음에도, 주문에 '보조참가로 인한 부분'이 특정되지 않은 채 피참가인과 상대방 당사자 사이의 소송비용 부담 비율만 기재되어 있다면, 여기에는 보조참가로 인하여 생긴 부분까지 당연히 포함되었다고 볼 수 없어 이에 관한 소송비용의 재판이 누락된 경우에 해당하므로, 당해 소송비용의 재판을 누락한 법원이 직권 또는 당사자의 신청에 따라 이에 대한 재판을 추가로 하여야 한다(민사소송법 제212조 제2항)"(대결 2022.4.5. 2020마7530).    정답 ○

유제    정답 ○

**5** 민사소송법 제132조 제1항에 의하여 국가가 추심 가능한 소송비용에는 납입이 유예된 재판비용(인지, 송달료 등) 외에 민사소송법 제129조 제2항에 의하여 국고에서 지급된 소송구조 변호사의 보수 등이 포함된다.    (    )

**5-1** 소송구조를 받은 당사자와 상대방 당사자 사이에 소송비용을 일부씩 부담하는 판결이 선고된 경우, 소송구조로 납입 또는 지급이 유예된 재판비용이나 변호사보수도 소송구조를 받은 당사자가 지출하는 소송비용으로 산정하고 부담비율에 따라 각자 부담할 액을 정하여 대등액에서 상계한 결과 상대방 당사자가 소송구조 당사자에게 지급할 차액이 존재하는 경우에 한하여, 국가도 상대방 당사자에게 그 차액 범위에서 소송구조에 따라 납입을 유예했거나 국고에서 지급된 비용의 추심결정을 할 수 있다.    (    )

**판결요지**

"[1] 소송구조를 받은 사람에게 납입을 미루어 둔 비용은 그 부담의 재판을 받은 상대방으로부터 직접 지급받을 수 있다(민사소송법 제132조 제1항). 민사소송법 제132조 제1항은 구조결정이 이루어진 후에 소송구조를 받은 당사자의 소송 상대방이 소송비용을 부담하게 된 때 국가나 소송구조 변호사 등이 직접 상대방으로부터 추심할 수 있도록 한 규정이다. 민사소송법 제132조 제1항에 의하여 국가가 추심 가능한 소송비용에는 납입이 유예된 재판비용(인지, 송달료 등) 외에 민사소송법 제129조 제2항에 의하여 국고에서 지급된 소송구조 변호사의 보수 등이 포함된다.

[2] 소송구조를 받은 당사자와 상대방 당사자 사이에 소송비용을 일부씩 부담하는 판결이 선고된 경우, 소송구조로 납입 또는 지급이 유예된 재판비용이나 변호사보수도 소송구조를 받은 당사자가 지출하는 소송비용으로 산정하고 부담비율에 따라 각자 부담할 액을 정하여 대등액에서 상계한 결과 상대방 당사자가 소송구조 당사자에게 지급할 차액이 존재하는 경우에 한하여, 국가도 상대방 당사자에게 그 차액 범위에서 소송구조에 따라 납입을 유예했거나 국고에서 지급된 비용의 추심결정을 할 수 있다"(대결 2023.7.13. 2018마6041).    정답 ○

유제    정답 ○

**6** 피신청인이 신청인의 비용에 대해서만 분담액을 정한 제1심결정에 대하여 즉시항고를 하면서 자신의 비용계산서와 그 비용액을 소명하는 데 필요한 서면을 제출한 경우에 원칙적으로는 이를 함께 고려하여 소송비용 분담액을 다시 산정하여 확정하는 것이 타당하다. ( )

**6-1** 그러나 피신청인이 별도의 소송비용액확정결정을 신청하여 그 결정이 확정된 경우에는 피신청인은 그 결정에 따라 자신의 소송비용액을 상환받아야 할 것이므로, 위와 같이 별도의 결정에서 상환받는 것으로 확정된 피신청인의 소송비용액에 대해서는 피신청인이 상환하여야 할 소송비용액과 상계를 하여서는 안 된다. ( )

[판결요지]

"민사소송법 제112조 본문은 "법원이 소송비용을 결정하는 경우에 당사자들이 부담할 비용은 대등한 금액에서 상계된 것으로 본다."라고 규정하고 있다. 이는 당사자 쌍방이 소송비용을 일정 비율로 분담하도록 재판이 된 경우 당사자 각자의 분담액이 대등액에서 상계된 것으로 하고 그 차액만을 일방의 당사자가 상대방에게 지급하도록 함으로써 소송비용을 둘러싼 법률관계를 간이하게 처리하기 위한 것이다. 한편 피신청인이 자신의 비용계산서와 비용액을 소명하는 데 필요한 서면을 최고기간 내에 제출하지 않은 때에는 법원은 신청인의 비용에 대해서만 그 분담액을 정할 수 있으나, 그 경우에도 피신청인은 별도의 소송비용액확정결정을 신청할 수 있다(민사소송법 제111조 제2항 본문, 제111조 제2항 단서).

이러한 사정에 비추어 살펴보면, <u>피신청인이 신청인의 비용에 대해서만 분담액을 정한 제1심결정에 대하여 즉시항고를 하면서 자신의 비용계산서와 그 비용액을 소명하는 데 필요한 서면을 제출한 경우에 원칙적으로는 이를 함께 고려하여 소송비용 분담액을 다시 산정하여 확정하는 것이 타당하다. 그러나 피신청인이 별도의 소송비용액확정결정을 신청하여 그 결정이 확정된 경우에는 피신청인은 그 결정에 따라 자신의 소송비용액을 상환받아야 할 것이므로, 위와 같이 별도의 결정에서 상환받는 것으로 확정된 피신청인의 소송비용액에 대해서는 피신청인이 상환하여야 할 소송비용액과 상계를 하여서는 안 된다"(대결 2023.9.27. 2022마6885)</u> 정답 ○

정답 ○

[유제]

**7** 본안소송을 위임받은 변호사가 당사자를 대리하여 소송비용액 확정신청을 하면서 당사자로부터 그 대가를 별도로 지급받거나 지급받기로 하였다면, 소송행위에 필요한 비용의 한도에서 그 대가 역시 '소송을 대리한 변호사에게 당사자가 지급하거나 지급할 보수'(민사소송법 제109조 제1항)에 포함될 수 있다. ( )

**7-1** 변호사보수는 보수규칙에 정한 범위 안에서 소송비용에 산입되므로 변호사가 위임받은 본안소송에 관하여 체결된 보수약정에 따른 보수액이 보수규칙에 따라 산정된 금액에 미치지 못하는 경우에만 그 차액 범위 내에서 소송비용액 확정신청에 관한 별도 대가도 소송비용으로 인정할 수 있다.( )

[판결요지]

"민사소송법 제109조는 소송을 대리한 변호사에게 당사자가 지급하였거나 지급할 보수는 대법원규칙이 정하는 금액의 범위 안에서 소송비용으로 인정한다고 규정하고, 변호사보수의 소송비용 산입에 관한 규칙(이하 '보수규칙'이라 한다) 제3조 제1항은 소송비용에 산입되는 변호사보수를 각 심급단위로 소송목적의 값에 따라 보수규칙 [별표]의 기준에 의하여 산정하도록 규정하고 있다. 민사소송비용법 제1조는 민사소송법의 규정에 의한 소송비용은 소송행위에 필요한 한도의 비용으로 한다고 규정하고 있다.

본안소송에 관하여 위임받은 소송대리인의 대리권은 본안소송에 부수되는 사후절차인 소송비용액 확정절차에도 미치므로(민사소송법 제90조 제1항), 본안소송의 소송대리인인 변호사는 별도의 위임 없이도 본안소송의 부수적 절차인 소송비용액 확정신청에 관한 대리권을 행사할 수 있다.

따라서 본안소송을 위임받은 변호사가 당사자를 대리하여 소송비용액 확정신청을 하면서 당사자로부터 그 대가를 별도로 지급받거나 지급받기로 하였다면, 소송행위에 필요한 비용의 한도에서 그 대가 역시 '소송을 대리한 변호사에게 당사자가 지급하거나 지급할 보수'(민사소송법 제109조 제1항)에 포함될 수 있다. 다만 변호사보수는 보수규칙에 정한 범위 안에서 소송비용에 산입되므로 변호사가 위임받은 본안소송에 관하여 체결된 보수약정에 따른 보수액이 보수규칙에 따라 산정된 금액에 미치지 못하는 경우에만 그 차액 범위 내에서 소송비용액 확정신청에 관한 별도 대가도 소송비용으로 인정할 수 있다. 위 대가가 소송행위에 필요한 한도에 포함되는지 판단할 때에는 법무사법 제19조 제3항 및 민사소송비용규칙 제2조 제3항의 위임에 따라 대한법무사협회 회칙으로 정해진 '법무사 보수기준'을 참조할 수 있다."(대결 2023.11.2. 2023마5298) **정답** ○     **유제**   **정답** ○

**8** 담보제공자가 담보권리자의 동의 없이 담보취소신청을 한 경우에 담보권리자가 권리행사의 최고를 받고도 권리를 행사하지 아니하면 담보취소에 동의한 것으로 본다(민사소송법 제125조 제3항). 최고를 받은 담보권리자의 권리 주장 범위가 담보공탁금액 중 일부에 한정되어 있을 때에는 그 초과 부분에 대해서는 담보취소에 대한 동의가 있다고 보아야 하므로, 법원은 그 부분 일부 담보를 취소하여야 한다.                                                          (   )

**8-1** 토지 인도 및 그 인도시까지의 차임 상당액의 지급을 명한 가집행선고부 판결에 대한 강제집행정지를 위하여 담보공탁을 한 경우, 그 토지의 인도집행이 지연됨으로 인한 손해에는 반대되는 사정이 없는 한 집행의 정지가 효력을 갖는 기간 내에 발생된 차임 상당의 손해가 포함되고, 그 경우 차임 상당의 그 손해배상청구권은 기본채권 자체라 할 것은 아니어서 인도집행정지를 위한 공탁금의 피담보채무가 된다.                                                          (   )

**판결요지**

"담보제공자가 담보권리자의 동의 없이 담보취소신청을 한 경우에 담보권리자가 권리행사의 최고를 받고도 권리를 행사하지 아니하면 담보취소에 동의한 것으로 본다(민사소송법 제125조 제3항). 최고를 받은 담보권리자의 권리 주장 범위가 담보공탁금액 중 일부에 한정되어 있을 때에는 그 초과 부분에 대해서는 담보취소에 대한 동의가 있다고 보아야 하므로, 법원은 그 부분 일부 담보를 취소하여야 한다(대결 2004.7.5. 2004마177, 대결 2017.1.13. 2016마1180 등 참조).

가집행선고부 판결에 대한 강제집행정지를 위하여 공탁한 담보는 강제집행정지로 인하여 채권자에게 생길 손해를 담보하기 위한 것이고 정지의 대상인 기본채권 자체를 담보하는 것은 아니므로 채권자는 그 손해배상청구권에 한하여서만 질권자와 동일한 권리가 있을 뿐 기본채권에까지 담보적 효력이 미치는 것은 아니다(대결 1988.3.29. 87카71 결정 참조). 그러나 토지 인도 및 그 인도시까지의 차임 상당액의 지급을 명한 가집행선고부 판결에 대한 강제집행정지를 위하여 담보공탁을 한 경우, 그 토지의 인도집행이 지연됨으로 인한 손해에는 반대되는 사정이 없는 한 집행의 정지가 효력을 갖는 기간 내에 발생된 차임 상당의 손해가 포함되고, 그 경우 차임 상당의 그 손해배상청구권은 기본채권 자체라 할 것은 아니어서 인도집행정지를 위한 공탁금의 피담보채무가 된다(대판 2000.1.14. 98다24914 참조)."(대결 2024.1.5. 2023마7070)                              **정답** ○

**유제**                                                                         **정답** ○

**9**  가처분 사건 및 이에 대한 가처분이의 사건은 모두 하나의 심급단위로 보아 소송비용에 산입되는 변호사의 보수를 산정하여야 한다.  (  )

판결요지

"변호사보수의 소송비용 산입에 관한 규칙 제3조 제1항은 "소송비용에 산입되는 변호사의 보수는 당사자가 보수계약에 의하여 지급한 또는 지급할 보수액의 범위 내에서 각 심급단위로 소송목적의 값에 따라 별표의 기준에 의하여 산정한다."라고 규정하고 있고, 보전처분의 신청을 대리한 소송대리인은 보전처분에 대한 이의가 있는 경우에 이의소송에서도 소송대리권이 있는 것으로 해석되며, 가처분에 대한 이의는 같은 심급의 불복신청으로서 다시 가처분 신청의 당부를 심리·판단하여 달라는 신청이므로, <u>가처분 사건 및 이에 대한 가처분이의 사건은 모두 하나의 심급단위로 보아 소송비용에 산입되는 변호사의 보수를 산정하여야 한다</u>"(대결 2024.1.25. 2023마7238)  정답  ○

**10** ★ 가집행이 붙은 제1심판결 선고 이후 채무자가 제1심판결에 기한 강제집행을 피하기 위해 돈을 지급한 경우 채무자가 항소심에서 위와 같이 돈을 지급한 사실을 주장하더라도 항소심법원은 그러한 사유를 참작하지 않고 청구의 당부를 판단해야 한다  20년 변호 (  )

판결요지

"가집행이 붙은 제1심판결 선고 이후 채무자가 제1심판결에 기한 강제집행을 피하기 위해 돈을 지급한 경우 그에 따라 확정적으로 변제의 효과가 발생하는 것이 아니므로 채무자가 항소심에서 위와 같이 돈을 지급한 사실을 주장하더라도 항소심법원은 그러한 사유를 참작하지 않고 청구의 당부를 판단해야 한다"(대판 2020.1.30. 2018다204787)  정답  ○

**11** 소송비용부담의 재판에서 당사자 쌍방이 소송비용을 일정 비율로 분담하도록 정한 경우 소송비용액의 확정에 관하여 당사자들이 부담할 비용은 대등한 금액에서 상계된 것으로 보므로(민사소송법 제112조 본문), 법원은 각 당사자가 제출한 비용계산서를 토대로 각자 지출한 비용총액을 산정하고 그 각자의 비용총액 각각에 대하여 분담비율에 따라 각자가 부담할 소송비용액을 정한 후 대등액에서 상계하고 남은 차액에 관하여 지급을 명하는 방법으로 소송비용액을 확정하여야 한다.  (  )

**11-1** 여기서 상계의 대상이 되는 '그 각자의 비용총액 각각에 대하여 분담비율에 따라 각자가 부담할 소송비용액'은 각 당사자가 그 상대방에게 소송비용 상환의무를 부담할 부분만을 의미하고, 자신이 지출한 비용총액에 대하여 자신의 분담비율을 적용한 부분은 상대방에게 그 상환의무를 부담하지 않아 상계의 대상에서 제외된다.  (  )

판결요지

"[1] 소송비용부담의 재판에서 당사자 쌍방이 소송비용을 일정 비율로 분담하도록 정한 경우 소송비용액의 확정에 관하여 당사자들이 부담할 비용은 대등한 금액에서 상계된 것으로 보므로(민사소송법 제112조 본문), 법원은 각 당사자가 제출한 비용계산서를 토대로 각자 지출한 비용총액을 산정하고 그 각자의 비용총액 각각에 대하여 분담비율에 따라 각자가 부담할 소송비용액을 정한 후 대등액에서 상계하고 남은 차액에 관하여 지급을 명하는 방법으로 소송비용액을 확정하여야 한다. 여기서 상계의 대상이 되는 '그 각자의 비용총액 각각에 대하여 분담비율에 따라 각자가 부담할 소송비용액'은 각 당사자가 그 상대방에게 소송비용 상환의무를 부담할 부분만을 의미하고, 자신이 지출한 비용총액에 대하여 자신의 분담비율을 적용한 부분은 상대방에게 그 상환의무를 부담하지 않아 상계의 대상에서 제외된다.

[2] 변호사보수의 소송비용산입에 관한 규칙(이하 '보수규칙'이라 한다) 제6조 제1항은 보수규칙 제3조 및 제5조에 의하여 산정한 금액 전부를 소송비용에 산입하는 것이 현저히 부당하다고 인정되는 경우에는 법원이 상당한 정도까지 감액하여 산정할 수 있다고 규정하고 있다. 여기서 '현저히 부당한 경우'란, 소송목적의 값, 보수규칙 제3조 및 제5조에 의해 산정한 보수액의 규모, 소송의 경과와 기간, 소송종결사유, 사건의 성질과 난이도, 변호사가 들인 노력의 정도 등 여러 사정에 비추어 볼 때, 보수규칙 제3조 및 제5조에 의한 산정액 전부를 소송비용으로 인정하여 상대방에게 상환을 명하는 것이 공정이나 형평의 이념에 반하는 결과를 가져오는 경우를 말한다(대결 2024.4.19. 2024마5007). **정답** ○    **유 제**    **정답** ○

---

**12** 「소송촉진 등에 관한 특례법」(이하 '소송촉진법'이라 한다) 제3조 제2항의 '채무자가 그 이행의무의 존부나 범위에 관하여 항쟁함이 타당하다고 인정되는 때'란 그 이행의무의 존부나 범위에 관하여 항쟁하는 채무자의 주장이 타당한 근거가 있는 것으로 인정되는 때를 가리킨다.    ( )

**12-1** 원고의 청구를 인용한 제1심판결에 대하여 피고가 항소를 제기하여 환송 전 원심에서는 피고의 항소가 받아들여져 원고 패소판결이 선고되었다가 이에 대하여 원고가 상고한 결과 환송 전 원심판결이 파기되어 그 환송 후 원심에서 제1심판결과 같이 원고의 청구를 인용하는 판결이 선고된 경우에는, 피고의 주장이 환송 전 원심에 의하여 받아들여진 적이 있을 정도였으므로 적어도 그 판결이 파기되기 전까지는 피고가 이행의무의 존부나 범위에 관하여 항쟁함이 상당한 근거가 있었다고 보아야 할 것이다.    ( )

**판결요지**

※ 제1심판결에서 원고의 청구가 인용되었다가 피고의 항소가 받아들여져 원고 패소판결이 선고되었으나, 원고가 상고한 결과 환송 전 원심판결이 파기되어 환송 후 원심에서 제1심판결과 같이 원고의 청구가 인용된 경우 소송촉진 등에 관한 특례법 제3조 제2항에서 '채무자가 그 이행의무의 존부나 범위에 관하여 항쟁함이 타당하다고 인정되는 때'의 의미(= 환송판결 선고 시)

"「소송촉진 등에 관한 특례법」(이하 '소송촉진법'이라 한다) 제3조 제2항은 "채무자에게 그 이행의무가 있음을 선언하는 사실심 판결이 선고되기 전까지 채무자가 그 이행의무의 존재 여부나 범위에 관하여 항쟁하는 것이 타당하다고 인정되는 경우에는 그 타당한 범위에서 제1항을 적용하지 아니한다."라고 규정하고 있다. 여기서 '채무자가 그 이행의무의 존부나 범위에 관하여 항쟁함이 타당하다고 인정되는 때'란 그 이행의무의 존부나 범위에 관하여 항쟁하는 채무자의 주장이 타당한 근거가 있는 것으로 인정되는 때를 가리킨다. 원고의 청구를 인용한 제1심판결에 대하여 피고가 항소를 제기하여 환송 전 원심에서는 피고의 항소가 받아들여져 원고 패소판결이 선고되었다가 이에 대하여 원고가 상고한 결과 환송 전 원심판결이 파기되어 그 환송 후 원심에서 제1심판결과 같이 원고의 청구를 인용하는 판결이 선고된 경우에는, 피고의 주장이 환송 전 원심에 의하여 받아들여진 적이 있을 정도였으므로 적어도 그 판결이 파기되기 전까지는 피고가 이행의무의 존부나 범위에 관하여 항쟁함이 상당한 근거가 있었다고 보아야 할 것이다(대판 1997.5.9. 97다6988 판결, 대판 2005.2.17. 2004다50341 판결, 대판 2014.10.27. 2013다84582 판결 등 참조)."(대판 2024.6.13. 2024다225723).    **정답** ○

**유 제**    **정답** ○

# 제8편 민사집행법

**1** 근저당권을 이전받은 피신청인이 채권양도의 대항요건을 갖추지 못한 경우, 신청인의 임의경매개시 결정에 대한 이의신청을 받아들일 수 있다. ( )

판결요지

※ 근저당권을 이전받은 피신청인이 채권양도의 대항요건을 갖추지 못한 경우, 신청인의 임의경매개시결 정에 대한 이의신청을 받아들일 수 있는지 여부(적극)

"가. 기판력은 전소판결의 소송물과 동일한 후소를 허용하지 않는 것임은 물론이고, 후소의 소송물이 전소의 소송 물과 동일하지 않다고 하더라도 전소의 소송물에 관한 판단이 후소의 선결문제가 되거나 모순관계에 있을 때에는 후소에서 전소판결의 판단과 다른 주장을 하는 것을 허용하지 않는 작용을 한다. 이러한 확정판결의 기판력은 그 판결의 주문에 포함된 것, 즉 소송물로 주장된 법률관계의 존부에 관한 판단의 결론 그 자체에만 생기는 것이고, 판결이유에 설시된 그 전제가 되는 법률관계의 존부에까지 미치는 것은 아니다.

나. 저당권은 피담보채권과 분리하여 양도할 수 없어 저당권의 피담보채권 양도는 언제나 저당권의 양도와 채권양 도가 결합되어 행해지므로, 저당권의 피담보채권 양도는 민법 제186조에서 정한 부동산물권변동에 관한 규정과 민법 제449조 내지 452조에서 정한 채권양도에 관한 규정에 따라 규율된다. 따라서 저당권은 물권변동의 일반원 칙에 따라 저당권을 이전할 것을 목적으로 하는 물권적 합의와 등기가 있어야 이전되나, 이때의 물권적 합의는 저당권을 양도·양수받는 당사자 사이에 있으면 족하고, 단지 채무자에게 채권양도의 통지나 이에 대한 채무자의 승낙이 있으면 채권양도를 가지고 채무자에게 대항할 수 있게 되는 것이다.

민사집행법은 부동산에 대한 담보권실행을 위한 경매의 개시 요건으로서 민사집행규칙 제192조에서 정한 채권자 채무자 및 소유자(제1호), 담보권과 피담보채권의 표시(제2호), 담보권 실행의 대상인 재산의 표시(제3호), 피담보 채권의 일부에 대하여 담보권을 실행하는 때에는 그 취지와 범위(제4호)를 기재한 신청서와 민사집행법 제264조 에 정한 담보권의 존재를 증명하는 서류를 제출하면 된다. 집행법원은 담보권의 존재에 관하여 위 서류의 한도에 서 심사하고, 그 밖의 실체법상의 요건은 신청서에 기재하도록 하는 데 그치며, 담보권실행을 위한 경매절차의 개 시요건으로서 이를 증명하도록 요구하고 있지 않다. 따라서 <u>저당권과 함께 피담보채권을 양수한 자는 저당권이전 의 부기등기를 마치고 저당권실행의 요건을 갖추고 있는 한 채권양도의 대항요건을 갖추고 있지 않더라도 경매신 청을 할 수 있고, 이 경우 경매개시결정을 할 때 피담보채권의 양수인이 채무자에 대한 채권양도의 대항요건을 갖추었다는 점을 증명할 필요는 없지만, 적어도 그와 같은 사유는 경매개시결정에 대한 이의나 항고절차에서는 신청채권자가 증명하여야 한다</u>"(대결 2022.1.14. 2019마71). **정답** ○

**2** ★ 이미 소멸한 근저당권에 기하여 임의경매가 개시되고 매각이 이루어진 경우, 그 경매의 효력은 무효이고, 민사집행법 제267조는 경매개시결정이 있은 뒤에 담보권이 소멸하였음에도 경매가 계속 진행되어 매각된 경우에만 적용된다. ( )

판결요지

※ 이미 소멸한 근저당권에 기하여 임의경매가 개시되고 매각이 이루어진 경우, 그 경매의 효력(무효) 및 민사집행법 제267조는 경매개시결정이 있은 뒤에 담보권이 소멸하였음에도 경매가 계속 진행되어 매각된 경우에만 적용되는지 여부(적극)

"종래 대법원은 민사집행법 제267조가 신설되기 전에도 실체상 존재하는 담보권에 기하여 경매개시결정이 이루어 졌으나 그 후 경매 과정에서 담보권이 소멸한 경우에는 예외적으로 공신력을 인정하여, 경매개시결정에 대한 이의 등으로 경매절차가 취소되지 않고 매각이 이루어졌다면 경매는 유효하고 매수인이 소유권을 취득한다고 해석해 왔다.

대법원은 민사집행법 제267조가 신설된 후에도 같은 입장을 유지하였다. 즉, 민사집행법 제267조는 경매개시결정 이 있은 뒤에 담보권이 소멸하였음에도 경매가 계속 진행되어 매각된 경우에만 적용된다고 보는 것이 대법원의 일관된 입장이다. 위와 같은 현재의 판례는 타당하므로 그대로 유지되어야 한다.

(1) 임의경매의 정당성은 실체적으로 유효한 담보권의 존재에 근거하므로, 담보권에 실체적 하자가 있다면 그에 기초한 경매는 원칙적으로 무효이다. 특히 채권자가 경매를 신청할 당시 실행하고자 하는 담보권이 이미 소멸하였 다면, 그 경매개시결정은 아무런 처분권한이 없는 자가 국가에 처분권을 부여한 데에 따라 이루어진 것으로서 위 법하다. 반면 일단 유효한 담보권에 기하여 경매개시결정이 개시되었다면, 이는 담보권에 내재하는 실체적 환가권 능에 기초하여 그 처분권이 적법하게 국가에 주어진 것이다. 이러한 점에서 담보권의 소멸은 그 소멸 시기가 경매 개시결정 전인지 또는 후인지에 따라 그 법률적 의미가 본질적으로 다르다고 할 수 있다.

(2) 민사집행법 제267조가 담보권의 소멸 시기를 언급하지 않고 있더라도 그것이 경매개시결정 전에 담보권이 소 멸한 경우까지도 포함하여 경매의 공신력을 인정하려는 취지인지는 그 문언만으로는 분명하지 않고, 여전히 법률 해석의 여지가 남아 있게 되었다.

(3) 원칙적으로는 경매가 무효라 하더라도 상대적으로 진정한 권리자에 대한 보호가치가 줄어든 경우에 한하여 실권효(失權效)에 기초하여 예외적으로 경매의 공신력을 부여할지를 논할 수 있는 것이고, 이러한 논의에 애초부 터 담보권이 소멸하여 위법하게 경매절차가 개시된 경우를 포함하는 것은 타당하다고 할 수 없다.

(4) 경매개시결정이 있기 전에 담보권이 소멸한 경우에도 그 담보권에 기한 경매의 공신력을 인정한다면, 이는 소 멸한 담보권 등기에 공신력을 인정하는 것과 같은 결과를 가져오므로 현재의 등기제도와도 조화된다고 볼 수 없 다.

(5) 결국 대법원이 현재에 이르기까지 민사집행법 제267조가 경매개시결정이 있은 뒤에 담보권이 소멸한 경우에 만 적용되는 것으로 해석해 온 것은 민사집행법 제267조의 입법 경위, 임의경매의 본질과 성격 및 부동산등기제도 등 법체계 전체와의 조화를 고려하여 다양한 해석이 가능한 법문언의 의미를 분명히 밝힌 것으로 보아야 한다(대판 2022.8.25. 전합2018다205209).     **정답** ○

---

**3**    ★ 채권압류명령은 집행채권의 현금화나 만족적 단계에 이르지 아니하는 보전적 처분으로서 집행채 권에 대한 압류의 효력에 반하지 않으므로, 집행채권에 대한 압류는 집행채권자가 그 채무자를 상 대로 한 채권압류명령의 집행장애사유가 될 수 없고, 이는 국가가 국세징수법에 의한 체납처분으로 체납자의 채무자에 대한 집행채권을 압류한 경우에도 마찬가지이다.    (    )

**판결요지**

※ 1. 집행채권이 국세징수법에 기하여 압류된 경우 압류명령의 집행장애사유에 해당하는지(소극), 2. 위 경우 전부명령의 집행장애사유에 해당하는지(적극), 3. 전부명령 송달 후 즉시항고 절차에서 집행채권이 압류된 경우 항고법원이 해야 할 조치(=전부명령 취소)

"[1] 채권압류명령은 집행채권의 현금화나 만족적 단계에 이르지 아니하는 보전적 처분으로서 집행채권에 대한 압 류의 효력에 반하지 않으므로, 집행채권에 대한 압류는 집행채권자가 그 채무자를 상대로 한 채권압류명령의 집행 장애사유가 될 수 없고, 이는 국가가 국세징수법에 의한 체납처분으로 체납자의 채무자에 대한 집행채권을 압류한 경우에도 마찬가지이다.

[2] 집행채권자의 채권자가 집행권원에 표시된 집행채권을 압류 또는 가압류, 처분금지가처분을 한 경우에는 압류 등의 효력으로 집행채권자의 추심, 양도 등의 처분행위와 채무자의 변제가 금지되고 이에 위반되는 행위는 집행채권자의 채권자에게 대항할 수 없게 되므로 집행기관은 압류 등이 해제되지 않는 한 집행할 수 없는 것이니 이는 집행장애사유에 해당하고, 국가가 국세징수법에 의한 체납처분으로 체납자의 채무자에 대한 집행채권을 압류한 경우에도 체납자의 양도 등의 처분행위와 해당 채무자의 변제가 금지되므로(국세징수법 제43조 참조), 집행장애사유에 해당한다.

한편 집행법원은 강제집행의 개시나 속행에 있어서 집행장애사유에 대하여 직권으로 그 존부를 조사하여야 한다. 집행개시 전부터 그 사유가 있는 경우에는 집행의 신청을 각하 또는 기각하여야 하고, 만일 집행장애사유가 존재함에도 간과하고 강제집행을 개시한 다음 이를 발견한 때에는 이미 한 집행절차를 직권으로 취소하여야 한다. 그리고 집행개시 당시에는 집행장애사유가 없었더라도 집행 종료 전 집행장애사유가 발생한 때에는 만족적 단계에 해당하는 집행절차를 진행할 수 없으므로, 전부명령이 제3채무자에게 송달되었으나 확정되기 전 즉시항고 절차 단계에서 집행채권이 압류되는 등으로 집행장애사유가 발생한 경우 특별한 사정이 없는 한 항고법원은 전부명령을 직권으로 취소하여야 한다"(대결 2023.1.12. 2022마6107)

**정답** ○

**4** 집행채권에 대한 압류·가압류의 효력은 집행채권 압류·가압류 상태에서 집행채권자가 적법하게 취득한 배당금지급청구권에도 미친다. ( )

판결요지

※ 집행채권에 대한 압류·가압류의 효력이 집행채권 압류·가압류 상태에서 집행채권자가 적법하게 취득한 배당금지급청구권에 미치는지 여부(적극)

"집행채권이 압류 또는 가압류된 상태에서 집행채무자에 대한 강제집행절차가 진행되어 집행채권자에게 적법하게 배당이 이루어진 경우, 집행채권에 대한 압류 또는 가압류의 효력은 집행채권자의 배당금지급청구권(만약 민사집행법 제160조 제1항 각 호에서 정한 배당유보공탁사유로 인하여 공탁이 이루어진 경우에는 공탁사유가 소멸하면 집행채권자에게 발생할 공탁금출급청구권도 포함한다)에 미친다. 이때 집행채권자의 다른 채권자들이 집행채권자의 배당금지급청구권을 압류 또는 가압류함으로써 민사집행법 제235조의 압류경합이 발생하고 그에 따른 적법한 공탁사유신고로 채권배당절차가 개시되면, 집행채권을 압류 또는 가압류하였던 채권자는 그 채권배당절차에서 배당금지급청구권에 대한 압류 또는 가압류권자의 지위에서 배당을 받을 수 있다"(대결 2023.4.27. 2021다207717)

**정답** ○

**5** 계약 해제·해지의 효력정지 가처분에서 계약위반으로 채권자가 입은 손해가 금전적 손해배상의 방법으로 전보될 수 있는 경우 보전의 필요성이 인정되지 않는다. ( )

판결요지

※ 계약 해제·해지의 효력정지 가처분에서 계약위반으로 채권자가 입은 손해가 금전적 손해배상의 방법으로 전보될 수 있는 경우 보전의 필요성이 인정되는지 여부(소극)

"임시의 지위를 정하기 위한 가처분은 다툼 있는 권리관계에 관하여 그것이 본안소송에 의하여 확정되기까지 가처분권리자가 현재의 현저한 손해를 피하거나 급박한 위험을 막기 위하여, 또는 그 밖의 필요한 이유가 있는 경우에 허용되는 응급적·잠정적인 처분이므로, 이러한 가처분이 필요한지 여부는 당해 가처분신청의 인용 여부에 따른 당사자 쌍방의 이해득실관계, 본안소송에 대한 승패의 예상, 기타 여러 사정을 고려하여 법원의 재량에 따라 합목적적으로 결정하여야 한다(대판 2007.1.25. 2005다11626 판결 등 참조).

계약 해제·해지의 효력정지 가처분에서 계약 해제 등의 효력이 없음이 본안 판결에 의하여 확정된다고 하더라도 채권자는 손해배상의 방법으로 구제받을 수 있기 때문에 그 효력정지 가처분에 대한 보전의 필요성 판단에 신중을 기해야 한다. 특히 계약위반으로 인하여 채권자가 입은 손해가 금전에 의한 손해배상으로 전보될 수 있고, 달리 금전적 손해배상의 방법으로는 그 손해를 회복하기 어려운 특별한 사정이 없는 반면, 상대방의 협력 없이 그 계약의 이행 자체를 강제적으로 관철하기 어려운 성질의 계약인 경우에는 그 계약위반 및 이로 인한 손해를 주장·입증하여 손해배상의 권리구제를 받는 것은 별론으로 하고, 계약의 이행을 전제로 하는 가처분에 대한 보전의 필요성을 인정함에는 한층 신중을 기할 필요가 있다"(대결 2022.2.8. 2021마6668).　　**정답 ○**

**6**　★ 토지 소유자가 그 지상 집합건물 구분소유자들을 상대로 건물철거 등을 청구하는 소를 제기하면서 처분금지가처분(피보전권리 건물철거청구권)을 받아 두었는데, 소송계속 중 일부 전유부분이 가처분 이전에 마쳐진 가등기에 기하여 본등기가 마쳐지거나 가처분 이전에 설정된 근저당권의 실행으로 매각된 경우에는 가처분채권자로서도 가처분 효력을 내세워 채무자가 여전히 그 건물 처분할 수 있는 지위에 있다고 주장할 수 없다.　　　　　　　　　　　　　　( )

[판결요지]

※ 처분금지가처분(피보전권리 건물철거청구권)보다 먼저 마쳐진 가등기에 의하여 본등기가 마쳐진 경우 및 처분금지가처분보다 먼저 설정된 근저당권이 소멸되는 경매절차에서의 매각이 있는 경우, 그로 인한 소유권 변동을 가처분채권자에게 대항할 수 있는지 여부

"채무자 소유 건물에 대한 철거청구권을 피보전권리로 한 가처분에도 불구하고 채무자가 건물을 처분하였을 때에는 이를 채권자에게 대항할 수 없으므로 채권자에 대한 관계에 있어서 채무자가 여전히 그 건물을 처분할 수 있는 지위에 있다고 볼 수 있다. 처분행위가 가처분에 저촉되는지 여부는 그 처분행위에 따른 등기와 가처분등기의 선후에 따라 정해진다(대판 1982.10.12. 82다129 판결, 대판 2009.9.24. 2009다32928 판결).

그런데 가등기는 본등기 순위보전의 효력이 있기 때문에, 가처분등기보다 먼저 마쳐진 가등기에 의하여 본등기가 마쳐진 경우에는 그 본등기가 설사 가처분등기 후에 마쳐졌더라도 채권자에게 대항할 수 있다.

또한 근저당권이 소멸되는 경매절차에서 부동산이 매각된 경우에는 근저당권설정등기와 가처분등기의 선후에 따라 채무자가 채권자에게 대항할 수 있는지 여부가 정해진다. 따라서 가처분등기보다 먼저 설정등기가 마쳐진 근저당권이 소멸되는 경매절차에서의 매각으로 채무자가 건물 소유권을 상실한 경우에는 채권자로서도 가처분 효력을 내세워 채무자가 여전히 그 건물을 처분할 수 있는 지위에 있다고 주장할 수 없다.

한편 경매절차에서 매각대금이 지급되면 법원사무관 등은 매수인 앞으로 소유권을 이전하는 등기와 함께 매수인이 인수하지 아니한 부동산의 부담에 관한 기입을 말소하는 등기 등도 촉탁하여야 하는데(민사집행법 제144조 제1항), 이때 토지 소유자가 그 소유 토지 위에 채무자 소유 건물 철거청구권을 보전하기 위하여 건물에 대한 처분금지가처분으로 마쳐진 가처분등기는, 건물에 관한 압류 또는 근저당권설정등기 이후에 마쳐졌더라도 말소되지 않은 채 남아 있지만, 이는 위 가처분이 건물 자체에 대한 어떠한 권리를 보전하기 위한 것이 아니기 때문이다. 위와 같이 압류나 근저당권설정등기 이후에 마쳐진 위 가처분등기가 경매절차 매각대금 지급 후에도 말소되지 않은 채 남아 있다고 해서 채무자가 여전히 그 건물을 처분할 수 있는 지위에 있다고 볼 수는 없다"(대판 2022.3.31. 2017다

9121,2017다9138).

**정답** ○

**[사실관계]** 토지 소유자가 그 지상 집합건물 구분소유자들을 상대로 건물철거 등을 청구하는 소를 제기하면서 처분금지가처분(피보전권리 건물철거청구권)을 받아 두었는데, 소송계속 중 일부 전유부분이 1) 가처분 이전에 마쳐진 가등기에 기하여 본등기가 마쳐지거나 2) 가처분 이전에 설정된 근저당권의 실행으로 매각된 사안에서, 대법원은 이러한 1), 2)의 경우에는 가처분채권자로서도 가처분 효력을 내세워 채무자가 여전히 그 건물 처분할 수 있는 지위에 있다고 주장할 수 없다고 하면서, 위 1), 2)와 같은 경위로 그 소유자가 변경된 부분 관련 철거청구 등을 배척한 원심을 수긍한 사례

**7** 가압류취소결정에 대해 즉시항고하면서 따로 집행정지를 신청을 하지 않은 채권자는 가압류취소결정을 잘못을 이유로 국가배상을 청구할 수 없다. ( )

판결요지

※ **가압류취소결정에 대해 즉시항고하면서 따로 집행정지를 신청을 하지 않은 채권자가 가압류취소결정을 잘못을 이유로 국가배상을 청구할 수 있는지(소극)**

"1. 법관의 재판, 특히 보전처분으로 인한 국가배상책임에 관한 법리

가. 법관의 재판에 법령 규정을 따르지 않은 잘못이 있더라도 이로써 바로 재판상 직무행위가 국가배상법 제2조 제1항에서 말하는 위법한 행위로 되어 국가의 손해배상책임이 발생하는 것은 아니다. 법관의 오판으로 인한 국가배상책임이 인정되려면 법관이 위법하거나 부당한 목적을 가지고 재판을 하였다거나 법이 법관의 직무수행상 준수할 것을 요구하고 있는 기준을 현저하게 위반하는 등 법관이 그에게 부여된 권한의 취지에 명백히 어긋나게 이를 행사하였다고 인정할 만한 특별한 사정이 있어야 한다는 것이 판례이다.

특히 재판에 대하여 불복절차 또는 시정절차가 마련되어 있는 경우, 법관이나 다른 공무원의 귀책사유로 불복에 의한 시정을 구할 수 없었다거나 그와 같은 시정을 구할 수 없었던 부득이한 사정이 없는 한, 그와 같은 시정을 구하지 않은 사람은 원칙적으로 국가배상에 의한 권리구제를 받을 수 없다.

나. 민사집행법은 보전처분 취소재판에 대한 즉시항고에 대하여 집행정지의 효력을 부여하고 있는 민사소송법 제447조 준용을 배제하고 있다(민사집행법 제286조 제7항, 제287조 제5항, 제288조 제3항, 제307조 제2항). 이는 집행부정지 원칙을 채택함으로써 증가하는 채권자의 위험을 감수하더라도 보전재판의 신속한 절차진행이 더 중요하다고 본 입법자의 결단이라고 할 수 있다. 다만 민사집행법 제289조는 "가압류를 취소하는 결정에 대하여 즉시항고가 있는 경우에, 불복의 이유로 주장한 사유가 법률상 정당한 사유가 있다고 인정되고 사실에 대한 소명이 있으며, 그 가압류를 취소함으로 인하여 회복할 수 없는 손해가 생길 위험이 있다는 사정에 대한 소명이 있는 때에는, 법원은 당사자의 신청에 따라 담보를 제공하게 하거나 담보를 제공하지 아니하게 하고 가압류취소결정의 효력을 정지시킬 수 있다."라고 정하여 일정한 요건을 갖춘 경우 당사자의 신청에 따라 가압류취소결정의 효력을 정지시킬 수 있도록 하고 있고, 가처분취소결정에 대해서도 이를 준용하고 있다(민사집행법 제301조). 이러한 효력정지 제도는 법원의 잘못된 보전처분취소결정으로 생길 수 있는 손해를 방지하기 위하여 법률에 규정된 긴급 구제절차라고 할 수 있다. 보전재판의 특성상 신속한 절차진행이 중시되고 당사자 일방의 신청에 따라 심문절차 없이 재판이 이루어지는 경우도 많다는 사정을 고려하여 민사집행법에서는 보전재판에 대한 불복 또는 시정을 위한 수단으로서 즉시항고와 효력정지 신청 등 구제절차를 세심하게 마련해 두고 있다. 재판작용에 대한 국가배상책임에 관한 판례는 재판에 대한 불복절차 또는 시정절차가 마련되어 있으면 이를 통한 시정을 구하지 않고서는 원칙적으로 국가배상을 구할 수 없다는 것으로, 보전재판이라고 해서 이와 달리 보아야 할 이유가 없다"(대판 2022.3.17. 2019다226975).

**정답** ○

**8**    채무불이행자명부 등재결정에 대한 즉시항고 사유에 채무소멸 등 실체적 사유도 포함된다.    (    )

판결요지

※ **채무불이행자명부 등재결정에 대한 즉시항고 사유에 채무소멸 등 실체적 사유가 포함되는지 여부(적극)**
"채권자의 채무불이행자명부 등재신청에 정당한 이유가 없거나 쉽게 강제집행 할 수 있다고 인정할 만한 명백한 사유가 있는 때에는 이를 기각하여야 하고(민사집행법 제71조 제2항), 채무자는 이러한 채무불이행자명부 등재결정에 대하여 즉시항고를 제기할 수 있으며(민사집행법 제71조 제3항), 나아가 채무불이행자명부 등재결정이 확정된 이후에도 변제 그 밖의 사유로 채무가 소멸되었음을 증명함으로써 채무이행자명부에 그 이름을 말소하는 결정을 신청할 수 있다(민사집행법 제73조 제1항). 즉, 채무소멸 등의 실체적 사유는 채무불이행자명부 등재결정 이전에는 신청의 소극적 요건에 해당하고, 등재결정 확정 이후에는 그 말소 요건에 해당하는 점에 비추어 보면, 등재결정에 대한 즉시항고 사유 역시 절차적 사유에 한정되지 아니하므로 채무가 존재하지 아니하거나 변제 그 밖의 사유로 소멸하였다는 등의 실체적 사유도 이에 포함된다. 따라서 채무불이행자명부 등재결정이 내려진 경우, 채무자는 위와 같은 실체적 사유를 증명함으로써 등재결정에 대하여 즉시항고를 제기할 수 있고, 등재결정이 확정된 이후에는 이와 별도로 그 사유를 증명하여 채무이행자명부에 그 이름을 말소하는 결정을 신청할 수도 있다"(대결 2022.5.17. 2021마6371).    **정답** ○

**[사실관계]** 채무자인 재항고인이 채무불이행자명부 등재결정에 대해 즉시항고를 제기하면서 채무가 변제로 소멸되었다는 주장과 함께 그 결정 이전에 채무 원금 전액에 관한 송금자료를 제출하였음에도, 원심이 집행권원상 채권의 소멸 등 실체적 사유는 적법한 즉시항고 사유가 아니라고 보아 이를 기각한 사안에서, 채무불이행자명부 등재결정에 대한 즉시항고 사유에 대한 법리오해 및 심리미진의 잘못이 있다고 보아 원심결정을 파기한 사례

**9**    부대체적 작위채무에 대한 간접강제결정의 주문 형식과 내용에 비추어 배상금 지급의무의 발생 여부나 발생 시기 및 범위를 확정할 수 있는 경우, 민사집행법 제30조 제2항에 따른 조건의 성취를 증명할 필요 없이 집행문을 부여받을 수 있고, 간접강제결정에서 명한 배상금 지급의무의 발생 여부나 시기 및 범위가 불확정적인 것인 경우, 결정을 집행하는 데 민사집행법 제30조 제2항의 조건이 붙어 있다고 보아야 하며, 그 조건이 성취되었음을 증명하여야 집행문을 부여받을 수 있다. (    )

판결요지

※ **부대체적 작위채무에 대한 간접강제결정의 주문 형식과 내용에 비추어 배상금 지급의무의 발생 여부나 발생 시기 및 범위를 확정할 수 있는 경우, 민사집행법 제30조 제2항에 따른 조건의 성취를 증명할 필요 없이 집행문을 부여받을 수 있는지 여부(적극) / 간접강제결정에서 명한 배상금 지급의무의 발생 여부나 시기 및 범위가 불확정적인 것인 경우, 결정을 집행하는 데 민사집행법 제30조 제2항의 조건이 붙어 있다고 보아야 하는지 여부(적극) 및 그 조건이 성취되었음을 증명하여야 집행문을 부여받을 수 있는지 여부(적극)**
"[1] 판결을 집행하는 데에 조건이 붙어 있는 경우 집행문을 받기 위하여 채권자는 이를 증명하는 서류를 제출하여 그 조건이 성취되었음을 증명하여야 하고, 판결에 표시된 채권자의 승계인을 위하여 또는 판결에 표시된 채무자의 승계인에 대하여 집행문을 받기 위하여 채권자는 증명서로 승계사실을 증명하여야 한다(민사집행법 제30조 제2항, 제31조).
민사집행법 제33조에 규정된 집행문부여의 소는, 채권자가 집행문을 부여받기 위하여 이와 같이 증명서로써 증명

하여야 할 사항에 대하여 그 증명을 할 수 없는 경우에 증명방법에 제한을 받지 않고 그러한 사유에 터 잡은 집행력이 현존하고 있다는 점을 주장·증명하여 판결로써 집행문을 부여받기 위한 소로서, 집행에 조건이 붙어 있어 조건의 성취를 주장하거나 채권자 또는 채무자의 승계사실을 주장하면서 집행문부여를 구하는 경우에 제기할 수 있다.

[2] 채권자가 부대체적 작위채무에 대한 간접강제결정을 집행권원으로 하여 강제집행을 하기 위해서는 집행문을 받아야 한다.

부대체적 작위채무에 대한 간접강제결정의 경우, 그 주문의 형식과 내용에 비추어 간접강제결정에서 명한 배상금 지급의무의 발생 여부나 발생 시기 및 범위를 확정할 수 있다면 간접강제결정을 집행하기 위한 조건이 붙어 있다고 볼 수 없으므로, 민사집행법 제30조 제2항에 따른 조건의 성취를 증명할 필요 없이 집행문을 부여받을 수 있다. 반면 그러한 간접강제결정에서 명한 배상금 지급의무의 발생 여부나 시기 및 범위가 불확정적인 것이라면 간접강제결정을 집행하는 데에 민사집행법 제30조 제2항의 조건이 붙어 있다고 보아야 하므로, 민사집행법 제30조 제2항에 따라 그 조건이 성취되었음을 증명하여야 집행문을 부여받을 수 있다"(대판 2022.2.11. 2020다229987).

> **정답** ○

---

**10** 집행문부여에 대한 이의의 소의 관할에 관하여 민사집행법 제44조 제1항에서 정한 '제1심 판결법원'이란 집행권원인 판결에 표시된 청구권, 즉 그 판결에 기초한 강제집행에 의하여 실현될 청구권에 대하여 재판을 한 법원을 가리키고, 이는 직분관할로서 성질상 전속관할에 속한다. ( )

**10-1** 채무자가 강제집행의 속행을 저지하기 위해서는 집행문부여에 대한 이의의 소를 제기한 후 법원으로부터 강제집행의 정지를 명하는 잠정처분을 받아 집행기관에 이를 제출하여야 하고, 잠정처분은 원칙적으로 집행문부여에 대한 이의의 소가 계속 중인 수소법원이 관할하도록 되어 있으며, 이 역시 수소법원의 직분관할로서 성질상 전속관할에 해당한다. ( )

**10-2** 수소법원인 지방법원 합의부가 한 조정을 대상으로 한 집행문부여에 대한 이의의 소는 이를 처리한 지방법원 합의부의 전속관할에 속하고, 이에 부수한 잠정처분의 신청도 집행문부여에 대한 이의의 소가 계속 중인 지방법원 합의부의 전속관할에 속한다. ( )

> **판결요지**

> **[1]** 집행문부여에 대한 이의의 소의 관할에 관하여 민사집행법 제44조 제1항에서 정한 '제1심 판결법원'의 의미 및 이는 직분관할로서 성질상 전속관할에 속하는지 여부(적극)
>
> "[1] 집행문부여에 대한 이의의 소는 판결을 집행하는 데에 조건이 붙어 있어 그 조건이 성취되었음을 채권자가 증명하여야 하는 때에 이를 증명하는 서류를 제출하여 집행문을 내어 준 경우(민사집행법 제30조 제2항)와 판결에 표시된 채권자의 승계인을 위하여 내어 주거나 판결에 표시된 채무자의 승계인에 대한 집행을 위하여 집행문을 내어 준 경우(민사집행법 제31조 제1항)에, 채무자가 집행문부여에 관하여 증명된 사실에 대한 판결의 집행력을 다투거나, 인정된 승계에 의한 판결의 집행력을 다투는 때에는 제1심 판결법원에 제기할 수 있다(민사집행법 제45조, 제44조 제1항). 여기서 '제1심 판결법원'이란 집행권원인 판결에 표시된 청구권, 즉 그 판결에 기초한 강제집행에 의하여 실현될 청구권에 대하여 재판을 한 법원을 가리키고, 이는 직분관할로서 성질상 전속관할에 속한다.
>
> **[2]** 강제집행의 정지를 명하는 잠정처분이 집행문부여에 대한 이의의 소가 계속 중인 수소법원의 전속관할에 해당하는지 여부(적극)
>
> [2] 집행문부여에 대한 이의의 소는 강제집행을 계속하여 진행하는 데에는 영향을 미치지 아니하므로(민사집행법 제46조 제1항), 채무자가 강제집행의 속행을 저지하기 위해서는 집행문부여에 대한 이의의 소를 제기한 후 법원으

로부터 강제집행의 정지를 명하는 잠정처분을 받아 집행기관에 이를 제출하여야 한다. 잠정처분은 원칙적으로 집행문부여에 대한 이의의 소가 계속 중인 수소법원이 관할하도록 되어 있고, 이 역시 수소법원의 직분관할로서 성질상 전속관할에 해당한다.

**[3] 지방법원 합의부가 한 조정을 대상으로 한 집행문부여에 대한 이의의 소의 관할 및 이에 부수한 잠정처분의 관할(=지방법원 합의부의 전속관할)**

[3] 민사집행법 제56조는 제5호에서 집행권원 중의 하나로 '소송상 화해, 청구의 인낙 등 그 밖에 확정판결과 같은 효력을 가지는 것'을 들고 있고, 민사집행법 제57조는 '제56조의 집행권원에 기초한 강제집행에 대하여는 제45조의 규정을 준용한다.'고 규정하고 있으며, 민사조정법 제29조는 "조정은 재판상의 화해와 동일한 효력이 있다."라고 규정하고 있다. 따라서 수소법원인 지방법원 합의부가 한 조정을 대상으로 한 집행문부여에 대한 이의의 소는 이를 처리한 지방법원 합의부의 전속관할에 속하고, 이에 부수한 잠정처분의 신청도 집행문부여에 대한 이의의 소가 계속 중인 지방법원 합의부의 전속관할에 속한다"(대결 2022.12.15. 2022그768).   **정답** ○

**유제 모두**    **정답** ○

**11** 확정판결 중 장래이행을 명한 부분에 대하여 사정변경을 이유로 집행배제를 구할 수 있다.    (   )

**11-1** A는 그 소유로 등기된 X토지에 자신의 명의로 건축허가를 받아 Y건물신축을 진행하였는데, 그 과정에서 근저당권에 기한 경매가 진행되어 B가 X토지를 취득하였다. B가 A에 대해 건물철거, X토지 인도 및 부당이득반환과 지료(기발생 지료 및 장래 발생할 지료) 지급을 구하는 소를 제기하였고, 법정지상권이 성립된다는 A의 항변을 받아들인 판결(이하 제1판결)이 선고되어 그대로 확정되었다. 이후 B가 제1판결에 기해 강제집행을 하자 A는 '이 사건 Y신축건물은 B 소유가 아니므로 제1판결은 실체적 권리관계에 배치된다'고 주장하면서 청구이의의 소를 제기하였다. 이 경우 법원은, 제1판결 확정 후에 새로운 사유가 발생하여 사정변경이 있은 경우에 해당한다고 인정하여, A가 Y신축건물을 소유하지 않고 X토지를 점유하지 않는다는 사유를 주장하면서 제1판결의 변론종결 이후 금전지급을 명한 부분의 집행배제를 구하는 것을 인용할 수 있다.    (   )

**판결요지**

**※ 확정판결 중 장래이행을 명한 부분에 대하여 사정변경을 이유로 집행배제를 구할 수 있는지 여부(적극)**

"민사집행법 제44조에서 청구에 관한 이의의 소를 규정한 것은 부당한 강제집행이 행하여지지 않도록 하려는 데 있는 것이고, 한편 그 이의의 원인을 사실심 변론종결 이후의 사유로 한정한 것은 변론종결시를 기준으로 확정된 권리관계를 변론종결 이전의 사유를 들어 다투는 것은 확정판결의 기판력에 저촉되기 때문이다"(대판 2023.4.27. 2019다302985).   **정답** ○    **유제**   **정답** ○

[사실관계] 원고는 그 소유로 등기된 이 사건 토지에 자신의 명의로 건축허가를 받아 건물신축을 진행하였는데, 그 과정에서 근저당권에 기한 경매가 진행되어 피고가 이 사건 토지를 취득하였다. 피고가 원고에 대해 건물철거, 이 사건 토지 인도 및 부당이득반환과 지료(기발생 지료 및 장래 발생할 지료) 지급을 구하는 소를 제기하였고, 법정지상권이 성립된다는 원고의 항변을 받아들인 이 사건 제1판결이 선고되어 그대로 확정되었다. 피고가 이 사건 제1판결에 기해 강제집행을 하자 원고는 '이 사건 신축건물은 원고 소유가 아니므로 제1판결은 실체적 권리관계에 배치된다'고 주장하면서 청구이의의 소를 제기하였다. 대법원은, 이 사건 제1판결 확정 후에 새로운 사유가 발생하여 사정변경이 있은 경우에 해당한다고 인정하여, 원고가 이 사건 신축건물을 소유하지 않고 이 사건 각 토지를 점유하지 않는다는 사유를 주장하면서 이 사건 제1판결의 변론종결 이후 금전지급을 명한 부분의 집행배제를 구하는 것은 가능하다고 보아, 이와 달리 판단한 원심판결을 파기·환송하였다.

**12** 채무자로 하여금 채권자에 대한 작위·부작위의무 불이행으로 인한 손해배상을 명하는 판결이 확정되었으나 이미 동일한 작위·부작위의무에 대한 간접강제 배상금이 지급된 경우, 채권자가 지급받은 간접강제 배상금과 별도로 확정판결에 따른 손해배상금을 추심할 수는 없다. ( )

판결요지

※ 채무자로 하여금 채권자에 대한 작위·부작위의무 불이행으로 인한 손해배상을 명하는 판결이 확정되었으나 이미 동일한 작위·부작위의무에 대한 간접강제 배상금이 지급된 경우, 채권자가 지급받은 간접강제 배상금과 별도로 확정판결에 따른 손해배상금을 추심할 수 있는지 여부(원칙적 소극)

"채권자가 채무자로부터 추심한 간접강제 배상금은 채무자의 동일한 작위·부작위의무의 불이행에 따른 손해의 전보에 충당된다. 그러므로 채무자로 하여금 채권자에 대한 작위·부작위의무 불이행으로 인한 손해배상을 명하는 판결이 확정되는 경우에도, 이미 동일한 작위·부작위의무에 대한 간접강제 배상금이 지급되었다면, 확정판결에서 정한 손해가 간접강제 배상금을 초과하는 부분이 아닌 이상, 채권자가 지급받은 간접강제 배상금과 별도로 확정판결에 따른 손해배상금을 추심할 수는 없다"(대판 2022.11.10. 2022다255607)  **정답** ○

**13** 보전처분 절차에서 이루어진 화해권고결정은 가압류·가처분과 달리 화해권고결정 정본에 집행문을 받아야 강제집행을 할 수 있고, 보전처분 절차에서 이루어진 화해권고결정에 민사집행법 제292조 제2항, 제301조의 집행기간 제한이 적용되지는 않는다. ( )

판결요지

※ 보전처분 절차에서 이루어진 화해권고결정은 가압류·가처분과 달리 화해권고결정 정본에 집행문을 받아야 강제집행을 할 수 있는지 여부(적극) 및 보전처분 절차에서 이루어진 화해권고결정에 민사집행법 제292조 제2항, 제301조의 집행기간 제한이 적용되는지 여부(소극)

"민사집행법 제28조, 제56조 제5호, 제57조에 의하면 재판상 화해 등 확정판결과 같은 효력을 가진 집행권원에 기초한 강제집행은 집행문이 있는 정본이 있어야 할 수 있다. 한편 가압류·가처분에 대한 재판은 발령과 동시에 집행력이 생기므로 당사자의 승계가 없는 한 집행문 없이 집행할 수 있다(민사집행법 제292조 제1항, 제301조). 보전처분 절차에서 이루어진 화해권고결정은, 당사자 쌍방의 양보를 전제로 당사자에게 화해를 권고하는 것으로서 당사자가 자유로이 처분할 수 있는 권리를 대상으로 할 수 있을 뿐 보전처분 신청과 보전처분에 대한 법원의 권한을 대상으로 삼을 수 없으므로 그 결정을 가압류·가처분에 대한 법원의 재판이라고 할 수 없고, 민사집행법 제23조 제1항, 민사소송법 제220조, 제231조에 따라 확정판결과 같은 효력을 가지므로 가압류·가처분에 대한 재판과 달리 민사집행법 제57조, 제28조에 따라 화해권고결정 정본에 집행문을 받아야 집행할 수 있고, 민사집행법 제292조 제2항, 제301조가 정하는 집행기간의 제한을 받지 않는다"(대결 2022.9.29. 2022마5873).  **정답** ○

**14** ★ 채권자가 제기한 배당이의의 소에서 승소하기 위하여는 원고 자신이 피고에게 배당된 금원을 배당받을 권리가 있다는 점까지 주장·증명하여야 하고, 이는 근저당권설정계약에 관하여 채권자가 사해행위취소의 소를 제기함과 아울러 그 원상회복으로서 배당이의의 소를 제기하는 경우에도 마찬가지이다. ( )

판결요지

※ 사해행위취소의 원상회복으로서 배당이의의 소를 제기한 경우 원고가 증명해야 할 사항

"집행력 있는 정본을 가진 채권자, 경매개시결정이 등기된 뒤에 가압류를 한 채권자, 민법·상법, 그 밖의 법률에 따라 우선변제청구권이 있는 채권자는 배당요구의 종기까지 배당요구를 한 경우에 한하여 비로소 배당을 받을 수 있다(민사집행법 제88조 제1항, 제148조 제2호). 반면 배당요구의 종기까지 경매신청을 한 압류채권자, 첫 경매개시결정등기 전에 등기된 가압류채권자, 저당권·전세권, 그 밖의 우선변제청구권으로서 첫 경매개시결정등기 전에 등기되었고 매각으로 소멸하는 것을 가진 채권자는 배당요구를 하지 않더라도 배당을 받을 수 있다(민사집행법 제148조 제1, 3, 4호).

채권자는 자기의 이해에 관계되는 범위 안에서만 다른 채권자를 상대로 그의 채권 또는 그 채권의 순위에 대하여 이의할 수 있으므로(민사집행법 제151조 제3항), 채권자가 제기한 배당이의의 소에서 승소하기 위하여는 피고의 채권이 존재하지 아니함을 주장·증명하는 것만으로 충분하지 아니하고 원고 자신이 피고에게 배당된 금원을 배당받을 권리가 있다는 점까지 주장·증명하여야 한다(대판 2015.4.23. 2014다53790 판결 등 참조).

위와 같은 법리는 채무자가 체결한 근저당권설정계약에 관하여 채권자가 사해행위취소의 소를 제기함과 아울러 그 원상회복으로서 배당이의의 소를 제기하는 경우에도 마찬가지이다"(대판 2021.6.24. 2016다269698).   정답 ○

**15** 부대체적 작위의무의 이행으로서 장부 또는 서류의 열람·복사를 허용하라는 판결 등의 집행을 위한 간접강제결정에서 의무위반 시 배상금을 지급하도록 명한 경우, 채무자는 집행문부여에 대한 이의의 소를 통해 배상금채권의 집행을 저지할 수 있고, 부대체적 작위의무를 이행하였음을 내세워 본래의 집행권원인 판결 등과 그 판결 등을 집행권원으로 하는 간접강제결정에 대하여 청구이의의 소를 제기할 수 있다. ( )

**15-1** 간접강제결정에서 부대체적 작위의무를 위반한 때부터 의무이행 완료 시까지 위반일수에 비례하여 배상금 지급을 명한 경우, 청구이의의 소에서 채무자가 작위의무를 이행했음을 증명하여 집행력 배제를 구할 수 있는 배상금의 범위는 의무이행일 이후 발생할 배상금이다. ( )

**15-2** 장부 또는 서류의 열람·복사를 허용할 의무를 위반하는 때에는 배상금을 지급하라는 간접강제결정이 발령된 경우, 채무자가 채권자의 특정 장부 또는 서류의 열람·복사 요구가 없는데도 먼저 이를 제공할 의무를 부담하는 것은 아니다. ( )

판결요지

※ [1] 부대체적 작위의무의 이행으로서 장부 또는 서류의 열람·복사를 허용하라는 판결 등의 집행을 위한 간접강제결정에서 의무위반 시 배상금을 지급하도록 명한 경우, 채권자가 간접강제결정에 집행문을 받기 위하여 증명하여야 할 사항 및 이때 채무자는 집행문부여에 대한 이의의 소를 통해 배상금채권의 집행을 저지할 수 있는지 여부(적극) / 채무자가 부대체적 작위의무를 이행하였음을 내세워 본래의 집행권원인 판결 등과 그 판결 등을 집행권원으로 하는 간접강제결정에 대하여 청구이의의 소를 제기할 수 있는지

**여부(적극)**

"[1] 부대체적 작위의무의 이행으로서 장부 또는 서류의 열람·복사를 허용하라는 판결 등의 집행을 위한 간접강제결정에서 채무자로 하여금 의무위반 시 배상금을 지급하도록 명한 경우, 채권자는 특정 장부 또는 서류의 열람·복사를 요구한 사실, 그것이 본래의 집행권원에서 열람·복사 허용을 명한 장부 또는 서류에 해당한다는 사실 등을 증명함으로써 간접강제결정에 집행문을 받을 수 있다. 한편 채무자는 위와 같은 조건이 성취되지 않았음을 다투는 집행문부여에 대한 이의의 소를 통해 간접강제결정에 기초한 배상금채권의 집행을 저지할 수 있다. 아울러 채무자는 부대체적 작위의무를 이행하였음을 내세워 청구이의의 소로써 본래의 집행권원인 판결 등의 집행력 자체를 배제해 달라고 할 수 있고, 그 판결 등을 집행권원으로 하여 발령된 간접강제결정에 대하여도 청구이의의 소를 제기할 수 있다. 부대체적 작위의무는 채무자의 의무이행으로 소멸하므로 이 경우 채무자는 판결 등 본래의 집행권원에 기한 강제집행을 당할 위험에서 종국적으로 벗어날 수 있어야 하고, 또한 간접강제결정은 부대체적 작위의무의 집행방법이면서 그 자체로 배상금의 지급을 명하는 독립한 집행권원이기도 하므로, 본래의 집행권원에 따른 의무를 이행한 채무자는 그 의무이행 시점 이후로는 간접강제결정을 집행권원으로 한 금전의 강제집행을 당하는 것까지 면할 수 있어야 하기 때문이다.

**[2] 간접강제결정에서 부대체적 작위의무를 위반한 때부터 의무이행 완료 시까지 위반일수에 비례하여 배상금 지급을 명한 경우, 청구이의의 소에서 채무자가 작위의무를 이행했음을 증명하여 집행력 배제를 구할 수 있는 배상금의 범위(=의무이행일 이후 발생할 배상금)**

[2] 간접강제결정에서 부대체적 작위의무를 위반한 때부터 의무이행 완료 시까지 위반일수에 비례하여 배상금 지급을 명한 경우, 그에 대한 청구이의의 소에서 채무자는 간접강제의 대상인 작위의무를 이행했음을 증명하여 의무이행일 이후 발생할 배상금에 관한 집행력 배제를 구할 수 있지만, 이미 작위의무를 위반한 기간에 해당하는 배상금 지급의무는 소멸하지 아니하므로 그 범위 내에서 간접강제결정의 집행력은 소멸하지 않는다.

**[3] 장부 또는 서류의 열람·복사를 허용할 의무를 위반하는 때에는 배상금을 지급하라는 간접강제결정이 발령된 경우, 채무자가 채권자의 특정 장부 또는 서류의 열람·복사 요구가 없는데도 먼저 이를 제공할 의무를 부담하는지 여부(소극)**

[3] 장부 또는 서류의 열람·복사를 허용할 의무를 위반하는 때에는 배상금을 지급하라는 간접강제결정이 발령된 경우, 채무자는 주문의 문언상 채권자가 특정 장부 또는 서류의 열람·복사를 요구할 경우에 한하여 이를 허용할 의무를 부담하는 것이지 채권자의 요구가 없는데도 먼저 이를 제공할 의무를 부담하는 것은 아니다"(대판 2023.2.23. 2022다277874).  **정답 ○**    **유제 모두**   **정답 ○**

**[사실관계]** 피고들에 대하여 문서의 열람·복사 허용 등 부대체적 작위의무를 이행하라는 확정판결과 간접강제결정을 받은 원고가 그 의무를 이행했음을 내세워 청구이의의 소를 제기한 사례에서, 대법원은 ① 부대체적 작위의무의 이행은 확정판결뿐만 아니라 간접강제결정의 청구이의 사유도 되고, ② 채무자가 의무를 이행했더라도 그전에 이미 의무를 위반한 부분에 대한 간접강제결정의 집행력은 소멸하지 않지만, 원고가 피고들의 요구에 따라 열람·복사 허용의무를 이행하였다는 원심의 사실인정이 수긍 가능하므로, 사실심 변론종결 이전까지의 의무에 관한 간접강제결정 집행력(다만 피고들이 이미 간접강제결정에 집행문을 받아 배상금 추심을 마친 부분 제외)이 전부 소멸한다고 본 원심판단이 정당하다고 하여, 피고들의 상고를 기각하였다.

**16** ★ 민법상 조합의 청산인에 대한 해임청구권을 피보전권리로 하여 청산인에 대한 직무집행정지와 직무대행자선임을 구하는 가처분은 원칙적으로 허용되지 않는다. 　　23변호 (　)

> [판결요지]
>
> ※ 민사집행법 제300조 제2항에서 정한 '임시의 지위를 정하는 가처분'은 다툼 있는 권리관계의 존재를 요건으로 하는지 여부(적극) / 형성의 소는 법률에 명문의 규정이 있는 경우에 한하여 제기할 수 있는지 여부(적극) / 민법상 조합의 청산인에 대한 해임청구권을 피보전권리로 하여 청산인에 대한 직무집행정지와 직무대행자선임을 구하는 가처분이 허용되는지 여부(원칙적 소극)
>
> "민사집행법 제300조 제2항에서 정한 '임시의 지위를 정하는 가처분'은 다툼 있는 권리관계에 관하여 그것이 본안소송에 의하여 확정되기까지 가처분권리자가 현재의 현저한 손해를 피하거나 급박한 위험을 막기 위하여 또는 그 밖에 필요한 이유가 있는 경우 허용되는 응급적·잠정적인 처분이므로 다툼 있는 권리관계의 존재를 요건으로 한다. 법률관계의 변경·형성을 목적으로 하는 형성의 소는 법률에 명문의 규정이 있는 경우에 한하여 제기할 수 있다. 단체의 대표자 등에 대하여 해임을 청구하는 소는 형성의 소에 해당하고, 이를 허용하는 법적 근거가 없는 경우 대표자 등에 대하여 직무집행정지와 직무대행자선임을 구하는 가처분 신청은 가처분에 의하여 보전될 권리관계가 존재한다고 볼 수 없어 허용되지 않는다.
>
> 조합이 해산한 때 청산은 총조합원 공동으로 또는 그들이 선임한 자가 그 사무를 집행하고 청산인의 선임은 조합원의 과반수로써 결정한다(민법 제721조 제1항, 제2항). 민법은 조합원 중에서 청산인을 정한 때 다른 조합원의 일치가 아니면 청산인인 조합원을 해임하지 못한다고 정하고 있을 뿐이고(제723조, 제708조), 조합원이 법원에 청산인의 해임을 청구할 수 있는 규정을 두고 있지 않다. 민법상 조합의 청산인에 대하여 법원에 해임을 청구할 권리가 조합원에게 인정되지 않으므로, 특별한 사정이 없는 한 그와 같은 해임청구권을 피보전권리로 하여 청산인에 대한 직무집행정지와 직무대행자선임을 구하는 가처분은 허용되지 않는다"(대결 2020.4.24. 2019마6918). **정답** ○

**17** 배당기일에 이의한 채권자나 채무자는 배당기일부터 1주일 이내에 배당이의의 소를 제기해야 하는데, 소송 도중에 배당이의의 소로 청구취지를 변경한 경우 제소기간을 준수하였는지 여부는 청구취지 변경신청서를 법원에 제출한 때를 기준으로 판단해야 한다. 　　(　)

**17-1** ★ 배당받을 권리 있는 채권자가 자신이 배당받을 몫을 받지 못하고 그로 인해 권리 없는 다른 채권자가 그 몫을 배당받은 경우에는 배당이의 여부 또는 배당표의 확정 여부와 관계없이 배당받을 수 있었던 채권자가 배당금을 수령한 다른 채권자를 상대로 부당이득반환 청구를 할 수 있다. 다만 적법한 배당요구를 하지 않아 배당에서 제외되는 것으로 배당표가 작성되어 배당이 실시되었다면, 그가 적법한 배당요구를 한 경우에 배당받을 수 있었던 금액에 해당하는 돈이 다른 채권자에게 배당되었다고 해서 법률상 원인이 없는 것이라고 할 수 없다. 　　23변호 (　)

> [판결요지]
>
> "1. 집행력 있는 정본을 가진 채권자, 경매개시결정이 등기된 뒤에 가압류를 한 채권자, 민법·상법, 그 밖의 법률에 따라 우선변제청구권이 있는 채권자는 배당요구의 종기까지 배당요구를 한 경우에 한하여 비로소 배당을 받을 수 있다(민사집행법 제88조 제1항, 제148조 제2호).
>
> 배당이의의 소에서 원고적격이 있는 사람은 배당기일에 출석하여 배당표에 대한 실체상 이의를 신청한 채권자나 채무자에 한정된다. 채권자로서 배당기일에 출석하여 배당표에 대한 실체상 이의를 신청하려면 실체법상 집행채

무자에 대한 채권자라는 것만으로 부족하고 배당요구의 종기까지 적법하게 배당요구를 했어야 한다. 적법하게 배당요구를 하지 않은 채권자는 배당기일에 출석하여 배당표에 대한 실체상 이의를 신청할 권한이 없으므로 배당기일에 출석하여 배당표에 대한 이의를 신청하였더라도 부적법한 이의신청에 불과하고, 배당이의의 소를 제기할 원고적격이 없다(대판 2003.8.22. 2003다27696 판결, 대판 2019.6.13. 2018다258289 판결 참조).

2. 민사집행법 제154조 제1항은 "집행력 있는 집행권원의 정본을 가지지 아니한 채권자(가압류채권자를 제외한다)에 대하여 이의한 채무자와 다른 채권자에 대하여 이의한 채권자는 배당이의의 소를 제기하여야 한다."라고 정하고, 제3항은 "이의한 채권자나 채무자가 배당기일부터 1주 이내에 집행법원에 대하여 제1항의 소를 제기한 사실을 증명하는 서류를 제출하지 아니한 때 또는 제2항의 소를 제기한 사실을 증명하는 서류와 그 소에 관한 집행정지재판의 정본을 제출하지 아니한 때에는 이의가 취하된 것으로 본다."라고 정하고 있다.

민사소송법 제262조 제1항 본문은 "원고는 청구의 기초가 바뀌지 아니하는 한도 안에서 변론을 종결할 때(변론 없이 한 판결의 경우에는 판결을 선고할 때)까지 청구의 취지 또는 원인을 바꿀 수 있다."라고 정하고, 제2항은 "청구취지의 변경은 서면으로 신청하여야 한다."라고 정하고 있다. 민사소송법 제265조는 "시효의 중단 또는 법률상 기간을 지킴에 필요한 재판상 청구는 소를 제기한 때 또는 제260조 제2항·제262조 제2항 또는 제264조 제2항의 규정에 따라 서면을 법원에 제출한 때에 그 효력이 생긴다."라고 정하고 있다.

위와 같은 관련 규정을 종합하면, 배당기일에 이의한 채권자나 채무자는 배당기일부터 1주일 이내에 배당이의의 소를 제기해야 하는데, 소송 도중에 배당이의의 소로 청구취지를 변경한 경우 제소기간을 준수하였는지 여부는 청구취지 변경신청서를 법원에 제출한 때를 기준으로 판단해야 한다.

3. 배당받을 권리 있는 채권자가 자신이 배당받을 몫을 받지 못하고 그로 말미암아 권리 없는 다른 채권자가 그 몫을 배당받은 경우에는 배당이의 여부 또는 배당표의 확정 여부와 관계없이 배당받을 수 있었던 채권자가 배당금을 수령한 다른 채권자를 상대로 부당이득반환청구를 할 수 있다.

다만 위에서 본 바와 같이 집행력 있는 정본을 가진 채권자 등은 배당요구의 종기까지 배당요구를 한 경우에 한하여 비로소 배당을 받을 수 있고, 적법한 배당요구를 하지 않은 경우에는 매각대금으로부터 배당을 받을 수는 없다. 이러한 채권자가 적법한 배당요구를 하지 않아 배당에서 제외되는 것으로 배당표가 작성되어 배당이 실시되었다면, 그가 적법한 배당요구를 한 경우에 배당받을 수 있었던 금액에 해당하는 돈이 다른 채권자에게 배당되었다고 해서 법률상 원인이 없는 것이라고 할 수 없다(대판 1998.10.13. 98다12379 판결, 대판 2005.8.25. 2005다14595 판결 참조)"(대판 2020.10.15. 2017다216523).

**정답** ○

**유제**

**정답** ○

[사실관계] 원고는 甲의 채권자로서 피고들을 상대로 다음과 같이 청구함. ▲ 주위적 청구 : 원고가 직접 제기한 배당이의의 소로서 이 사건 배당표 중 피고들의 배당액을 모두 삭제하고 이를 원고에게 배당하는 것으로 경정을 구함. ▲ 제1 예비적 청구 : 원고가 甲을 대위하여 제기한 배당이의의 소로서 이 사건 배당표 중 피고들의 배당액을 모두 삭제하고 이를 甲에게 배당하는 것으로 경정을 구함. ▲ 제2 예비적 청구 : 부당이득반환청구로서 피고들이 이 사건 배당표에 따라 취득한 배당금 수령 채권은 부당이득에 해당하므로 원고에게 위 채권을 양도하고 대한민국에 양도통지를 할 것을 구함

대법원은 다음과 같이 판단하면서 원고의 상고를 기각함. ▲ 주위적 청구 : 원고는 배당요구의 종기까지 적법하게 배당요구를 하지 않았으므로 배당이의의 소를 제기할 원고적격이 없음. ▲ 제1 예비적 청구 : 원고는 배당기일부터 1주일 이내에 甲을 대위하여 배당이의의 소를 제기하지 않았고, 제1 예비적 청구를 추가하는 소변경 신청서를 제1심 법원에 제출한 때를 기준으로 제소기간을 준수하지 못함. ▲ 제2 예비적 청구 : 원고는 배당이의 여부 또는 배당표의 확정 여부와 관계없이 부당이득반환청구를 할 수 있음. 하지만 원고는 집행력 있는 정본을 가진 채권자로서 배당요구의 종기까지 적법하게 배당요구를 하지 않았으므로 피고들에게 배당되었다고 해서 법률상 원인이 없는 것이라고 할 수 없음

**18** ★ 채무자나 소유자가 배당이의 소를 제기한 경우의 소송목적물은 피고로 된 채권자가 경매절차에서 배당받을 권리의 존부·범위·순위에 한정되는 것이지, 원고인 채무자나 소유자가 경매절차에서 배당받을 권리까지 포함하는 것은 아니므로, 제3자가 채무자나 소유자로부터 위와 같이 배당받을 권리를 양수하였더라도 그 배당이의 소송이 계속되어 있는 동안에 소송목적인 권리 또는 의무의 전부 또는 일부를 승계한 경우에 해당된다고 볼 수는 없다. ( )

**18-1** ★ 부동산임의경매 사건의 채무자 겸 소유자인 원고가 배당이의를 한 경우의 소송목적물은 채권자인 피고가 경매절차에서 배당받을 권리의 존부이지 원고가 경매절차에서 배당받을 권리(잉여금을 수령할 권리)가 아니어서, 원고 승계참가인이 원고의 배당받을 권리를 양수하였더라도 원고로부터 이 사건의 소송목적인 권리를 승계하였다고 할 수 없으므로, 원고 승계참가인의 승계참가신청은 그 요건을 갖추지 못하여 부적법하다. ( )

---

[ 판결요지 ]

**※ 배당이의 소의 원고적격에 따른 심리대상 및 소송목적물의 차이**

"민사소송법 제81조에 따르면, 소송이 법원에 계속되어 있는 동안 제3자가 소송 목적인 권리 또는 의무의 전부 또는 일부를 승계한 경우 그 제3자는 소송이 계속된 법원에 승계참가신청을 할 수 있다. 배당이의 소의 원고적격은 채무자 또는 배당기일에 출석하여 배당표에 대하여 이의를 진술한 채권자에 한하여 인정되나, 담보권 실행을 위한 경매에서 경매목적물의 소유자는 위 채무자에 포함된다. 이때 채권자는 자기의 이해에 관계되는 범위 안에서만 다른 채권자를 상대로 채권의 존부·범위·순위에 대하여 이의할 수 있으나(민사집행법 제151조 제3항), 채무자나 소유자는 이러한 제한이 없으며(민사집행법 제151조 제1항), 채무자나 소유자가 배당이의의 소에서 승소하면 집행법원은 그 부분에 대하여 배당이의를 하지 아니한 채권자를 위하여서도 배당표를 바꾸어야 하므로(민사집행법 제161조 제2항 제2호), 채무자나 소유자가 제기한 배당이의 소는 피고로 된 채권자에 대한 배당액 자체만이 심리대상이어서, 원고인 채무자나 소유자는 피고의 채권이 존재하지 아니함을 주장·증명하는 것으로 충분하고, 자신이 피고에게 배당된 금원을 배당받을 권리가 있다는 점까지 주장·증명할 필요는 없다. 따라서 채무자나 소유자가 배당이의 소를 제기한 경우의 소송목적물은 피고로 된 채권자가 경매절차에서 배당받을 권리의 존부·범위·순위에 한정되는 것이지, 원고인 채무자나 소유자가 경매절차에서 배당받을 권리까지 포함하는 것은 아니므로, 제3자가 채무자나 소유자로부터 위와 같이 배당받을 권리를 양수하였더라도 그 배당이의 소송이 계속되어 있는 동안에 소송목적인 권리 또는 의무의 전부 또는 일부를 승계한 경우에 해당된다고 볼 수는 없다"(대판 2023. 2. 23. 2022다285288).

정답 ○                                                              유 제      정답 ○

[사실관계] 부동산임의경매 사건의 채무자 겸 소유자인 원고가 배당이의를 한 경우의 소송목적물은 채권자인 피고가 경매절차에서 배당받을 권리의 존부이지 원고가 경매절차에서 배당받을 권리(잉여금을 수령할 권리)가 아니어서, 원고 승계참가인이 원고의 배당받을 권리를 양수하였더라도 원고로부터 이 사건의 소송목적인 권리를 승계하였다고 할 수 없다고 보아, 원고 승계참가인의 승계참가신청은 그 요건을 갖추지 못하여 부적법하다고 판단한 원심을 수긍한 사례

---

**19** ★ 채권압류 및 추심·전부명령에서 제3채무자는 채권압류 전 압류채무자에게 대항할 수 있는 사유로 압류채권자에게도 대항할 수 있다. ( )

**19-1** 제1심에서 가집행선고부 승소판결을 받고 판결원리금을 지급받았다가 항소심에서 당초의 소가 교환적으로 변경되어 취하된 것으로 보는 경우에도 항소심 절차에서 가지급물의 반환을 구할 수 있다. ( )

**판결요지**

1. 채권압류 및 추심·전부명령에서 제3채무자는 채권압류 전 압류채무자에게 대항할 수 있는 사유로 압류채권자에게도 대항할 수 있는지 여부(적극)

"1. 금전채권에 대하여 채권압류 및 추심명령이 있는 때에는 제3채무자는 채권이 압류되기 전에 압류채무자에게 대항할 수 있는 사유로 압류채권자에게 대항할 수 있고, 전부명령이 있는 때에는 피전부채권이 동일성을 유지한 채로 집행채무자로부터 집행채권자에게 이전되므로 제3채무자는 채권압류 전 피전부채권자에 대하여 가지고 있던 항변사유로 전부채권자에게 대항할 수 있다.

2. 제1심에서 가집행선고부 승소판결을 받고 판결원리금을 지급받았다가 항소심에서 당초의 소가 교환적으로 변경되어 취하된 것으로 보는 경우에도 항소심 절차에서 가지급물의 반환을 구할 수 있는지 여부(적극)

2. 가집행선고부 판결에 기한 집행의 효력은 확정적인 것이 아니고 후일 본안판결 또는 가집행선고가 취소·변경될 것을 해제조건으로 하는 것이다. 즉 가집행선고에 의하여 집행을 하였다고 하더라도 후일 본안판결의 일부 또는 전부가 실효되면 이전의 가집행선고부 판결에 기하여는 집행을 할 수 없는 것으로 확정이 되는 것이다. 따라서 가집행선고에 기하여 이미 지급받은 것이 있다면 이는 법률상 원인이 없는 것이 되므로 부당이득으로서 이를 반환하거나 그로 인한 손해 또는 그 면제를 받기 위한 손해를 배상하여야 한다. 위와 같은 가지급물 반환신청은 가집행에 의하여 집행을 당한 채무자로 하여금 별도의 소를 제기하는 비용, 시간 등을 절약하고 본안의 심리 절차를 이용하여 신청의 심리를 받을 수 있는 간이한 길을 터놓은 제도로서 그 성질은 본안판결의 취소·변경을 조건으로 하는 예비적 반소에 해당한다. 위와 같은 법리와 규정에 비추어 볼 때, 제1심에서 가집행선고부 승소판결을 받고 그에 기하여 판결원리금을 지급받았다가 항소심에 이르러 당초의 소가 교환적으로 변경되어 취하된 것으로 되는 경우에는 항소심 절차에서 곧바로 가지급물의 반환 등을 구할 수 있다고 보아야 하고, 그것을 별소의 형식으로 청구하여야만 된다고 볼 것은 아니다"(대판 2023.4.13. 2022다293272)  **정답** ○

**유제**  **정답** ○

[사실관계] 지역주택조합이 수분양자에게 아파트분양대금을 청구할 때에는 아파트공급계약에서 정한 지급방법인 신탁회사 명의의 계좌로 납부하도록 요구할 있을 뿐이므로 수분양자인 피고는 위 약정을 이유로 지역주택조합의 압류채권자에게 대항할 수 있고, 추심금 청구의 소가 원심에 이르러 교환적 변경으로 취하되어 그에 대한 제1심판결이 실효되고 변경된 전부금 청구는 기각할 경우에도 곧바로 원심에서 가지급물 반환을 구할 수 있다고 보아, 같은 취지의 원심판단을 수긍한 사례

---

**20** ★ 제3채무자가 압류결정을 무시하고 채무자에게 이전등기를 이행하고 채무자가 다시 제3자에게 이전등기를 마쳐 주어 채권자에게 손해를 입힌 경우, 불법행위가 성립한다. ( )

**판결요지**

※ 소유권이전등기청구권을 압류한 채권자가 제3채무자나 채무자로부터 이전등기를 마친 제3자에 대하여 위 이전등기의 원인무효를 주장하며 말소를 청구할 수 있는지 여부(소극) 및 제3채무자가 압류결정을 무시하고 채무자에게 이전등기를 이행하고 채무자가 다시 제3자에게 이전등기를 마쳐 주어 채권자에게 손해를 입힌 경우, 불법행위가 성립하는지 여부(적극)

"소유권이전등기청구권에 대한 압류가 있으면 변제금지의 효력에 따라 제3채무자는 채무자에게 임의로 이전등기를 이행하여서는 아니 되나, 이러한 압류에는 청구권의 목적물인 부동산 자체의 처분을 금지하는 대물적 효력이

없으므로, 제3채무자나 채무자로부터 이전등기를 마친 제3자에 대하여는 취득한 등기가 원인무효라고 주장하여 말소를 청구할 수 없지만, 제3채무자가 압류결정을 무시하고 이전등기를 이행하고 채무자가 다시 제3자에게 이전 등기를 마쳐준 결과 채권자에게 손해를 입힌 때에는 불법행위에 따른 배상책임을 진다"(대판 2022.12.15. 2022다247750)

**정답** ○

---

**21** ★ 가등기보다 선순위로 기입된 가압류등기가 경매절차에서 매각으로 소멸하는 경우, 그보다 후순 위인 위 가등기 역시 말소촉탁의 대상이 된다.  (  )

**판결요지**

※ 소유권이전등기청구권 보전의 가등기보다 후순위로 마쳐진 근저당권의 실행을 위한 경매절차에서 매 각대금이 완납된 경우, 선순위인 가등기가 존속하는지 여부(원칙적 적극) 및 위 가등기보다 선순위로 기 입된 가압류등기가 경매절차에서 매각으로 소멸하는 경우, 그보다 후순위인 위 가등기 역시 말소촉탁의 대상이 되는지 여부(적극)

"소유권이전등기청구권 보전의 가등기보다 후순위로 마쳐진 근저당권의 실행을 위한 경매절차에서 매각허가결정 에 따라 매각대금이 완납된 경우에도, 선순위인 가등기는 소멸하지 않고 존속하는 것이 원칙이다. 다만 그 가등기 보다 선순위로 기입된 가압류등기는 근저당권의 실행을 위한 경매절차에서 매각으로 인하여 소멸하고, 이러한 경 우에는 가압류등기보다 후순위인 가등기 역시 민사집행법 제144조 제1항 제2호에 따라 매수인이 인수하지 아니한 부동산의 부담에 관한 기입에 해당하여 말소촉탁의 대상이 된다"(대판 2022.5.12. 2019다265376)

**정답** ○

---

**22** ★ 부동산에 관하여 처분금지가처분의 등기가 된 후에 가처분채권자가 본안소송에서 승소판결을 받 아 확정되면 그 피보전권리의 범위 내에서 가처분 위반행위의 효력을 부정할 수 있고, 이때 그 처 분행위가 가처분에 저촉되는 것인지의 여부는 그 처분행위에 따른 등기와 가처분등기의 선후에 의 하여 정해진다.  (  )

**판결요지**

[1] 부동산처분금지가처분등기의 효력 및 처분행위가 가처분에 저촉되는 것인지 판단하는 기준(=등기의 선후관계)

"[1] 부동산에 관하여 처분금지가처분의 등기가 된 후에 가처분채권자가 <u>본안소송에서 승소판결을 받아 확정되면 그 피보전권리의 범위 내에서 가처분 위반행위의 효력을 부정할 수 있고</u>, 이때 그 처분행위가 가처분에 저촉되는 것인지의 여부는 그 처분행위에 따른 등기와 가처분등기의 선후에 의하여 정해진다"

[2] 저당권설정등기청구권을 보전하기 위한 처분금지가처분의 등기가 되어 있는 부동산에 관하여 소유권 이전등기나 처분제한의 등기 등이 이루어지고, 그 뒤 가처분채권자가 본안소송의 승소확정으로 저당권설 정등기를 하는 경우, 위 소유권이전등기나 처분제한의 등기 등이 말소되는지 여부(소극) 및 가처분등기 후에 등기된 권리의 취득이나 처분의 제한으로 가처분채권자에게 대항할 수 있는지 여부(소극) / 이러한 법리는 소유권이전청구권가등기 청구채권을 보전하기 위한 처분금지가처분의 등기가 마쳐진 부동산에 관 하여 피보전권리 실현을 위한 가등기와 그에 의한 소유권이전의 본등기가 마쳐진 때에도 마찬가지로 적 용되는지 여부(적극)

"[2] 저당권설정등기청구권을 보전하기 위한 처분금지가처분의 등기가 이미 되어 있는 부동산에 관하여 그 후 소유권이전등기나 처분제한의 등기 등이 이루어지고, 그 뒤 가처분채권자가 본안소송의 승소확정으로 그 피보전권리 실현을 위한 저당권설정등기를 하는 경우에, 가처분등기 후에 이루어진 위와 같은 소유권이전등기나 처분제한의 등기 등 자체가 가처분채권자의 권리 취득에 장애가 되는 것은 아니어서 그 등기가 말소되지는 않지만, 가처분채권자의 권리 취득과 저촉되는 범위에서는 가처분등기 후에 등기된 권리의 취득이나 처분의 제한으로 가처분채권자에게 대항할 수 없게 된다. 이러한 법리는 소유권이전청구권가등기 청구채권을 보전하기 위한 처분금지가처분의 등기가 마쳐진 부동산에 관하여 그 피보전권리 실현을 위한 가등기와 그에 의한 소유권이전의 본등기가 마쳐진 때에도 마찬가지로 적용되어야 한다"(대판 2022.6.30. 2018다276218)　　　정답 ○

**23** ★★ 원고가 선행 추심금소송을 제기하여 확정판결을 받았다 하더라도 그 집행에 의한 변제를 받기 전에 피고에 대한 파산선고로 압류 및 추심명령이 효력을 잃음으로써 <u>원고의 추심권은 소멸하였다면 이 사건 채권자대위소송은 '상고심 계속' 중 대위에 의하여 보전될 채권자의 권리가 인정되지 않으므로 부적법 각하할 수 밖에 없다.</u>　　　( 　)

판결요지

[1] 추심금청구소송을 제기하여 확정판결을 받았으나 그 집행에 의한 변제를 받기 전에 채무자에 대하여 파산이 선고된 경우, 추심권이 소멸하는지 여부(적극)

"파산채권에 기하여 파산재단에 속하는 재산에 대하여 행하여진 강제집행 등은 파산재단에 대하여는 그 효력을 잃는다(「채무자 회생 및 파산에 관한 법률」 제348조 제1항 본문). 추심금청구소송을 제기하여 확정판결을 받은 경우라도 그 집행에 의한 변제를 받기 전에 채무자에 대한 파산선고로 추심명령이 효력을 잃으면 추심권이 소멸한다"

[2] 채권자대위소송에서 대위에 의하여 보전될 채권자의 채무자에 대한 권리가 인정되지 아니할 경우, 대위소송이 부적법하여 각하하여야 하는지 여부(적극)

"채권자대위소송에 있어서 대위에 의하여 보전될 채권자의 채무자에 대한 권리가 인정되지 아니할 경우에는 채권자가 스스로 원고가 되어 채무자의 제3채무자에 대한 권리를 행사할 당사자적격이 없게 되므로 그 대위소송은 부적법하여 각하할 수밖에 없다"

[3] 당사자적격에 관한 사항이 법원의 직권조사사항인지 여부(적극) 및 당사자가 상고심에서 새로이 이를 주장·증명할 수 있는지 여부(적극) / 사실심 변론종결 후 소송요건이 흠결되는 사정이 발생한 경우, 상고심에서 이를 참작할 수 있는지 여부(적극)

"당사자적격에 관한 사항은 소송요건에 관한 것으로서 사실심의 변론종결 시를 기준으로 법원이 이를 직권으로 조사하여 판단하여야 하고, 비록 당사자가 사실심 변론종결 시까지 이에 관하여 주장하지 아니하였다고 하더라도 상고심에서 새로이 이를 주장·증명할 수 있으며, 나아가 사실심 변론종결 후 소송요건이 흠결되는 사정이 발생한 경우 상고심에서 이를 참작할 수 있다"(대판 2022.4.28. 2018다222723)　　　정답 ○

2. 원심판결 이유와 기록에 의하면 다음과 같은 사실을 알 수 있다.

가. 원고는 이 사건 공정증서 정본에 기하여 2014. 9. 19. 의정부지방법원 2014타채18406호로 청구금액을 59,593,235원, 채무자를 피고, 제3채무자를 소외인으로 하여 피고의 소외인에 대한 임대차보증금반환채권(이하 '이 사건 임대차보증금반환채권'이라 한다) 중 주택임대차보호법 제8조 및 같은 법 시행령의 규정에 따라 우선변제받을 수 있는 금액을 제외한 나머지 금액에 관한 압류 및 추심명령(이하 '이 사건 압류 및 추심명령'이라 한다)을 받았다.

나. 원고는 이 사건 압류 및 추심명령에 기하여 소외인을 상대로 의정부지방법원 2014가단43441호로 추심금소송

을 제기하였는데, 위 법원은 2015. 5. 13. "소외인은 피고로부터 이 사건 아파트를 인도받음과 동시에 원고에게 59,593,235원을 지급하라."라는 판결을 선고하였다. 이에 소외인이 의정부지방법원 2015나6853호로 항소하였는데, 위 법원은 2015. 12. 11. "소외인은 2016. 8. 27.이 도래하면, 피고로부터 이 사건 아파트를 인도받음과 동시에 원고에게 59,593,235원을 지급하라."라는 판결을 선고하였고, 위 판결은 2016. 1. 5. 그대로 확정되었다(이하 '선행 추심금소송'이라 한다).

다. 원고는 선행 추심금소송의 확정판결에 기한 추심금채권을 피보전채권으로 하여 소외인을 대위하여 피고를 상대로 이 사건 아파트의 인도를 구하는 이 사건 채권자대위소송을 제기하였는데, 피고는 상고심 계속 중인 2018. 3. 21. 의정부지방법원 2018하단20186, 2018하면20186호로 파산 및 면책을 신청하였고, 2018. 3. 29. 의정부지방법원으로부터 파산선고 결정을 받았다.

라. 피고의 파산관재인은 2018. 5. 23. 이 사건 압류 및 추심명령에 대한 집행해제를 신청하였고, 그에 따라 해제통지서가 2018. 5. 30. 원고 및 소외인에게 각 송달되었다.

마. 피고에 대한 파산절차에서 이 사건 임대차보증금반환채권 중 압류금지범위를 제외한 나머지 상당 부분에 대한 환가가 이루어져 채권자들에게 배당이 이루어졌다.

바. 피고는 의정부지방법원에서 2020. 1. 9. 파산종결 결정을, 2020. 3. 11. 면책결정을 받았고, 위 면책결정은 2020. 3. 26. 그대로 확정되었다.

3. 이러한 사실관계를 앞서 본 법리에 비추어 살펴보면, 원고가 선행 추심금소송을 제기하여 확정판결을 받았다 하더라도 그 집행에 의한 변제를 받기 전에 피고에 대한 파산선고로 이 사건 압류 및 추심명령이 효력을 잃음으로써 원고의 추심권은 소멸하였다. 이 사건 채권자대위소송은 상고심 계속 중 대위에 의하여 보전될 채권자의 위와 같은 권리가 인정되지 않게 됨으로써 채권자가 스스로 원고가 되어 채무자의 제3채무자에 대한 권리를 행사할 당사자적격이 없게 된 경우에 해당하여 부적법하므로 이를 각하할 수밖에 없다. 따라서 이를 지적하는 피고의 상고이유 주장은 이유 있다.

4. 결론

그러므로 원심판결을 파기하되, 이 사건은 대법원이 직접 재판하기에 충분하므로 민사소송법 제437조 제1호에 의하여 자판하기로 하여, 제1심판결을 취소하고 이 사건 소를 각하하며, 소송총비용은 각자 부담하기로 하여, 관여 대법관의 일치된 의견으로 주문과 같이 판결한다.

---

**24** ★ 채권자가 제기한 배당이의의 소에서 승소하기 위하여는 피고의 채권이 존재하지 아니함을 주장·증명하는 것만으로 충분하지 아니하고 원고 자신이 피고에게 배당된 금원을 배당받을 권리가 있다는 점까지 주장·증명하여야 한다. 배당이의의 소에서 원고적격이 있는 사람은 배당기일에 출석하여 배당표에 대한 실체상 이의를 신청한 채권자나 채무자에 한정되고, 채권자로서 배당기일에 출석하여 배당표에 대한 실체상 이의를 신청하려면 실체법상 집행채무자에 대한 채권자라는 것만으로 부족하고 배당요구의 종기까지 적법하게 배당요구를 했어야 한다.                           (    )

---

[판결요지]

※ 채권자가 제기한 배당이의의 소에서 승소하기 위하여는 피고의 채권이 존재하지 않는다는 점 외에 원고 자신이 피고에게 배당된 금원을 배당받을 권리가 있다는 점까지 주장·증명하여야 하는지 여부(적극) / 배당요구의 종기까지 적법한 배당요구를 하지 않은 채 배당기일에 출석하여 배당표에 대한 이의를 신청한 채권자에게 배당이의의 소를 제기할 원고적격이 있는지 여부(소극)

"집행력 있는 정본을 가진 채권자, 경매개시결정이 등기된 뒤에 가압류를 한 채권자, 민법·상법, 그 밖의 법률에 따라 우선변제청구권이 있는 채권자는 배당요구의 종기까지 배당요구를 한 경우에 한하여 비로소 배당을 받을 수 있다(민사집행법 제88조 제1항, 제148조 제2호). 가등기담보 등에 관한 법률 제16조는 소유권의 이전에 관한 가등기가 되어 있는 부동산에 대한 경매 등의 개시결정이 있는 경우 법원은 가등기권리자에 대하여 그 가등기가 담보가등기인 때에는 그 내용 및 채권의 존부·원인 및 수액을, 담보가등기가 아닌 경우에는 그 내용을 법원에 신고할 것을 상당한 기간을 정하여 최고하여야 하고(제1항), 압류등기 전에 경료된 담보가등기권리가 매각에 의하여 소멸하는 때에는 제1항의 채권신고를 한 경우에 한하여 그 채권자는 매각대금의 배당 또는 변제금의 교부를 받을 수 있다고 규정하고 있다(제2항).

한편 채권자는 자기의 이해에 관계되는 범위 안에서만 다른 채권자를 상대로 그의 채권 또는 그 채권의 순위에 대하여 이의할 수 있으므로(민사집행법 제151조 제3항), 채권자가 제기한 배당이의의 소에서 승소하기 위하여는 피고의 채권이 존재하지 아니함을 주장·증명하는 것만으로 충분하지 아니하고 원고 자신이 피고에게 배당된 금원을 배당받을 권리가 있다는 점까지 주장·증명하여야 한다. 배당이의의 소에서 원고적격이 있는 사람은 배당기일에 출석하여 배당표에 대한 실체상 이의를 신청한 채권자나 채무자에 한정되고, 채권자로서 배당기일에 출석하여 배당표에 대한 실체상 이의를 신청하려면 실체법상 집행채무자에 대한 채권자라는 것만으로 부족하고 배당요구의 종기까지 적법하게 배당요구를 했어야 한다. 적법하게 배당요구를 하지 않은 채권자는 배당기일에 출석하여 배당표에 대한 실체상 이의를 신청할 권한이 없으므로 배당기일에 출석하여 배당표에 대한 이의를 신청하였더라도 부적법한 이의신청에 불과하고, 배당이의의 소를 제기할 원고적격이 없다"(대판 2022.3.31. 2021다203760)

**정답** ○

---

**25** ★ 보전처분과 본안소송에서 판단이 달라진 경위와 대상, 해당 판단 요소들의 사실적·법률적 성격, 판단의 난이도, 당사자의 인식과 검토 여부 등 관여 정도를 비롯한 여러 사정에 비추어 채권자에게 가압류 집행으로 인하여 채무자가 입은 손해의 전부를 배상하게 하는 것이 공평의 이념에 반하는 것으로 평가된다면 채권자의 손해배상책임을 제한할 수 있다                ( )

[판결요지]

※ 가압류·가처분 등 보전처분의 집행 후 집행채권자가 본안소송에서 패소 확정된 경우, 보전처분의 집행으로 인하여 채무자가 입은 손해에 대하여 집행채권자에게 고의 또는 과실이 있다고 추정되는지 여부(원칙적 적극) / 채권자가 가압류신청에서 진정한 채권액보다 지나치게 과다한 가액을 주장하여 그 가액대로 가압류 결정이 된 경우, 본안소송에서 피보전권리가 없는 것으로 확인된 부분의 범위 내에서 채권자의 고의·과실이 추정되는지 여부(적극) / 채권자에게 가압류 집행으로 인하여 채무자가 입은 손해의 전부를 배상하게 하는 것이 공평의 이념에 반하는 경우, 채권자의 손해배상책임을 제한할 수 있는지 여부(적극)

"가압류·가처분 등 보전처분은 법원의 재판에 따라 집행되지만, 이는 실체법상 청구권이 있는지 여부를 본안소송에 맡기고 단지 소명에 따라 채권자의 책임 아래 하는 것이므로, 보전처분의 집행 후 집행채권자가 본안소송에서 패소 확정되었다면 보전처분의 집행으로 인하여 채무자가 입은 손해에 대하여는 특별한 반증이 없는 한 집행채권자에게 고의 또는 과실이 있다고 추정되고, 따라서 집행채권자는 보전처분의 부당한 집행으로 인한 손해에 대하여 채무자에게 이를 배상할 책임이 있다(대판 1992.9.25. 92다8453 판결, 대판 2012.8.23. 2012다34764 판결 등 참조).

채권자가 가압류신청에서 진정한 채권액보다 지나치게 과다한 가액을 주장하여 그 가액대로 가압류 결정이 된 후 본안소송에서 피보전권리가 없는 것으로 확인된 부분의 범위 내에서는 채권자의 고의·과실이 추정된다(대판 1999.9.3. 98다3757 판결 등 참조). 다만 불법행위에 따른 손해배상액을 산정할 때에 손해부담의 공평을 기하기 위하여 가해자의 책임을 제한할 수 있으므로(대판 2015.3.20. 2012다107662 판결 등 참조), 보전처분과 본안소송에서 판단이 달라진 경위와 대상, 해당 판단 요소들의 사실적·법률적 성격, 판단의 난이도, 당사자의 인식과 검토 여부 등 관여 정도를 비롯한 여러 사정에 비추어 채권자에게 가압류 집행으로 인하여 채무자가 입은 손해의 전부를 배상하게 하는 것이 공평의 이념에 반하는 것으로 평가된다면 채권자의 손해배상책임을 제한할 수 있다"(대판 2023.6.1. 2020다 242935).

**정답** ○

**26** 압류 당시에 피압류채권이 존재하지 않는 경우에는 압류로서의 효력이 없고, 그에 기한 추심명령도 무효이므로, 해당 압류채권자는 압류 등에 따른 집행절차에 참여할 수 없다. 또한 압류된 금전채권에 대한 전부명령이 절차상 적법하게 발부되어 확정되었더라도, 전부명령이 제3채무자에게 송달될 때에 피압류채권이 존재하지 않으면 전부명령도 무효이므로, 피압류채권이 전부채권자에게 이전되거나 집행채권이 변제되어 소멸하는 효과는 발생할 수 없다.   (   )

판결요지

※ 압류 당시 피압류채권이 존재하지 않는 경우, 압류의 효력(무효) 및 그에 기한 추심명령의 효력(무효) / 전부명령이 제3채무자에게 송달될 때 피압류채권이 존재하지 않는 경우, 전부명령의 효력(무효)
"압류 당시에 피압류채권이 존재하지 않는 경우에는 압류로서의 효력이 없고, 그에 기한 추심명령도 무효이므로, 해당 압류채권자는 압류 등에 따른 집행절차에 참여할 수 없다. 또한 압류된 금전채권에 대한 전부명령이 절차상 적법하게 발부되어 확정되었더라도, 전부명령이 제3채무자에게 송달될 때에 피압류채권이 존재하지 않으면 전부명령도 무효이므로, 피압류채권이 전부채권자에게 이전되거나 집행채권이 변제되어 소멸하는 효과는 발생할 수 없다"(대판 2023.7.27. 2023다228107).

**정답** ○

**27** 채무자가 아니라 채권자가 다른 채권자에 대한 배당에 대하여 이의를 한 경우에는 그 다른 채권자가 집행력 있는 집행권원의 정본을 가지고 있는지 여부에 상관없이 배당이의의 소를 제기하여야 하고, 이는 채권자가 배당이의를 하면서 배당이의 사유로 채무자를 대위하여 집행권원의 정본을 가진 다른 채권자의 채권의 소멸시효가 완성되었다는 등의 주장을 한 경우에도 마찬가지이다.   (   )

판결요지

"민사집행법 제151조 제3항은 "기일에 출석한 채권자는 자기의 이해에 관계되는 범위 안에서는 다른 채권자를 상대로 그의 채권 또는 그 채권의 순위에 대하여 이의할 수 있다."라고 규정하여 채무자의 배당이의와 별도로 채권자가 독자적으로 배당표에 이의할 수 있도록 규정하고 있다.
그리고 민사집행법 제154조는 제1항에서 "집행력 있는 집행권원의 정본을 가지지 아니한 채권자(가압류채권자를 제외한다)에 대하여 이의한 채무자와 다른 채권자에 대하여 이의한 채권자는 배당이의의 소를 제기하여야 한다.", 제2항에서 "집행력 있는 집행권원의 정본을 가진 채권자에 대하여 이의한 채무자는 청구이의의 소를 제기하여야 한다."라고 규정하고 있다. 따라서 채무자는 집행력 있는 집행권원의 정본을 가지지 아니한 채권자에 대하여는 배당이의의 소를, 집행력 있는 집행권원의 정본을 가진 채권자에 대하여는 청구이의의 소를 제기하여야 한다. 그러나 채무자가 아니라 채권자가 다른 채권자에 대한 배당에 대하여 이의를 한 경우에는 그 다른 채권자가 집행력 있는 집행권원의 정본을 가지고 있는지 여부에 상관없이 배당이의의 소를 제기하여야 하고, 이는 채권자가 배당이의를 하면서 배당이의 사유로 채무자를 대위하여 집행권원의 정본을 가진 다른 채권자의 채권의 소멸시효가 완성되었다는 등의 주장을 한 경우에도 마찬가지이다.

소멸시효가 완성된 경우 채무자에 대한 일반 채권자는 채권자의 지위에서 독자적으로 소멸시효의 주장을 할 수는 없지만 자기의 채권을 보전하기 위하여 필요한 한도 내에서 채무자를 대위하여 소멸시효 주장을 할 수 있다"(대판 2023.8.18. 2023다234102). **정답** ○

**28** 가압류명령의 송달 이후에 채무자의 계좌에 입금될 예금채권도 그 발생의 기초가 되는 법률관계가 존재하여 현재 그 권리의 특정이 가능하고 가까운 장래에 예금채권이 발생할 것이 상당한 정도로 기대된다고 볼 만한 예금계좌가 개설되어 있는 경우 등에는 가압류의 대상이 될 수 있다.  (  )

**28-1** 장래의 예금채권에 대한 가압류결정 정본이 제3채무자에게 송달되었을 때에 채무자의 제3채무자에 대한 예금계좌가 개설되어 있지 않는 등 피압류채권 발생의 기초가 되는 법률관계가 없는 경우에는, 그러한 채권가압류는 피압류채권이 존재하지 않으므로 가압류로서 집행보전의 효력이 없다.  (  )

[판결요지]

"가압류명령의 송달 이후에 채무자의 계좌에 입금될 예금채권도 그 발생의 기초가 되는 법률관계가 존재하여 현재 그 권리의 특정이 가능하고 가까운 장래에 예금채권이 발생할 것이 상당한 정도로 기대된다고 볼 만한 예금계좌가 개설되어 있는 경우 등에는 가압류의 대상이 될 수 있다. 그러나 장래의 예금채권에 대한 가압류결정 정본이 제3채무자에게 송달되었을 때에 채무자의 제3채무자에 대한 예금계좌가 개설되어 있지 않는 등 피압류채권 발생의 기초가 되는 법률관계가 없는 경우에는, 그러한 채권가압류는 피압류채권이 존재하지 않으므로 가압류로서 집행보전의 효력이 없다"(대판 2023.12.24. 2022다200093). **정답** ○

유 제  **정답** ○

**29** ★ 동시이행판결의 채무자로서는 그 집행력의 배제를 구하는 청구이의의 소에서 채권자가 반대의무의 이행 또는 이행제공을 하지 않았다는 주장을 청구이의의 사유로 내세울 수 없다.  (  )

[판결요지]

※ 동시이행판결의 채무자가 그 집행력의 배제를 구하는 청구이의의 소에서 채권자가 반대의무의 이행 또는 이행제공을 하지 않았다는 주장을 청구이의의 사유로 내세울 수 있는지 여부(소극)

"집행권원인 동시이행판결의 반대의무 이행 또는 이행제공은 집행개시의 요건으로서 집행개시와 관련된 집행에 관한 이의신청 절차에서 주장·심리되어야 할 사항이지, 집행권원에 표시되어 있는 청구권에 관하여 생긴 이의를 내세워 그 집행권원이 가지는 집행력의 배제를 구하는 청구이의의 소에서 심리되어야 할 사항은 아니다. 따라서 동시이행판결의 채무자로서는 그 집행력의 배제를 구하는 청구이의의 소에서 채권자가 반대의무의 이행 또는 이행제공을 하지 않았다는 주장을 청구이의의 사유로 내세울 수 없다"(대판 2024.6.13. 2024다231391). **정답** ○

[사실관계] 피고(매도인)가 원고(매수인)를 상대로 매매대금 잔금의 지급을 구하는 소를 제기하여 '원고는 피고로부터 등록서류를 교부받음과 동시에 피고에게 매매대금 잔금을 지급하라'는 판결이 선고되어 확정되었고, 피고는 위 확정판결 정본에 집행문을 부여받아 원고 소유 유체동산을 압류하였다.

이에 원고는 '피고가 반대의무를 이행하지 않고 압류를 하였으므로, 강제집행이 불허되어야 한다'고 주장하면서 피고를 상대로 위 판결에 대한 이 사건 청구이의 소송을 제기하였고, 이에 대하여 피고는 원고에게 등록서류를 이행 제공하였거나 원고의 등록서류 수령 거절에 따라 공탁하였다고 주장하였다.

원심은, 피고가 원고에게 등록서류를 이행제공한 후 원고가 수령거절하자 공탁하였으므로 공탁이 유효하다고 판단하여 피고의 등록서류 교부 의무가 소멸하였다는 이유로 원고의 청구를 기각하였다.

대법원은 위와 같은 법리를 설시하면서, 원심이 이 사건 청구이의의 소에서 피고의 등록서류 교부 의무 이행 여부에 대하여 심리·판단한 것은 적절하지 아니하나, 원고의 청구이의 주장을 배척한 결론은 정당하다고 보아, 원고의 상고를 기각한 사례

# 부록

## 판 례 색 인

## 판례색인

# MEMO